Baedeker

Allianz Reiseführer

Kykladen

VERLAG KARL BAEDEKER

Hinweise zur Benutzung

Sternchen (Asterisken) als typographisches Mittel zur Hervorhebung bedeutender Bau- und Kunstwerke, Naturschönheiten und Aussichten, aber auch guter Unterkunfts- und Gaststätten hat Karl Baedeker im Jahre 1844 eingeführt; sie werden auch in diesem Reiseführer verwendet: Besonders Beachtenswertes ist durch * einen vorangestellten 'Baedeker-Stern', einzigartige Sehenswürdigkeiten sind durch ** zwei Sternchen gekennzeichnet.

Zur raschen Lokalisierung der Reiseziele von A bis Z auf der beigegebenen Karte sind die entsprechenden Koordinaten der Kartennetzmaschen jeweils neben der Überschrift in Rotdruck hervorgehoben: Mýkonos C/D 7/8.

Farbige Streifen an den rechten Seitenrändern erleichtern das Auffinden der Großkapitel des vorliegenden Reiseführers: Die Farbe Blau steht für die Einleitung (Natur, Kultur, Geschichte), die Farbe Rot für die Sehenswürdigkeiten, und die Farbe Gelb markiert die praktischen Informationen.

Wenn aus der Fülle von Unterkunfts-, Gast- und Einkaufsstätten nur eine wohlüberlegte Auswahl getroffen ist, so sei damit gegen andere Häuser kein Vorurteil erweckt.

Da die Angaben eines solchen Reiseführers in der heute so schnellebigen Zeit fast ständig Veränderungen unterworfen sind, kann der Verlag weder Gewähr für die absolute Richtigkeit leisten noch die Haftung oder Verantwortung für eventuelle inhaltliche Fehler übernehmen. Auch lehrt die Erfahrung, daß sich Irrtümer kaum gänzlich vermeiden lassen.

Baedeker ist ständig bemüht, die Qualität seiner Reiseführer noch zu steigern und ihren Inhalt weiter zu vervollkommnen. Hierbei können ganz besonders die Erfahrungen und Urteile aus dem Benutzerkreis als wertvolle Hilfe gar nicht hoch genug eingeschätzt werden. Vor allem **Ihre Kritik, Berichtigungen und Verbesserungsvorschläge sind uns stets willkommen**. Sie helfen damit, die nächste Auflage noch aktueller zu gestalten. Bitte schreiben Sie in jedem Falle an die

Baedeker-Redaktion
Karl Baedeker GmbH
Marco-Polo-Zentrum
Postfach 31 62
D-73751 Ostfildern.

Der Verlag dankt Ihnen im voraus bestens für Ihre Mitteilungen. Jede Einsenderin und jeder Einsender nimmt an einer jeweils zum Jahresende unter Ausschluß des Rechtsweges stattfindenden Verlosung von drei JRO-Leuchtgloben teil. Falls Sie gewonnen haben, werden Sie benachrichtigt. Ihre Zuschrift sollte also neben der Angabe des Buchtitels und der Auflage, auf welche sie sich beziehen, auch Ihren Namen und Ihre Anschrift enthalten. Die Informationen werden selbstredend vertraulich behandelt und die persönlichen Daten nicht gespeichert.

Vorwort

Dieser Reiseführer gehört zur neuen Baedeker-Generation. In Zusammenarbeit mit der Allianz Versicherungs-AG erscheinen bei Baedeker durchgehend farbig illustrierte Reiseführer in handlichem Format. Die Gestaltung entspricht den Gewohnheiten modernen Reisens: Nützliche Hinweise werden in der Randspalte neben den Beschreibungen herausgestellt. Diese Anordnung gestattet eine einfache und rasche Handhabung. Der vorliegende Band hat die Kykladen zum Thema. Der Reiseführer gliedert sich in drei Hauptteile: Im ersten Teil wird über die Inseln im allgemeinen, über Naturraum, Klima, Umweltprobleme, Pflanzen und Tiere, Bevölkerung, Religion, Wirtschaft, Geschichte, Berühmte Persönlichkeiten und über Kunstgeschichte sowie Musik und Tanz berichtet. Eine kleine Sammlung von Literaturzitaten leitet über zum zweiten Teil des Reiseführers, in dem die Reiseziele - die einzelnen Kykladeninseln - mit ihren Sehenswürdigkeiten - Orten, Landschaften und archäologischen Stätten - beschrieben werden.

Der sehr schöne Mylopótamos-Strand auf Íos breitet sich in einer herrlichen Bucht aus.

Daran schließt ein dritter Teil mit reichhaltigen praktischen Informationen an, die dem Besucher das Zurechtfinden vor Ort wesentlich erleichtern. Sowohl die Sehenswürdigkeiten als auch die praktischen Informationen sind in sich alphabetisch geordnet. Baedeker Allianz Reiseführer zeichnen sich durch Konzentration auf das Wesentliche sowie Benutzerfreundlichkeit aus. Sie enthalten eine Vielzahl entwickelter Pläne und zahlreiche farbige Abbildungen.

Zu diesem Reiseführer gehört als integrierender Bestandteil eine ausführliche Reisekarte, auf der die im Text behandelten Reiseziele anhand der jeweils angegebenen Kartenkoordinaten zu lokalisieren sind. Wir wünschen Ihnen mit dem Baedeker Allianz Reiseführer viel Freude und einen erlebnisreichen Aufenthalt auf den Kykladen!

Baedeker
Verlag Karl Baedeker

Inhalt

Natur, Kultur Geschichte

Seite 10 – 43

Reiseziele von A bis Z

Seite 44 – 159

Praktische Informationen von A bis Z

Seite 160 – 207

Baedeker Specials

Inseln des

... "Noten auf der blauen Partitur der Ägäis", "Perlen von Hellas": mit solchen schwärmerischen und enthusiastischen Worten werden die Kykladen umschrieben. Obwohl die meisten Inseln karg, wasserarm und überwiegend unfruchtbare Felsinseln sind, beeindrucken sie doch durch ihre herbe Schönheit. Dabei spielt das berühmte ägäische Licht eine besondere Rolle. Es hebt das strahlende Weiß der Orte gegen das Blau des Meeres besonders hervor – eine großartige Farbsymphonie, die ein außergewöhnliches sinnliches Erlebnis ist. Höhepunkt bei diesem Fest der Sinne ist die einzigartige Vulkaninsel Santorín, deren weiße Orte in atemberaubender Lage am Kraterrand mit den hohen, steilen Vulkanhängen in verschiedenen Brauntönen einen faszinierenden Anblick bieten.

Auch die wunderschöne Kykladenarchitektur beeindruckt durch das harmonische Zusammenspiel von Formen und Farben: enge, verwinkelte, weißgefugte Gassen und strahlend weiße Kubushäuser, deren blaue, rote oder grüne Türen und Fensterläden einen wunderschönen Farbkontrast bilden, geschmückt mit Blumen – ein herrliches Ensemble. Diese besondere Architektur, die sich aufgrund der natürlichen Gegebenheiten entwickelt hat, ist noch in vielen Orten erhalten, ohne daß moderne unschöne Zweckbauten das Bild stören.

Das Spektrum der Kykladen reicht von sehr ruhigen, noch wenig besuchten Inseln wie Kímolos bis zu ausgesprochenen Tou-

Thíra

beeindruckt durch seine grandiose Lage auf dem Kraterrand

Kalafáti

Der schöne Strand liegt an der Südostküste von Mýkonos.

Lichts

ristenzentren wie Mýkonos, das sich stark auf den Fremdenverkehr eingestellt hat. Die Inseln decken somit eine breite Palette von Wünschen und Erwartungen der Urlauber ab: von Ruhe, Erholung und Wandern in stillen, ursprünglichen Gegenden bis zu großem Rummel und quirligem Nachtleben. So findet jeder die Insel seines Geschmacks. Allen gemeinsam und Hauptanziehungspunkt der Kykladen sind die schönen, teilweise noch wenig besuchten Sandstrände. So ist sicher Mýkonos ein 'heißer Tip' für Freunde von Sonne und Meer. Es hat neben dem wunderschönen Inselhauptort mit typischer Kykladenarchitektur einige schöne, allerdings auch vor allem bei jungen Leuten sehr beliebte Sandstrände zu bieten. Sehr bekannt ist zudem der herrlich in einer weiten Bucht gelegene Mylopótamos-Strand auf Íos.

Kultureller Höhepunkt der Kykladen ist die sehenswerte, sehr bedeutende Ausgrabungsstätte Délos, das in der Antike als Apollon-Heiligtum das religiöse und wirtschaftliche Zentrum der Inseln war. Seine Bedeutung kommt auch in dem Namen der Inselgruppe 'Kykladen' zum Ausdruck, was 'Kreisinseln' bedeutet, die die um Délos liegenden Inseln bezeichnen. Besonders beeindruckend sind auf dem Ausgrabungsgelände die sehr gut erhaltenen Bodenmosaiken.
Die Kykladen bieten also in vielerlei Hinsicht eindrucksvolle und auch einmalige Seherlebnisse.

Taubentürme

sind reizvolle Blickpunkte in der Landschaft von Tínos.

Gasse in Mýkonos

einer der schönsten Orte der Kykladen

Náoussa

Der malerische Fischerhafen

Natur, Kultur
Geschichte

Zahlen und Fakten

Vorbemerkung

Die Schreibung der griechischen Namen ist problematisch, da es für die Transkription der neugriechischen Sprache ins Deutsche keine allgemein verbindlichen Richtlinien gibt und weder eine reine Transliteration noch eine genaue phonetische Aussprache sinnvoll erscheinen. Eine systematische Vereinheitlichung der verschiedenen Schreibweisen steht zudem noch der Umstand entgegen, daß man auch in sachlich verläßlichen neugriechischen Quellen nicht selten mehrere voneinander abweichende Versionen findet.

Griechenland

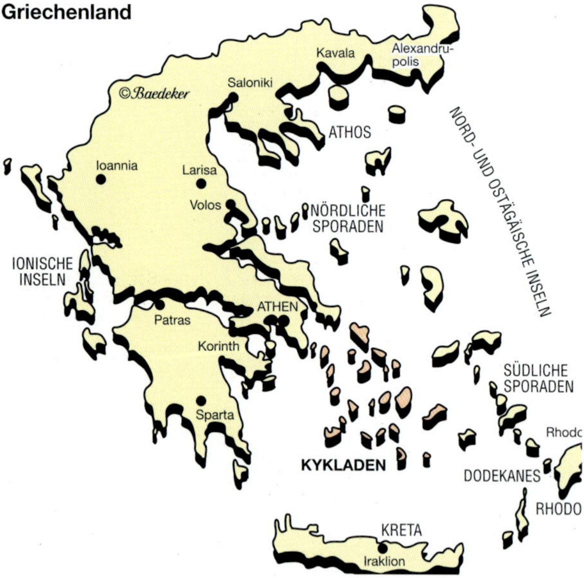

In diesem Reiseführer ist versucht worden, sowohl die in der deutschen Altertumswissenschaft eingeführten und allgemein üblich gewordenen Bezeichnungen zu erhalten als auch den Lautwerten der heute in Griechenland gesprochenen Sprache gerecht zu werden. Um eine größtmögliche

◄ *S. 8/9: Das 'klassische' und doch immer wieder beeindruckende Fotomotiv auf Santorín: Eine blaue Kirchenkuppel gegen das blaue Meer mit der Caldera im Hintergrund*

Verständlichkeit zu erreichen, sind teilweise mehrere Schreibweisen – mit Angabe der Betonung durch einfache Akzentsetzung (´) – aufgeführt.

Vorbemerkung (Fortsetzung)

Allgemeines

Lage und Größe

Kykladen (Kikládes; Kreisinseln) bezeichnet die Inselgruppe in der südlichen Ägäis zwischen dem griechischen Festland, dem kretischen Meer und den Inseln vor der Westküste Kleinasiens. In dieser Umgrenzung sind es 31 größere (über 5 km^2) und rund 200 kleine Inseln, letztere in der Alt- und Neuzeit größtenteils unbewohnt und z. T. als Viehweide benutzt. Nur 24 Inseln sind besiedelt.
Die Gesamtfläche der Kykladen beträgt 2572 km^2, was der Größe des Saarlands entpricht. Alle Inseln haben eine relativ geringe Größe. Das größte Eiland, Náxos, weist mit 428 km^2 noch nicht einmal ein Drittel der Fläche von Rhodos auf, und neun Inseln sind weniger als 50 km^2 groß. Keine Insel ist mehr als 37 km von der anderen entfernt, so daß man immer eine Nachbarinsel, oft sogar mehrere sehen kann.

Name

Die übliche Erklärung des Namens Kreisinseln (kyklos = Kreis), die Bezeichnung für die um Délos liegenden Inseln, scheint erst spät aufgekommen zu sein und entspricht auch nicht den geographischen Gegebenheiten. Bei dem griechischen Geographen und Historiker Strabon (64/63 v. Chr. – 23 n. Chr.) erscheint die Begründung für die Namensableitung der Kykladen als die zu dem delischen Fest beitragenden (ionischen) Inseln. In

Allgemeines (Fortsetzung)

dieser Begründung drückt sich die enge Bindung der antiken Griechen an die Kultstätte Délos aus, das nicht nur als kultisches, sondern auch als räumliches Zentrum gesehen wurde.

Eigenheiten

Die Kykladen, nach Kreta und Rhodos die bekanntesten Inseln der Ägäis, sind in ihrer Ausprägung sehr unterschiedlich – in Landschaft, Geschichte, Lebensart und Tradition der Bewohner und dadurch auch in der Atmosphäre. Es gibt wasserarme und grüne, niedrige und hohe, kleine und große Inseln, wobei die meisten die Höhe von 700 m ü. d. M. und die Fläche von 100 km^2 nicht übersteigen. Zudem reicht das Spektrum von ruhigen, einfachen, ursprünglichen Inseln wie vor allem die Westkykladen, die noch wenig vom Tourismus berührt sind, bis zu lauten, trubeligen und freizügigen Inseln wie Mýkonos. Erstaunlich ist, daß das touristische Interesse sich auf die Ostkykladen konzentriert, obwohl die Westkykladen näher zum attischen Festland liegen.
Wenn der Besucher den Anreiseweg über Athen wählt, empfiehlt es sich, die Inseln mit der Fähre anzulaufen (die meisten Kykladen-Inseln sind von Piräus zu erreichen). Denn es ist schon ein außergewöhnliches Erlebnis, die Insel aus dem Meer auftauchen zu sehen und zu beobachten, wie sie Gestalt annimmt. Besonders eindrucksvoll ist die Schiffsanfahrt nach Santorín.

Verwaltungsgliederung

Griechenland ist verwaltungsmäßig in neun Regionen (Diamerísmata) sowie die selbständigen Verwaltungsbezirke Groß-Athen und die Mönchsrepublik Áthos unterteilt. Die Regionen gliedern sich wiederum in Bezirke (Nomoi, Einzahl: Nomós) und diese nochmals in Eparchien (Eparchiá).
Die Kykladen gehören zur Region Ägäische Inseln und zum Nomós Kykladen, der aus acht Eparchien besteht. Der Nomós steht unter der Leitung eines von der griechischen Regierung eingesetzten Präfekten (nomarchis). Verwaltungshauptstadt des Nomós ist Ermoúpolis auf der Insel Sýros, die das Zentrum des interinsularen Verkehrs bildet.

Naturraum

Die Kykladen gehören gleich mehreren girlandenförmig von Nordwesten nach Südosten ziehenden Inselbögen an, die als Fortsetzung der Gebirge Mittelgriechenlands in der Ägäis bzw. als Inselbrücke mit Verbindung nach Kleinasien anzusehen sind. Die Kykladen liegen ziemlich nahe beieinander. Viele sind nur durch einen Kanal oder maximal 40 km breiten Sund voneinander getrennt.
Die Inseln der Kykladen haben jedoch eine Gemeinsamkeit: Sie sitzen auf einem untermeerischen Festlandsockel, der nur wenige hundert Meter unter der Wasseroberfläche ansteht. Nach Südwesten bricht dieser Sockel jäh ins mehr als 2500 m tiefe Kretische Becken ab.

Erster Inselbogen

Der erste Inselbogen der Kykladen ist als Fortsetzung der Halbinsel Attika anzusehen. Ihm gehören die nördlich gelegenen Inseln Kéa, Kýthnos und Sérifos an.

Zweiter Inselbogen

Einige Kilometer weiter südlich folgt eine zweite Reihe, der die beiden Inseln Gyáros und Sýros zuzurechnen sind.

Dritter Inselbogen

Die dritte, eher nordöstlich gelegene Inselreihe bilden – sozusagen als Verlängerung der großen und langgestreckten Insel Euböa – einerseits die großen Kykladeninseln Ándros und Tínos, andrerseits aber auch die beiden kleinen Eilande Mýkonos und Délos.

Vierter Inselbogen

Der vierte zentrale Inselbogen setzt sich aus den von metamorphen Gesteinspaketen geprägten, relativ großen Inseln Páros, Antíparos, Náxos sowie den Sporaden zusammen.

Von der bisherigen Richtung weicht der fünfte Inselbogen ab: Folégandros, Síkinos, Íos und Amorgós bilden eine Reihe, die – quasi quer zur bisherigen Richtung – von Südwest nach Nordost verläuft.

Fünfter Inselbogen

Schließlich 'hocken' noch einige Inseln auf dem südlichen Schelfsockel des Kykladenmassivs, die durchweg aus jüngerem Gesteinsmaterial bestehen. Es sind dies vor allem die Vulkaninsel Santorín, aber auch Mílos, Anáfi und Astipáläa.

Sechster Inselbogen

Wie bereits erwähnt, sind die Kykladen naturhistorisch gesehen als Fortsetzung der Gebirge Mittelgriechenlands zu sehen, die im Erdmittelalter vor rund 170 Mio. Jahren die Verbindung mit Kleinasien herstellten. Dies gilt natürlich auch für das Gesteinsmaterial, aus dem sie aufgebaut sind. In erster Linie handelt es sich hierbei um kristalline Gesteine und Sedimente, die dem alten Kykladenmassiv zuzurechnen sind. Diese Schiefer sowie die teilweise durch Metamorphose zu Marmor umgewandelten Kalke und Sandsteine, aber auch Granite und Gneise haben sich im Erdaltertum als sog. Kykladenmasse gebildet. In der Folgezeit war dieses Gebirge den Kräften der Erosion ausgesetzt und sank auch in Teilen ab. Es bildeten sich erneut Kalkablagerungen und Sedimentpakete.

Erdgeschichte, Kykladenmassiv

Die Landschaft auf Páros beeindruckt durch ihre herbe Schönheit.

Im Tertiär wurden auf der ganzen Erde – hervorgerufen durch die Drift der großen Kontinentalplatten – große Faltengebirgszüge herausgehoben. Die nach Norden driftende Afrikanische Platte sorgte beispielsweise für die Auffaltung der Alpen und des Karpatenbogens. In der heutigen Ägäis stand die alte Kykladische Masse wie ein Pfahl gegen diese Bewegung. Um diesen festen Sockel wurde einerseits ein Gebirgsbogen herausgehoben, der von der Peloponnes über Kreta und Rhodos bis zum Karischen Gebirge Kleinasiens hinüberreicht, andrerseits entstand nördlich dieser Faltung ein bis zu 2500 m tiefer Graben. An dessen Rand kollidieren auch heute noch einzelne Schollen der Erdkruste. Die Schollenränder werden

Erdgeschichte, Kykladenmassiv (Fortsetzung)

markiert durch eine Kette junger Vulkane, die von Mílos über Santorín bis Kós und Nisíros reicht.
Die Kykladen selbst sind demnach als Gipfelflur des im Pleistozän großenteils unter den Meeresspiegel abgesunkenen alten Gebirgsmassivs anzusehen. Dennoch ragen die höchsten und schroffen Spitzen der Inselflur – beispielsweise auf Náxos – 1001 m über den Meeresspiegel auf. Flache Küstenabschnitte mit weiten Sandstränden wechseln mit schroffen Steilküsten ab.
Die heute aus mehreren Bögen bestehende Inselbrücke der Kykladen sitzt – in größerem Zusammenhang gesehen – auf der Ägäischen Platte auf, unter die sich die in nördlicher Richtung driftende Afrikanische Platte schiebt. In dieser geologischen Spannungszone werden gelegentlich Erdbeben und Vulkanausbrüche ausgelöst, deren Auswirkungen an der Erdoberfläche mitunter katastrophale Ausmaße annehmen können. 1628 v. Chr., also in geologisch sehr junger Zeit, ist der Vulkan von Santorín ausgebrochen und hat über weiten Teilen des östlichen Mittelmeerraums einen Asche- und Bimsregen niedergehen lassen. Das letzte schlimme Erdbeben ereignete sich 1956.

Vulkanismus auf Santorín

Am Ende des Tertiärs bzw. zu Beginn des Quartärs, also vor 2 Mio. Jahren, kam es im Bereich der Ägäis zu markanten Bewegungen in der Erdkruste. Einerseits wurden Teile des alten Kykladenmassivs abgesenkt, und es bildeten sich Gräben und Senken, andrerseits wurden einzelne Abschnitte der Kykladenmasse emporgehoben. Am Südrand des Kykladenplateaus, also in jenem Bereich, wo sich auch heute noch die Afrikanische Platte unter die Ägäische Platte schiebt, bildete sich ein stellenweise über 2000 m tiefer Graben, an dessen Kante sich heftige vulkanische Eruptionen ereigneten.
Im Pliozän entstand ein erstes Vulkangebirge im Bereich der heutigen Insel Santorín, das aber wenig später nach dem Erlöschen der vulkanischen Tätigkeit wieder in sich zusammensackte. Später baute sich der gewaltige Thíra-Stratovulkan auf, der mehrere hundert Meter aus dem Meer herauswuchs und mehrmals ausbrach. Auch dieser Feuerberg erlosch wieder und brach in sich zusammen.
In geologisch recht junger Zeit, das heißt vor etwa 1 Mio. Jahren, belebte sich die vulkanische Tätigkeit erneut. Höhepunkt sollte ein gewaltiger Ausbruch 1628 v. Chr. werden. Er förderte riesige Mengen Bims, vulkanische Tuffe und vulkanische Aschen zutage. Örtlich entstanden über 30 m mächtige, vulkanische Ablagerungen. Die vulkanische Tätigkeit jener Zeit war mit schlimmen Erdbeben verbunden, die auch die Insel Kreta schwer in Mitleidenschaft zogen.
197 v. Chr. kam es in der Caldera des alten Vulkans zu einer neuerlichen Eruption. Und ab dem 16. Jh. n. Chr. wuchs die Insel Néa Kaméni heran. 1650 brach nur wenige Kilometer nördlich von Santorín ein untermeerischer Vulkan aus, der heute als Kouloumbo-Bank bekannt ist.
Einen letzten Lavafluß konnte man 1950 feststellen. Sechs Jahre später verwüstete ein heftiges Erdbeben die Santorín-Inselgruppe. Aus Kratern und Klüften steigen auch heute noch heiße Dämpfe in die Atmosphäre.

Lagerstätten

An einigen Stellen der Kykladen sind Rohstofflagerstätten angelegt, die bereits im Altertum stark genutzt worden sind. Spätestens seit dem 3. Jt. v. Chr. baute man auf der Insel Mílos Obsidian ab, ein dunkles glasähnliches Material, das durch rasche Abkühlung von aus dem Erdinnern aufquellender Magma entstanden ist. Aus Obsidian konnte man scharfe Spitzen und Messer herstellen, die bis weit in die Bronzezeit allen bis dahin gängigen Metallerzeugnissen überlegen waren.
Feinen Marmor findet man vor allem auf den zum zentralen Kykladenbogen gehörenden Inseln Páros und Náxos; aus ihm wurden bereits im Altertum wertvolle Skulpturen gehauen.
Auf anderen Kykladeninseln hat man bereits vor langer Zeit heilkräftige Erden und wertvolle Metalle gefunden. Der vulkanische Bims von Santorín ist heute noch ein Exportschlager.

Böden und Bewuchs

Wenn man von Athen kommend mit dem Schiff auf die Inseln zusteuert, so stellen sich diese zunächst einmal abweisend, schroff und kahl dar. Nur auf wenigen Inseln nimmt man größere Baumbestände wahr. Die Bodenqualität ist auf den einzelnen Inseln sehr unterschiedlich, was in erster Linie auf die Klüftigkeit bzw. auf den Grad der Waserdurchlässigkeit des Untergrunds zurückzuführen ist. Dort, wo etwa Mergel- und Lehmschichten die winterlichen Niederschläge stauen, können sich bebaubare Böden bilden. Wo das Regenwasser aber schnell wegsickert oder gar verdunstet, bleiben nur Schutt und Schotter übrig. In den geschützten Buchten und in den schmalen Kerbtälern, die von Schutt und Terra Rossa gefüllt sind, wird jedoch kleinräumig Garten- und Feldbau betrieben. Auf einigen Kykladeninseln hat man kunstvolle Terrassen angelegt, um dort Getreide, Obst und Gemüse zu ziehen. Auf Náxos wurde ein ausgeklügeltes Bewässerungssystem unterhalten.

Kubushäuser, Windmühlen

Weitere Charakteristika der Kykladen sind die würfelförmig gebauten und weiß gekalkten Häuser mit ihren Zisternen und die ebenfalls weiß gekalk-

Windmühlen nutzen das hohe Potential an Windenergie auf den Kykladen.

ten Kirchen mit lichtblau getünchten Kuppeln. Diese Bauweise ergab sich aus der starken Sonnenexposition (mehr als 3000 Sonnenstunden pro Jahr!) und den lang anhaltenden Dürreperioden.
Die mit weißen Tüchern bespannten Windmühlen nutzen seit alters das hohe Energiepotential, das durch die fast ständig wehenden Winde aus nördlichen Richtungen freigesetzt wird.

Siedlungen

Auffallend ist auf vielen Inseln, daß zumindest die größeren Siedlungen und auch viele Klöster und Kirchen in Schutzlage auf Bergkegeln oder in anderer Höhenlage angelegt worden sind. Dadurch konnten sich die Bewohner in der Vergangenheit besser gegen die von See heranrückenden Feinde zur Wehr setzen.

Klima

Klimatyp

Die Kykladen liegen im Übergangsbereich zwischen der mediterranen Klimazone und dem Steppenklima Osteuropas bzw. Vorderasiens. Die besonderen Merkmale sind eine ausgeprägte sommerliche Trockenzeit mit subtropischen Temperaturen, eine verhältnismäßig milde winterliche Regenzeit und vor allem fast das ganze Jahr über aus nördlichen Richtungen wehende Winde.

Frühling

Die beste Jahreszeit für einen Besuch der Kykladen ist der Frühling. Nach den mitunter ziemlich niederschlagsreichen Wintermonaten Dezember bis März explodiert die stellenweise doch sehr spärliche Vegetation förmlich. Überall duftet, grünt und blüht es.

Sommer

Der Kykladensommer beginnt manchmal schon im Mai und kann bis weit in den Oktober hinein dauern. In dieser Zeit kommt es nur noch zu sporadischen Niederschlägen. In den Monaten Juni bis September fällt so gut wie kein Niederschlag. Es herrscht ausgesprochene Dürre. Erst ab der zweiten Septemberhälfte oder ab Anfang Oktober können einzelne Gewitterzellen und Schlechtwetterfronten örtlich recht ergiebige Niederschläge bringen.

Herbst/Winter

Das Oberflächenwasser des östlichen Mittelmeerraums ist bis in den Spätherbst hinein noch relativ warm und sorgt für relativ angenehme Temperaturverhältnisse auch in der sog. kalten Jahreszeit. Zum Jahresende bzw. in den ersten Monaten des neuen Jahrs kann es sehr unfreundlich und kühl werden, ein Effekt, der gelegentlich durch starke Nordwinde erheblich verstärkt wird. Die meisten Niederschläge im Jahreslauf fallen in den Monaten November bis März, wobei ein sehr deutliches Nord-Süd-Gefälle auszumachen ist. So erhalten die Inseln Ándros und Tínos im Norden bis zu 600 mm Niederschlag, während das südlich gelegene Santorín nur noch knapp 400 mm Regen abbekommt.

Klimadaten

Klimatabelle	Temperaturen in °C			Sonnen-schein-stunden pro Tag	Regen-tage pro Monat
Monate	Durch-schnitts-maximum	Durch-schnitts-minimum	Meer-wasser		
Januar	13,6	8,8	16	4,1	11
Februar	14,3	9,0	15	4,9	6
März	15,0	9,6	15	6,4	7
April	18,5	12,2	16	8,2	3
Mai	23,1	16,1	18	10,0	2
Juni	27,0	19,9	21	11,6	1
Juli	28,4	21,9	23	12,4	0
August	28,8	22,3	24	11,5	0
September	25,8	19,7	24	10,1	1
Oktober	22,1	16,4	22	7,5	5
November	19,1	13,8	20	5,7	6
Dezember	15,3	10,7	17	3,5	10

Temperaturen

Die kältesten Monate sind der Januar und der Februar. Auf Náxos liegt das mittlere nachmittägliche Maximum bei etwa 17 °C. Es kann in dieser Zeit sowohl ausgesprochen warme Tage mit mehr als 21 °C geben als auch sehr kalte Tage, an denen die Quecksilbersäule in die Nähe des Gefrierpunkts rutscht. Aber schon im März hat die Kälte ein Ende. Das Thermometer übersteigt schon einmal die 25 °C-Marke. So richtig warm, ja bisweilen schon unangenehm heiß kann es im Mai werden, wenn die Tages-

Klima
Temperaturen
(Fortsetzung)

durchschnittswerte über die 23 °C-Marke klettern und Maximalwerte jenseits der 30 °C-Grenze erreicht werden. Mit unangenehmen Hitzeperioden hat man von Juli bis September zu rechnen. In dieser Zeit kühlt es sich nur selten unter die 20 °C-Marke ab. Während länger anhaltender Hitzeperioden werden Temperaturmaxima bis zu 40 °C erreicht.

Niederschläge

Die Hauptniederschläge fallen von November bis März. In dieser Zeit gehen im Norden wie im Süden des Archipels mehr als zwei Drittel der gesamten Jahresniederschlagsmenge nieder. Die Ergiebigkeit der Regenfälle schwankt jedoch sehr. Eine Rolle spielen dabei Höhenlage, Exposition und Pflanzendecke (Bewaldung). Während die nördlichen, noch etwas stärker bewachsenen Inseln bis zu 600 mm Regen erhalten, sind es auf einigen der ziemlich kahlen südlichen Kykladen nur noch 300 mm. Gerade die Letztgenannten sind als niederschlagsärmste Gegend Griechenlands bekannt, in der nicht selten regelrechte Dürren auftreten.
Örtlich können herbstliche und winterliche Starkregen katastrophale Überflutungen heraufbeschwören, die die mühsam angelegten Gärten und Felder einfach wegschwemmen.

Winde

Die Kykladen liegen in einem Gebiet, das für seine nahezu ständig wehenden und oft Sturmstärke erreichenden Winde bekannt ist. Im Jahresdurchschnitt werden hier knapp 4 Beaufort gemessen. Mittlere Windgeschwindigkeiten von 5 m/sec werden sowohl in der eher unwirtlichen kühlen Jahreszeit wie auch im Hochsommer gemessen. Lediglich im Mai und Juni ist die Brise etwas abgeschwächt.

Etesien

Bereits in der Antike schätzte man die Etesien, jene Nordwinde, die über dem Schwarzen Meer bzw. dem Marmarameer entstehen und praktisch das ganze Jahr über aus nördlichen Richtungen wehen. Sie sorgen im Sommer dafür, daß die Hitze nicht allzu unangenehm empfunden wird. Außerdem machte und macht man sich heute wieder ihr Energiepotential zunutze.

Schirokko

Im kurzen Frühling (April/Mai) setzt sich mitunter eine westliche bzw. südwestliche Strömung durch. Gelegentlich weht der Schirokko, ein heißer Südwind, vom afrikanischen Kontinent herüber.

Meltemi

Eine Spezialität der Kykladen ist der Meltemi, ein Nordwind, der vor allem in den Hochsommermonaten Juli und August oft bei strahlend blauem Himmel losbricht und so stark werden kann, daß auch sturmerprobte Segler schützende Häfen aufsuchen. Windstärken von 8 Beaufort (ca. 20 m/sec.) sind keine Seltenheit.

Sonnenschein

Auf den Kykladen zählt man pro Jahr mehr als 3000 Sonnenstunden. Von Juni bis September gibt es praktisch nur Sonnentage. Und selbst im April, Mai und Oktober kann man mit mindestens 22 Sonnentagen im Monat rechnen.

Wassertemperaturen

Im Meer baden kann man ab Mitte Mai, wenn das Wasser die 19 °C-Marke erreicht. Von Juli bis September herrscht 'Badewannentemperatur' von etwa 24 °C. Bis Ende Oktober sinkt die Wassertemperatur langsam auf 20 °C ab.

Umweltprobleme

Raubbau

Das natürliche Gleichgewicht auf den Kykladen ist seit dem Altertum durch menschliches Handeln nachhaltig in Mitleidenschaft gezogen worden. Um Holz für den Haus- und Schiffbau bzw. für die Energiegewinnung zu erhalten und um Kulturland zu gewinnen, hat man die ursprünglich zwar vorhandenen, jedoch wegen fehlender Niederschläge recht schütteren Baumbestände stark reduziert. Und selbst die nachwachsende Sekundärvegetation wurde über einen längeren Zeitraum durch Kultivierungsmaßnahmen stark zurückgedrängt. Dies hat zur Folge, daß Stürme und Starkregenfälle

Raubbau (Fortsetzung)

die Hänge abspülen und mühsam angelegte Gärten oder Felder einfach wegschwemmen.

Schäden durch Verbiß

Seit Jahrhunderten betreibt man auf den Inseln extensive Schaf- und Ziegenweide. Dadurch wird das Heranwachsen von größeren Baumbeständen praktisch unmöglich gemacht, denn die Tiere schätzen die jungen Triebe als besondere Leckerbissen.

Wald- und Buschbrände

Mitunter fallen größere Flächen Wald- und Buschbränden zum Opfer. Gelegentlich werden solche Brände auch künstlich gelegt, wobei nicht selten Grundstücksspekulation die Triebfeder ist. Die Folgen für die Umwelt sind zumeist verheerend, denn Wind und Wetter haben auf diesen Flächen ein besonders leichtes Spiel.

Versteppung

Seit wenigen Jahrzehnten wird das natürliche Gleichgewicht auf den Kykladen durch ein weiteres Problem durcheinandergebracht: die Versteppung. Da immer weniger Inselbewohner zu harter und schweißtreibender Feldarbeit bzw. zur Pflege der alten Windschutzmauern und Bewässerungsanlagen bereit sind, versteppen die Böden. Diese sind dann den auf den Kykladen bekannt starken Kräften der äolischen Erosion ausgesetzt. Den Rest besorgen die winterlichen Starkregenfälle. Mancherorts zeigen sich bereits Wüstungen, die rasch an Fläche zunehmen.

Wasserarmut

Raubbau an der Naturlandschaft und übermäßige Entwicklungsbestrebungen haben in den letzten drei Jahrzehnten zu einer drastischen Verschärfung des Wasserproblems geführt. Die natürlichen Süßwasservorkommen werden vor allem in den sehr trockenen Sommermonaten regelmäßig übernutzt. In den dichtbesiedelten und vom Fremdenverkehr besonders frequentierten Gebieten hat man die Grund- und Quellwasservorkommen oftmals bis zur Neige ausgeschöpft mit der Folge, daß der Grundwasserspiegel immer weiter absinkt. Im küstennahen Bereich dringt immer mehr salzhaltiges Meerwasser in den klüftigen Untergrund ein. Auf einigen Inseln (z. B. Mýkonos) hat man inzwischen sehr kostspielige Meerwasserentsalzungsanlagen gebaut.

Abwasserproblematik

Mit rigorosen Bau- und Nutzungsvorschriften versucht man seit einiger Zeit, das Abwasserproblem in den Griff zu bekommen. So ist vorgesehen, alle größeren Beherbergungsbetriebe zum Bau von eigenen Kläranlagen mit biologischer Stufe zu verpflichten. Das auf diese Weise aufbereitete Wasser soll zum Berieseln von Gärten und Feldern benutzt werden und erst danach wieder in den natürlichen Kreislauf zurückgelangen.

Müll

Noch dringend der Lösung harrt das Müllproblem, das vor allem mit dem wachsenden Tourismus auf die Inseln kam. Neben einigen mehr oder weniger geordneten Deponien gibt es zahllose wilde Müllhalden, auf denen wahllos verbrannt wird. Manchmal können sich solche Müllbrände zu richtigen Buschfeuern ausweiten. Und im Herbst bzw. Winter spülen Regenfälle den Unrat in die nächste Bucht.

Gewässerverschmutzung

Der stürmische Ausbau der touristischen Infrastruktur (Bau von Hotels und Marinas, Erschließung von Badestränden usw.) hat mancherorts zu erheblichen Belastungen der Wasserqualität geführt. Sichtbares Zeichen hierfür ist der geradezu dramatische Rückgang der ohnehin schon dezimierten Pflanzen- und Tierpopulation im Küstenbereich. Die starke Zunahme des Schweb- und Schadstoffgehalts, aber auch die Unachtsamkeit diverser Wassersportenthusiasten beeinträchtigen inzwischen auch das Wachstum von Korallenstöcken und Schwammkolonien in küstenferneren Gebieten. Welches Ausmaß die Naturzerstörung im Bereich der Kykladen inzwischen erreicht hat, verdeutlichen schon allein die astronomisch hohen Preise, die derzeit für Naturschwamm zu zahlen sind. Dem Kykladen-Tourist sollte ferner klar sein, daß nur noch ein sehr geringer Teil jener Fische, die im Restaurant zubereitet werden, aus dem östlichen Mittelmeer stammt.

Pflanzen und Tiere

Flora

Ursprüngliche und Sekundärvegetation

Die Vegetation der ursprünglich von lichten Mischwaldbeständen, bes. von diversen Eichen-, Kiefern- und Pinienarten, bedeckten Inseln der Kykladen hat sich den klimatischen Verhältnissen angepaßt. Dort, wo früher Kermes- und Steineichen (Quercus ilex, Quercus coccifera) standen, breiten sich heute als 'Frygana' bzw. 'Longos' bezeichnete Felsheiden und Macchiengestrüpp aus und prägen weithin das Landschaftsbild, sofern nicht nur noch der nackte Fels ansteht. In dieser für den Mittelmeeraum so typischen, mehr oder weniger offenen und bis zu 2 m hohen Gebüschformationen sind mehrere Laubholzarten, Myrte, Mastix sowie diverse andere Hartlaubzwergsträucher und Wolfsmilchgewächse vergesellschaftet. Dazu gehören – sozusagen als besondere 'Duftnoten' – Diktamon (Oregano), Majoran, Lavendel, Rosmarin, Thymian, Salbei, Ginster, Erika und verschiedene Orchideenarten. Mitunter ragt eine Zypresse (Cupresseus sempervirens), ein Wacholderbusch oder gar eine Tanne aus dem Bewuchs heraus. Auf Santorin kann man sogar noch einige Palmen sehen. An besonders trokkenen Standorten gedeihen Johannisbrotbaum, Agave und Feigenkaktus. Hibiskus, Bougainvillea, Oleander, Jasmin und natürlich die Tamariske gehören zu jenen prächtig blühenden Pflanzen, die in keinem Garten fehlen.

Wirtschaftspflanzen

Zu den wichtigsten Wirtschaftspflanzen auf den Inseln zählt seit dem Altertum der hinsichtlich Wasserbedarf sehr genügsame und wärmeliebende Ölbaum (Olive). Daneben spielt die Kultivierung verschiedener Obst- und Gemüsesorten zumindest örtlich eine gewisse Rolle. Es werden nicht nur Wein- und Tafeltrauben sowie Zitrusfrüchte geerntet, sondern auch Getreide (vor allem Gerste), Frühkartoffeln, Auberginen, Gurken, Tomaten, Zwiebeln, Aprikosen, Pfirsiche, Feigen und Mandeln.

Der Feigenkaktus gedeiht an trockenen Standorten.

Fauna

Artenarme Tierwelt

Vergleichsweise arm an Arten ist die Tierwelt der Kykladen. Nutztiere wie Schafe, Ziegen, Esel und Maultiere haben längst die Wildtiere verdrängt, auch wenn man in abgelegeneren Gebieten noch einige Wildziegen, Marder, Dachse, Wiesel, Hasen und Kaninchen antreffen kann. Stark zurückgedrängt sind Vögel und Reptilien. Mitunter kann man einen Fasanen, ein Rebhuhn, eine Wachtel oder sogar einen Wanderfalken beobachten. Auch Seeschwalben und verschiedene Zugvögel lassen sich hin und wieder blicken.
Typisch für den Mittelmeeraum – und somit auch auf einigen Kykladeninseln heimisch – ist die Zikade, deren Zirpen bei massenhaftem Auftreten geradezu ohrenbetäubend sein kann.
Recht häufig sieht man Eidechsen und Geckos entweder reglos in der Sonne liegen oder rasch über Felswände und Mauern huschen. Auch ungiftige Nattern und giftige Ottern bekommt man öfters zu Gesicht. Nicht nur im Dickicht und Gestrüpp hat man sich vor den giftigen und aggressiven Vipern, den giftigen Levantottern sowie vor mancherorts auftretenden Skorpionen und giftigen Spinnen in Acht zu nehmen.
In ihrem Bestand bedroht sind die Land- und Seeschildkröten sowie einige Vogelarten (u. a. Singdrossel, Nachtigall, Wachtel).
In den kykladischen Gewässern leben noch mehrere Fischarten, die als Speisefische gesucht sind. Dazu gehören der Triglidenfisch mit seinem weißen und sehr schmackhaften Fleisch, der Thunfisch, die Makrele, der Barsch, die Zahnbrasse, der Hechtdorsch, der Kabeljau und schließlich die Sardelle. Auch anderes Meeresgetier wie vielarmige Polypen (Oktopus), Tintenfische (Kalamares) und Seeigel wird in griechischen Küchen gern zubereitet.
Wassersportler und Schwimmer sollten sich besonders an felsigen Küstenabschnitten vor bissigen Haien und Muränen in Acht nehmen. Stacheln von Seeigeln und Berührungen mit Feuerquallen haben in jüngster Vergangenheit für mancherlei Ungemach gesorgt.

Bevölkerung

Bevölkerungszahl

Die Bevölkerungszahl der Kykladen beträgt rund 94 000 Menschen, wovon etwa zwei Drittel auf dem Land leben. Das ergibt eine Bevölkerungsdichte von 37 Bewohnern pro km^2, was etwa der Hälfte in Griechenland entspricht.

Bevölkerungsentwicklung

Die Einwohnerzahl ist durch Abwanderung rückläufig, besonders auf den kleinen Inseln, weil es keine Erwerbsmöglichkeiten für die Bewohner gibt. Sie verringerte sich seit 1940, als 120 000 Menschen gezählt wurden, um etwa ein Drittel. Anziehungspunkt für junge Menschen ist vor allem der Großraum Athen. Ausnahmen von dieser Entwicklung sind die Touristenzentren Mýkonos, Santorín und Páros, die wegen der hier vorhandenen Arbeitsmöglichkeiten sogar eine Zuwanderung von anderen Inseln verzeichnen. Man kann jedoch nicht von einem allgemeinen Bevölkerungszuwachs auf den Kykladen sprechen.

Bevölkerungsgruppen

Seit dem Bevölkerungsaustausch zwischen Griechenland und der Türkei in den Jahren 1922/1923 gibt es auf den Kykladen nur noch kleine Gruppen von Türken, Albanern – u. a. auf Ándros – und Bulgaren.

Soziales Leben

Neben der Veränderung der Sozialstruktur durch den Tourismus ergeben sich auf den Kykladen noch soziale Probleme mit den Emigranten. Viele jüngere Auswanderer sind zu Wohlstand gekommen und bauen sich in der Heimat Häuser, wo sie ihren Urlaub verbringen. Die älteren Emigranten, die ihren Lebensabend zu Hause verbringen wollen, haben ebenfalls meistens einen höheren Lebensstandard als die Insel-Bewohner, was ihre soziale Integration erschwert.

Soziales Leben (Fortsetzung)

In der Touristen-Saison wird auf den Kykladen hart gearbeitet. So schuften Wirte und Kellner meist die ganze Woche über vom frühen Morgen bis spät in den Abend hinein. Auch Fischer und vor allem Bauern müssen hart für ihren Lebensunterhalt arbeiten. Büro-Angestellte haben meist noch einen zweiten Job, sind z.B. Besitzer von Pensionen oder Apartmenthäusern. Die wichtigste Motivation zum Arbeiten ist die materielle Absicherung der Zukunft und nicht Selbstverwirklichung oder gar Selbstzweck.

Gastfreundschaft

Die Gastfreundschaft (Filoxenia) hat für die Griechen traditionell einen hohen Stellenwert, was schon darin zum Ausdruck kommt, daß das griechische Wort ‘xénos’ gleichzeitig ‘Fremder’ und ‘Gast’ bedeutet. Sie ist aber gegenüber den Touristen in den letzten Jahren zurückgegangen, weil diese Gastfreundschaft geradezu erwarten, ohne zu einer Gegenleistung bereit zu sein. Jedoch vor allem bei älteren Bewohnern gilt die Tradition immer noch. So kann es dem Urlauber durchaus passieren, daß man ihm etwas schenkt oder er eine Einladung erhält. Er sollte sich dann aber auch bei den Griechen bedanken, indem er etwa bei dem Treffen aufgenommene Fotos oder eine Ansichtskarte von zu Hause schickt. So kann vielleicht die außergewöhnliche Tradition der Gastfreundschaft in Griechenland erhalten bleiben.

Familienstruktur

Die Großfamilie ist immer noch der wichtigste wirtschafliche und emotionale Schutzort. Das Zusammenleben von drei oder vier Generationen ist nach einer strengen Altershierarchie geordnet. An der Spitze steht der Patriarch, der das Familienleben bestimmt. Seinen Entscheidungen beugen sich die Frauen und die jüngeren Familienmitglieder. Die Großfamilie garantiert dem einzelnen soziale Sicherheit, indem sie Aufgaben wie Altersversorgung, Krankenpflege und Unterstützung bei Arbeitslosigkeit übernimmt. Diese patriarchalich geprägte Gemeinschaft ist jedoch durch die Medien, die Emigration und die Reformen der sozialistischen Regierung im Umbruch. In den achtziger Jahren änderte nämlich das Parlament in wesentli-

Der Besuch des Kafeníons ist den Männern vorbehalten.

Bevölkerung
Familienstruktur
(Fortsetzung)

chen Punkten das Ehe-, Familien- und Scheidungsrecht. So wurde die Gleichberechtigung von Mann und Frau im einzelnen festgeschrieben.
Die Großfamilie wird immer mehr von der Kleinfamilie mit ein oder zwei Kindern abgelöst, wodurch die Generation der Eltern und Großeltern an Einfluß und Autorität verliert. Die jüngere Generation orientiert sich an neuen Wertvorstellungen. Auf den kleinen Kykladeninseln spielt allerdings die Tradition noch eine wichtige Rolle.
Trotz der Auflösungserscheinungen haben alle Familienmitglieder ein starkes Zusammengehörigkeitsgefühl und ein ausgeprägtes Familienbewußtsein. So wird kein Grieche versäumen, auch von weit her in seine Heimat zurückzukehren, um das Osterfest und große Familienfeste – die wichtigsten sind Hochzeit und Taufe – zu feiern. Auch die Ferien werden von Auswanderern zu Hause verbracht.
Die Freizeit verbringt man außerhalb der Familie, entweder die Männer im Kafeníon oder gemeinsam beim Essen (Parea). Zudem bummeln die Griechen am frühen Abend auf den Hauptstraßen und -plätzen oder am Hafen entlang, um Freunde und Bekannte zu treffen. Freundschaft ist also von großer Bedeutung für die Griechen.

Stellung der Frau

Die Frauen besitzen erst seit 1952 das Wahlrecht, und erst 1975 wurde die Gleichberechtigung von Mann und Frau in der Verfassung verankert. In den achtziger Jahren wurde dann die traditionelle Arbeitsteilung – der Mann als Familienoberhaupt und die Frau im Haushalt – abgeschafft. Jedoch die Wirklichkeit sieht anders aus, besonders auf den Kykladen, wo die traditionellen Vorstellungen noch stärker sind. So hat eine Frau ohne Aussteuer, die im besten Fall aus einem Hotel oder zumindest einem Haus, Bargeld und Schmuck besteht, schlechtere Aussichten auf eine Ehe.
Der Tourismus trägt ebenfalls zur Veränderung der Situation der Frauen bei. Er hat ihnen auf den Kykladen Vorteile gebracht, indem er zum einen Arbeitsplätze für Frauen geschaffen hat und zum anderen Mädchen durch das im Fremdenverkehr eingenommene Geld ihrer Eltern eine bessere Ausbildung ermöglicht. Dies alles führt zu einem stärkeren Selbstbewußtsein der Frauen, wodurch die traditionellen gesellschaftlichen Vorstellungen mitabgebaut werden.

Religion

Religions-
zughörigkeit

Nahezu die gesamte griechische Bevölkerung gehört der griechisch-orthodoxen Kirche an, denn jedes Kind wird automatisch bei der Geburt Mitglied und man kann nicht aus der Kirche austreten.

Kirchenstruktur

Die griechisch-orthodoxe Kirche ist Staatskirche und als solche eine Institution öffentlichen Rechts, über deren Belange das Parlament entscheidet. So ist an jedem staatlichen Ereignis – von der Eröffnung des Parlaments bis zur Einweihung einer neuen Schule – die Kirche beteiligt. Dadurch erhält sie großen Einfluß auf das gesellschaftliche Leben; diesem Einfluß kann sich keine Regierung entziehen. An der Spitze der Kirche steht der Metropolit von Athen, der zusammen mit 12 weiteren Metropoliten die Institution leitet. Ausnahmen bilden Kreta, der Dodekanes und die Mönchsrepublik Athos, die dem Patriarchen von Konstantinopel unterstehen.

Priester

Die griechischen Priester, die mit ihrer schwarzen Soutane und langen Haar- und Barttracht das Straßenbild mitprägen, sind aus dem dörflichen Alltag nicht wegzudenken. Sie dürfen heiraten, allerdings nur vor der Priesterweihe. Stirbt die Ehefrau eines geweihten Priesters (pappás), darf er nochmals eine Ehe eingehen. Durch diese Lebenssituation hat der Geistliche einen Bezug zu den Sorgen und Problemen seiner Gemeindemitglieder. Verheiratete Priester können allerdings weder in ein Kloster eintreten noch höhere Kirchenämter bekleiden, so daß die Metropoliten meist aus dem Mönchsstand kommen.

Gebäck für Ostern,
das wichtigste griechische religiöse Fest

Religion
Priester
(Fortsetzung)

Da die orthodoxe Kirche Staatsreligion ist, hat der Pappás den Status eines Staatsangestellten - mit einem eher kärglichen Gehalt. Er kann durch Spenden oder Gebühren für besondere kirchliche Dienste wie Taufe, Trauung und Begräbnis Geld dazuverdienen. Oft muß er seinen Lebensunterhalt zusätzlich noch durch einen Nebenverdienst sichern.
Sozialarbeit wie Jugend- oder Altenbetreuung gehört nicht zu dem Aufgabengebiet des Priesters. Er mischt sich nur in das soziale Leben ein, wenn jemand die traditionellen Normen nicht einhält oder mit dem Gesetz in Konflikt kommt.

Kirchliche Feiertage

Da in der orthodoxen Kirche nicht der Gregorianische, sondern der Julianische Kalender gilt, liegen die kirchlichen Feiertage etwa 14 Tage später als in der katholischen Kirche.

Ostern

Ostern ist auch auf den Kykladen das wichtigste religiöse und familiäre Fest, zu dem Familienangehörige von den anderen Inseln oder vom Festland heimkehren.
Strenggläubige Christen fasten 49 Tage vor Ostern. Die Fastenzeit beginnt am Rosenmontag, den viele mit einem Picknick feiern. In der Karwoche werden mindestens zwei Gottesdienste täglich abgehalten. An dem mit Glockengeläut beginnenden Karfreitag geht man am Nachmittag zur Stunde der Kreuzabnahme in die Kirche, und am Abend finden Prozessionen statt. In der Nacht zum Karsamstag stehen die Gotteshäuser offen, die einige Male von den Gläubigen aufgesucht werden. Am Abend ist der Höhepunkt des Festes: etwa eine Stunde vor Mitternacht gehen fast alle Griechen in die von einer Kerze beleuchtete Kirche. Wenn der Priester die Auferstehung Christi verkündet hat ('Christós Anésti' = 'Christus ist erstanden'), zünden alle Kirchgänger ihre mitgebrachten Kerzen am Osterlicht an, und ein Feuerwerk wird abgebrannt. Danach ißt man zu Hause oder in den Tavernen die Ostersuppe (Majritsa). Die Osterkerze mit brennendem Docht nach Hause zu bekommen, gilt als gutes Vorzeichen. Schließlich wird bis zum Ostermontag, oft auch noch am Dienstag fröhlich gefeiert. Man ißt, trinkt und tanzt. Die bestimmende Farbe an Ostern ist Rot – z. B. rot gefärbte Eier –, die das Blut Christi symbolisiert.

Wirtschaft

Allgemeines

Seit Jahren fördert der Staat die Entwicklung der Kykladen, um den Wegzug von den Inseln zu verhindern. So wurden beispielsweise Flughäfen gebaut, Häfen erweitert und Altstadtsanierungen durchgeführt. Wegen der schlechten Haushaltslage konnten die Projekte jedoch nicht immer beendet werden.

Wirtschaft

Landwirtschaft

Der Haupterwerbszweig der Kykladen-Bewohner ist die Landwirtschaft, vor allem der Anbau von Obst und Gemüse. Doch sind die Erträge gering, zum einen wegen des Wassermangels auf den meisten Inseln und zum anderen wegen der geringen landwirtschaftlich nutzbaren Fläche, die nur 18 % erreicht und durch Terrassenanbau vollständig ausgenutzt wird. Diese Fläche besteht hauptsächlich aus steinigen Böden und wenigen kleinen Ebenen. Die natürlichen Gegebenheiten setzen auch einer Mechanisierung der Landwirtschaft enge Grenzen. Ein weiterer Grund für die mangelnde Ertragskraft der Landwirtschaft sind die veralteten Bearbeitungsmethoden. Esel und Maultiere sind als Last- und Arbeitstiere noch vorherrschend.

Am ertragreichsten ist die Landwirtschaft auf den flachen und wasserreichen Inseln Náxos, wo Zitrusfrüchte, Gemüse, Getreide, Wein und Kartoffeln angebaut werden, und Ándros, dessen Hauptprodukte Zitronen und Wein sind. Hier wird zudem Weidewirtschaft mit Rinderhaltung betrieben. Auch auf Páros und Santorín, dessen vulkanischer Boden sich besonders für den Weinanbau eignet und das für seine Tomaten bekannt ist, wird

Weinterrassen prägen das Landschaftsbild von Náxos.

noch viel Landwirtschaft betrieben. Auf den anderen Inseln kann nur auf schmalen Parzellen und in Handarbeit Ackerbau durchgeführt werden, was den Bauern kein ausreichendes Einkommen verschafft.

Viehhaltung

Auf den Kykladen werden vor allem Schafe und Ziegen als Nutztiere gehalten. Dies führt zu Überweidung und Verbiß der Landschaft, wodurch die natürliche Regeneration von Pflanzen verhindert wird.

Industrie und Bergbau

Die Kykladen weisen kaum Industrie auf; erwähnenswert ist nur die Schiffswerft auf Sýros. Auf Santorín und vor allem auf Mílos wird allerdings vulkanisches Gestein abgebaut, was diesem eine gute wirtschaftliche Basis verschafft. Obsidian von Mílos war das älteste Exportgut der Kykladen, und Pozzolan, eine vulkanische Tufferde von den beiden Inseln, wurde

Industrie und Bergbau (Fortsetzung)

schon in der Antike als Mörtel beim Bau von Hafenanlagen, v.a. unter Wasser, geschätzt und war ebenfalls ein bedeutender Exportartikel. Auch die Erzvorkommen der Inseln baute man schon in früher Zeit ab.
Weltberühmter Marmor, der auch die Kykladenkultur entscheidend mitgeprägt hat, wird seit dem Altertum auf Tínos, Náxos und Páros gebrochen.

Fischerei

Die Fischerei spielt schon lange keine wichtige Rolle mehr im Erwerbsleben der Kykladen. Sie erbringt wegen fortgesetzten Überfischens nur noch geringe Fänge und ist damit wenig ertragreich. Selbst der Eigenbedarf kann nicht mehr gedeckt werden, so daß Fischimporte nötig sind.

Tourismus

Der zunehmende Tourismus ist seit den achtziger Jahren auf vielen Inseln zum wichtigsten Wirtschaftszweig geworden, wodurch die Abwanderung auf einigen Inseln gestoppt werden konnte. Ein großer Anteil der Bewohner arbeitet im Dienstleistungsbereich, z.B. im Kleinhandel sowie in der Gastronomie und Hotelerie. Allerdings kommt ein großer Teil der Arbeitskräfte im Sommer von außerhalb auf die Inseln, und viele touristische Einrichtungen wie Hotels und Restaurants werden mit Kapital vom Festland finanziert, so daß die Kykladen-Bewohner nicht immer von der Zunahme des Tourismus profitieren.
Der Tourismus bringt jedoch auch Probleme mit sich. So sind die Kykladen-Bewohner von wenigen Monaten im Jahr wirtschaftlich abhängig, denn 75% der Urlauber kommen von Juni bis September. In dieser Zeit muß so viel Geld verdient werden, daß es auch für die übrige Zeit reicht.
Ein weiteres Problem ist im Sommer die Beeinträchtigung von Sozialgefüge und Kultur der Einheimischen, was vor allem auf den Inseln, die sich wie Mýkonos und Íos dem Massentourismus verschrieben haben, zum Tragen kommt. Außerhalb der Saison sind die Einheimischen wieder unter sich, und das soziale Leben läuft in der gewohnten Weise ab.
Darüber hinaus hat der steigende Fremdenverkehr noch andere negative Auswirkungen: hoher Verbrauch der ohnehin knappen Wasserreserven, zunehmende Landflucht sowie Probleme bei der Abfallentsorgung und Energierversorgung. So können sich die Kykladen keine teuren Meerwasserentsalzungsanlagen leisten. Nur auf Kýthnos wird Energie durch Windkraft- und Solaranlagen gewonnen, obwohl Wind und Sonne auf den Kykladen reiche und unerschöpfliche Energiequellen sind.

Geschichte

7. Jt. v. Chr.
Die ersten vereinzelten Siedlungsspuren gehen auf das 7. Jt. v. Chr. zurück.

3./2. Jt. v.Chr.: Kykladenkultur
Auf den Inseln entwickelt sich die sog. Kykladenkultur im Übergang von der späten Jungsteinzeit zur frühen Bonzezeit. Neben Bronzegeräten entstehen und verbreiten sich qualitätvolle Keramik- und Marmorwerke.

Minoische und mykenische Zeit
Das Gebiet gerät zu Beginn des 2. Jt.s v. Chr. unter den Einfluß der minoischen Herrschaft auf Kreta (bedeutende Ausgrabungsstätten: Akrotíri auf Santorín und Fylakopí auf Mílos) und seit etwa 1500 v. Chr. der mykenischen auf dem griechischen Festland. Die Kykladen treiben regen Seehandel mit Kreta und dem Festland. 1628 zerstört ein gewaltiger Vulkanausbruch die Insel Santorín.

1000 – 700 v. Chr.: Geometrische Periode
Die Ionier dringen aus Attika und Euböa auf den Kykladen ein und werden hier seßhaft; die Dorer besiedeln vor allem die südliche Inselgruppe. Die Siedlungspolitik der Dorer wird mythologisch als 'Rückkehr der Herakliden' (Nachkommen des Herakles) legitimiert.

7.–5. Jh. v.Chr.: Archaische Periode
Die Kykladen gründen Kolonien. So ist beispielsweise Kyrene (Cyrenaika) im heutigen Libyen eine Gründung von Thera (Santorín).

Délos war vom 7. Jh. v. Chr. an das religiöse und wirtschaftliche Zentrum der Kykladen.

Auf Délos, das sich seit dem 7. Jh. als Apollon-Heiligtum zum religiösen und wirtschaftlichen Mittelpunkt des Ionischen Inselreichs entwickelt hat, versuchen zunächst die Naxier und dann die Athener Einfluß zu erlangen. Seit der zweiten Katharsis ('Reinigung'), d.h. der Auflassung aller Gräber mit zukünftigem Bestattungsverbot, in den Jahren 427/426 v.Chr. übernimmt Athen die Führung bei den delischen Feiern.

Archaische Periode (Fortsetzung)

Um 490 v.Chr. werden die Kykladen von den Persern besetzt. In der erfolgreichen Seeschlacht der Griechen gegen die Perser bei Salamis 480 v.Chr. stellen einige Inseln wie Mílos, Sífnos und Sérifos Schiffe für die Griechen zur Verfügung, andere müssen den Persern Waffenhilfe leisten. Anschließend sind die Kykladen von den Persern befreit.

5./4. Jh. v.Chr.: Klassik

477 v.Chr. treten die Kykladen dem Attisch-Delischen Seebund bei und ordnen sich damit dem Oberbefehl Athens im Kampf gegen die Perser unter. Die Tributgelder, die nach der finanziellen Lage des Mitglieds erhoben werden, bewahrt man zunächst in Délos auf. 454 v.Chr. wird die Bundeskasse dann angeblich aus Sicherheitsgründen nach Athen gebracht, wodurch dieses seine Herrschaft über die Ägäis etabliert und Délos seinen politischen Einfluß verliert. Gegen den zunehmenden Druck der Abhängigkeit von Athen wehren sich die Inseln vergebens.

Unabhängigkeit erreichen sie erst, als Athen im Peloponnesischen Krieg (431–404 v.Chr.) Sparta unterliegt. In diesem Krieg nehmen die Kykladen entweder für Athen oder Sparta Partei oder bleiben neutral. Einige Jahre schützt Sparta die Inseln vor den wiedererstarkten Persern, bis es sich wieder auf deren Seite schlägt.

Die meisten Kykladeninseln treten kurzfristig dem 2. Attischen Seebund (378 v.Chr.) gegen Sparta bei, doch bald lehnen sie sich gegen die Oberherrschaft Athens auf.

Die Inseln ergeben sich später nach und nach der Herrschaft der Makedonier unter Philipp II. (359–336 v.Chr.) und Alexander dem Großen (336–323 v.Chr.), an dessen Eroberungszügen sie teilnehmen müssen. Nach dem Tod Alexanders zerfällt sein Weltreich in Diadochen-Reiche, und die Inseln fallen an die ägyptischen Ptolemäer. Die meisten Ägäisinseln schließen sich im Nesiotenbund zusammen mit Délos als Zentrum, das eine hohe wirtschaftliche Blüte erlebt.

325–146 v.Chr.: Hellenismus

146 v.Chr. werden die Kykladen römische Provinz. Bereits 166 v.Chr. war Délos von den Römern zum Freihafen erklärt wordem, wodurch es sich zu einem bedeutenden Handelszentrum und zu einem großen Sklavenmarkt im östlichen Mittelmeer entwickelt. Mit einem verheerenden Piratenüberfall im Jahr 69 v.Chr. beginnt sein Niedergang. Einige Inseln benutzt man als Verbannungsort, eine Funktion, die sie bis in die Gegenwart innehaben.

Bei der Teilung des Römischen Reichs 395 n.Chr. kommen die Kykladen zum Oströmischen (Byzantinischen) Reich.

146 v.Chr.– 395 n.Chr.: Römische Zeit

Unter der Herrschaft der Byzantiner spielen die Kykladen keine Rolle. Das zur Staatsreligion erhobene Christentum breitet sich zusehends aus, und die Umgestaltung der Tempel in christliche Kirchen beginnt. Von 823 bis 961 haben die Inseln unter Überfällen arabischer Piraten zu leiden, weshalb sich die Bevölkerung ins Landesinnere zurückzieht.

395–1204: Byzantinische Zeit

Nach der Eroberung von Konstantinopel durch die Kreuzfahrer während des Vierten Kreuzzugs wird Griechenland in Feudalstaaten aufgeteilt und von 'fränkischen' Kreuzfahrern regiert. Die Kykladen kommen zum Herrschaftsbereich von Venedig, das sie als Lehen an seine Adligen vergibt. So gründet Marco Sanudo das Herzogtum Náxos, zu dem auch Páros, Mílos, Kímolos und Síros gehören. Die anderen Inseln gehen in den Besitz weiterer venezianischer Familien über. Infolgedessen kommt die katholische Religion auf die Kykladen, die dadurch geprägt werden. Die Venezianer lassen zahlreiche Burgen und Befestigungsanlagen errichten.

1204–1537: Venezianische Zeit

Seit 1537 erobert und plündert Chaireddin Barbarossa, Großadmiral des osmanischen Sultans, die Kykladen, die unter osmanische Herrschaft kommen. Nur Tínos bleibt bis 1715 im Besitz von Venedig. Die Inseln erhalten unter der türkischen Herrschaft weitgehende Autonomie. Sie können ihre Sitten, Bräuche, Sprache und Religion weiterpflegen, müssen aber Tribute an den Sultan zahlen. Bei der Bewahrung griechischer Tradition

1537–19. Jh.: Türkische Zeit

Ein aus antiken Bauteilen errichteter venezianischer Wachturm in Parikía auf Páros

Türkische Zeit (Fortsetzung)

und griechischen Nationalgefühls spielt die orthodoxe Kirche eine wesentliche Rolle. Durch Piratenüberfälle werden einige Inseln ganz entvölkert. Während des Russisch-türkischen Krieges (1770–1774) besetzen die Russen Páros, Náxos und einige andere Inseln.

An dem 1821 beginnenden Freiheitskampf der Griechen gegen die Türken beteiligen sich die Kykladen schon bald. In seinem Verlauf nehmen sie zahlreiche Flüchtlinge von den Inseln vor der kleinasiatischen Küste auf, wodurch sich die Bevölkerungszahl der relativ dünn besiedelten Inseln um mehr als 20 000 Menschen erhöht.

Ab 1830: Die Kykladen werden griechisch

Nachdem Griechenland 1830 souveränes Königreich und Otto I. von Wittelsbach König geworden war, kommen die Kykladen durch die Konvention von Konstantinopel, die am 21. Juli 1832 von Großbritannien, Frankreich, Rußland und dem Osmanischen Reich unterzeichnet wird, zu dem neugegründeten, unabhängigen griechischen Staat. Dieser nimmt 1839 diplomatische Beziehungen zum Osmanischen Reich auf. Die Unzufriedenheit führender Kreise mit dem König führt 1862 zu einer Rebellion und zur Absetzung des Regenten. Prinz Wilhelm von Dänemark tritt als Georg I. (1863–1913) die Nachfolge Ottos an. 1910 wird der liberale Politiker Eleftérios Venizélos Ministerpräsident.

1914–1920

Im Ersten Weltkrieg bewahrt der seit der Ermordung von König Georg 1913 regierende König Konstantin (Reg. 1913–1917 und 1920–1922) strikte Neutralität. Da aber Venizélos hofft, mit Hilfe der Entente Gebiete von den Türken zu gewinnen, zwingt er zusammen mit ihr den König zur Abdankung. Er erklärt den Mittelmächten, zu denen die Türkei gehört, den Krieg. Obwohl griechische Truppen wenig zum Einsatz kommen – die Kykladen bleiben ganz von Kampfhandlungen verschont –, kann Venizélos im Friedensvertrag von Sèvres zwischen dem Osmanischen Reich und den Entente-Mächten Gebietserweiterungen herausschlagen.

1920–1924

Der griechisch-türkische Krieg endet mit der griechischen Niederlage. Konstantin I. dankt 1922 zugunsten seines Sohnes Georg II. ab. Die Griechen verlieren ihre jahrtausendealten Siedlungsgebiete in Kleinasien, und ein Bevölkerungsaustausch zwischen Griechenland und der Türkei findet statt. Auf den Kykladen siedeln sich griechische Flüchtlinge an. — 1920–1924 (Fortsetzung)

In Griechenland wird 1924 nach einer Volksabstimmung die Republik ausgerufen. Danach kommt es zu Unruhen und häufigem Regierungswechsel. Die von 1928 bis 1932 dauernde Regierungsphase der Liberalen unter Venizélos ist eine Periode größerer innenpolitischer Stabilität. Infolge der Weltwirtschaftskrise, die auch Griechenland schwer trifft, wird 1935 die Monarchie wiederhergestellt; König wird erneut Georg II. (Reg. 1935–1946). Die Kykladen stimmen mehrheitlich für die Monarchie. — 1924–1935: Griechenland ist Republik

1936 beseitigt General Ioánnis Mexaxas das Parlament und errichtet eine vom König gebilligte Diktatur, die von Geheimdienst, Zensur und nationalistischer Ideologie geprägt ist. — 1936

Im Zweiten Weltkrieg werden auch die Kykladen von deutschen Truppen besetzt, jedoch kaum in Kampfhandlungen verwickelt. Sie fungieren vielmehr als Nachschubbasen für die deutschen und später für die alliierten Truppen. — 1939–1945: Zweiter Weltkrieg

Es kommt zum Bürgerkrieg zwischen der Regierung, unterstützt von Großbritannien und später von den USA, und kommunistischen Widerstandsgruppen. Auch auf einigen Kykladeninseln brechen Revolutionswirren aus. 1947 wird Paul I. (Reg. 1947–1964) König. — 1945–1949

Seit den vierziger Jahren wandern viele junge Kykladen-Bewohner wegen fehlender Erwerbsmöglichkeiten aus, so daß die Bevölkerungsstruktur von den Alten dominiert wird. Die natürlichen Gegebenheiten der Inseln, auf denen es wenig fruchtbaren Boden gibt und Wasserarmut herrscht, setzen dem Ausbau der Landwirtschaft enge Grenzen.

Erst das Aufkommen des Tourismus in den fünfziger Jahren schafft neue Erwerbsmöglichkeiten und stabilisiert die Bevölkerungszahl. Allerdings ist es für die meisten Inseln nicht einfach, sich darauf einzustellen. Zum einen fehlt die touristische Infrastruktur und zum anderen fällt es der traditionsgebundenen, bäuerlichen Gesellschaft schwer, den fremden Lebensstil der Urlauber zu akzeptieren. Vielerorts wird die touristische Erschließung ohne Rücksicht auf die traditionelle Architektur und auf Belange des Landschaftsschutzes vorangetrieben. Seit den sechziger Jahren versucht die Regierung, diese Entwicklung durch einen generellen Baustopp und langfristige Planungen einzudämmen. Allerdings stehen dem die Eigeninteressen der von diesen Maßnahmen Betroffenen entgegen. — Fünfziger Jahre: Entwicklung des Tourismus

Griechenland erhält eine neue Verfassung. Es tritt dem westlichen Verteidigungsbündnis der NATO bei. — 1952

König Konstantin II. (Reg. 1964–1967) folgt seinem verstorbenen Vater Paul I. auf dem Thron. — 1964

Ein Staatsstreich unter Oberst Geórgios Papadopoulos führt 1967 zur Militärdiktatur. Der griechische König flieht nach Rom, später nach London. General Zoitakis wird als Regent eingesetzt. Im folgenden Jahr tritt eine neue Verfassung ('Verfassung vom 15. November') in Kraft. Auf Gyáros und Makrónissos richtet man Gefangenenlager ein. — 1967–1974: Militärdiktatur

1972 wird Zoitakis der Regentschaft enthoben; Papadopoulos ist nun auch Staatsoberhaupt. Die blutige Niederschlagung eines Studentenaufstands in Athen durch die Armee am 17. 11. 1973 führt zu einer Militärrevolte unter General Ioannidis, der Papadopoulos stürzt. Neuer Staatspräsident wird General Gizikis.

Seit den siebziger Jahren nimmt der Tourismus auf den Kykladen zu, wodurch die Infrastruktur (Strom, Straßen, Telefon) ausgebaut wird. Ein Bauboom setzt ein, und die Bevölkerungszahl steigt wieder an.

1974 entscheiden die Griechen durch ein Plebiszit für eine demokratische Republik. Der von Gizikis aus dem Exil zurückgerufene ehemalige Ministerpräsident Konstantínos Karamanlís bildet eine demokratische Zentralregierung und erklärt den Austritt seines Landes aus der NATO. Bei den ersten freien Wahlen nach der Militärdiktatur erzielt Karamanlís' konservative Partei Nea Dimokratia (ND) die absolute Mehrheit im Parlament. — 1974–1981

Ein Jahr später tritt eine neue Verfassung für die Hellenische Republik in Kraft, und Konstantínos Tsatsos wird zum neuen Staatspräsidenten ge-

1974–1981 (Fortsetzung) wählt. Bei den Parlamentswahlen am 20. 11. 1977 muß die ND Verluste hinnehmen.

1980 wird Karamanlís vom Parlament zum neuen Staatspräsidenten gewählt (5. 5.), nachdem Tsatsos vorzeitig zurückgetreten ist. Geórgios Rállis übernimmt das Amt des Ministerpräsidenten. Griechenland tritt erneut der NATO und im folgenden Jahr – nicht unumstritten – der Europäischen Gemeinschaft (EG; griechisch EOK) bei (1. 1.). Bei den Parlamentswahlen am 18. Oktober erreicht die Panhellenische Sozialistische Bewegung (PASOK) die absolute Mehrheit, und ihr Führer Andréas Papandréou wird neuer Ministerpräsident.

1985 Nach einem umstrittenen Verfahren wird Christós Sartzetákis zum neuen Staatspräsidenten gewählt (29. 3.). Aus den vorgezogenen Parlamentswahlen (2. 6.) geht die PASOK erneut als Siegerin hervor.

1989 Bei den nächsten Parlamentswahlen (18. 6.) allerdings verliert die PASOK ihre Vormachtstellung. Aber auch keine der anderen Parteien kann die zur Regierungsbildung erforderliche Mehrheit der Mandate erreichen. Um diese Pattsituation zu überwinden, einigen sich die ND und das Bündnis der 'Vereinigten Linken' überraschend auf die Bildung einer Übergangsregierung unter Führung des konservativen Politikers Tsánnis Tsannétakis, der baldige Neuwahlen ansetzt, jedoch bereits am 7. 10. zurücktritt und durch Ioánnis Grivas ersetzt wird. Nach Neuwahlen (5. 11.) wird eine Allparteienkoalition unter Xenofón Zolóthas gebildet.

1990 Am 25. 1. lähmt ein Generalstreik das öffentliche Leben. Die Allparteienregierung zerbricht, und das Parlament wird aufgelöst (12. 3.). Bei den Parlamentswahlen am 8. 4. verfehlt die ND die absolute Mehrheit um eine Stimme. Mit seinem Übertritt zur ND verhilft eine Abgeordneter der Partei Demokratische Erneuerung (DEANA) der ND zur Mehrheit, die eine Regierung unter Konstantínos Mitsotákis bildet. Diese Regierung will mit einer drastischen Sparpolitk die katastrophalen Wirtschaftsprobleme angehen: hohe Inflation, öffentliche Schulden in Höhe eines Jahres-Bruttoinlandprodukts, Steuerhinterziehungen in geschätzter Höhe von 50% des BIP, Unrentabilität der Staatsunternehmen, kostspielige Privilegien der Staatsangestellten. Angesichts der dünnen Mehrheit ist eine Sanierungspolitik gegen Gewerkschaften, Sozialisten und Kommunisten jedoch nicht durchzusetzen. Am 4. Mai wird Karamanlís zum Staatspräsidenten gewählt.

1993 Im März scheitert ein Mißtrauensantrag der sozialistischen Opposition gegen Mitsotákis. Ein Privatbesuch des exilierten Exkönigs Konstantin II. mit seiner Familie löst innenpolitische Querelen aus. Bei den vorgezogenen Neuwahlen zum Parlament am 10. Oktober erlangt die PASOK die absolute Mehrheit der Mandate; ihr Vorsitzender Papandréou wird neuer Ministerpräsident.

1994 Die Regierung verhängt ein Handelsembargo gegen die frühere jugoslawische Teilrepublik Mazedonien und schließt das griechische Konsulat in deren Hauptstadt Skopje, um zu erzwingen, daß der Staatsname 'Republik Makedonien' und die Verfassungspräambel, aus der territoriale Ansprüche auf griechisches Staatsgebiet hergeleitet werden könnten, geändert sowie aus der Staatsflagge der sechzehnzackige Stern von Vergina entfernt werde, weil er ein rein griechisches Symbol sei. Das Embargo erweist sich als schwere Belastung für die Beziehungen Athens zu seinen EU- und Nato-Partnern.

Das Parlament beschließt am 13. April ein Gesetz, das die Enteignung des ehemaligen Königs Konstantin vorsieht.

1995 Griechenland und Makedonien unterzeichnen ein Abkommen zur Normalisierung ihrer Beziehungen, wobei Athen die 'Republik Makedonien' völkerrechtlich anerkennt, während Skopje auf den Stern von Vergina in der makedonischen Staatsflagge verzichtet.

1996 Am 30. Januar kommt es zu einem militärischen Zusammenstoß zwischen Griechenland und der Türkei auf der Ägäisinsel Imia (türkisch: Kardak) wegen umstrittener Hoheitsrechte.

Papandréou tritt aus gesundheitlichen Gründen von seinem Amt zurück, und neuer Ministerpräsident wird Kostas Simitis. Bei den Parlamentswahlen vom 22. September erhält die PASOK knapp die Mehrheit.

Berühmte Persönlichkeiten

Hinweis

Die nachstehend, namensalphabetisch geordnete Liste vereinigt Persönlichkeiten, die durch Geburt, Aufenthalt, Wirken oder Tod mit den Kykladen im weitesten Sinn verbunden sind und überregionale, oft sogar weltweite Bedeutung erlangt haben.

Homer (8. Jh. v. Chr.)

Seit der Antike streiten sich sieben Städte, darunter auch Íos, darum, der Geburtsort von Homer zu sein, des legendenumwobenen ältesten epischen Dichters des Abendlands. Vermutlich erhebt die kleinasiatische Stadt Smyrna (heute Izmir) zu Recht diesen Anspruch.
Die Überlieferung sieht ihn, den genialen Schöpfer der "Ilias" und "Odyssee", als blinden Wanderrhapsoden an ionischen Fürstenhöfen. Im 19. Jh. als fiktive Gestalt angesehen, gilt er heute wieder als historische Persönlichkeit, der in Kleinasien lebte und enge Verbindungen zur Insel Chios hatte. Seine beiden großen Werke sind dichterische Umgestaltungen traditioneller, mündlich überlieferter Heldendichtungen. Homer verbrachte seine letzten Lebensjahre auf Íos, wo er wahrscheinlich auch starb.

Archilochos (um 700 bis um 645 v. Chr.)

Der griechische Lyriker gilt als eine der ersten historisch greifbaren Persönlichkeiten der Alten Welt. Auf der Insel Páros als Sohn eines Adeligen und einer Sklavin geboren, war er vom Erbe ausgeschlossen und führte ein unstetes Leben als Soldat und fahrender Sänger, bis er in einer Schlacht gegen die Naxier fiel.
Angelpunkt seines dichterischen Lebenswerks, das nur fragmentarisch überliefert ist, war die unglückliche Liebe zu seiner Verlobten Neobule, der Tochter des Lykambes, die er wegen seiner niederen Herkunft nicht heiraten durfte. Er schuf Gedichte von feinster Zartheit, aber auch von krasser Erotik sowie aggressive Schimpf- und Spottverse. Archilochos wird als Begründer des jambischen Versmaßes angesehen und übte großen Einfluß auf andere Dichter aus, beispielsweise auf Horaz.

Bakchylides

→ Simonides

Simonides und Bakchylides (6./5. Jh. v. Chr.)

Die Lyriker Simonides (geb. um 556 v. Chr.) und sein Neffe Bakchylides (geb. um 505 v. Chr.) wurden in Ioúlis auf der Insel Keos (Kéa) geboren.
Simonides war der vielseitigste Lyriker Griechenlands und der erste, der im Auftrag der Reichen dichtete. Er bewegte sich als weltmännisch gewandter Ionier an verschiedenen Fürstenhöfen der griechischen Welt, beteiligte sich an Dichterwettbewerben und schuf unterschiedliche Gedichte voller Geist und Einfühlsamkeit. Der Dichter starb 468 v. Chr. in Akragas (Agrigent) auf Sizilien.
Sein Werk ist nur in Fragmenten erhalten; viele Epigramme sind ihm sicher zu Unrecht zugeschrieben worden. Simonides soll die Mnemotechnik erfunden haben, bei der man sich komplizierte Sachverhalte durch Lernhilfen wie Grafiken und Verse einprägt. Er dichtete Hymnen und Dithyramben für religiöse Feste, aber auch politische Ereignisse der Griechen waren sein Thema. So verherrlichte er die Sieger der Seeschlacht von Salamis. Simonides verfaßte zudem den sog. Weiberjambus, ein Spottgedicht, in dem er zehn Frauentypen mit Tieren und Elementen vergleicht.

Berühmte Persönlichkeiten

Bakchylides

Wie Simonides erwarb sich Bakchylides schon früh Ruhm und Anerkennung bei Dichterwettbewerben, wo er u. a. auch als Rivale des griechischen Lyrikers Pindar aufgetreten sein soll. Er verfaßte bestellte Oden auf Sieger bei den Olympischen und anderen panhellenischen Spielen. Sein Tod wird um das Jahr 450 v. Chr. datiert.

Chaireddin Barbarossa (um 1460–1546)

Der in einer türkischen Familie auf Lesbos geborene Chaireddin mit dem abendländischen Beinamen Barbarossa ('Rotbart', türkisch Barbaros) eroberte 1515 mit seinem Bruder Horik Algerien und teilte das Reich so, daß dieser den Osten, er selbst den Westen erhielt. Nach Horuks Tod 1518 erbte er dessen Reich, unterstellte sich 1519 dem türkischen Sultan und unterwarf Tunis.
Seine Piratenzüge beunruhigten alle christlichen Mittelmeerländer, so daß Kaiser Karl V. eine Expedition gegen ihn durchführte. Der Kaiser landete an der Küste von Tunis und erstürmte Goletta. Chaireddin mußte sich zurückziehen, wurde nach Konstantinopel berufen und setzte als osmanischer Admiral seine Kriegszüge fort. So eroberte und plünderte er ab 1537 auch die Kykladen, die dann unter osmanische Herrschaft kamen. Nach weiteren Kriegszügen – er kam Franz I. von Frankreich gegen Karl V. zu HIlfe – starb Chaireddin 1546 in Konstantinopel.

Mánto Mavrogénous (1796–1848)

Die von Mýkonos stammende Mánto Mavrogénous gehört zu den bekanntesten griechischen Freiheitskämpfern Griechenlands. Als gebildete Bürgerstochter – der Vater war Bankier –, die mehrere Fremdsprachen beherrschte, setzte sie sich sehr engagiert für die griechischen Freiheitsbestrebungen gegen die türkische Herrschaft ein. Sie reiste durch ganz Europa, wo sie um Hilfe und Unterstützung für dieses Ziel bat. Mavrogénous opferte ihr ganzes Vermögen für den Freiheitskampf, indem sie beispielsweise Flüchtlinge und Waisen unterstütze. Nach 1821 nahm sie selbst an vielen Schlachten teil und finanzierte eine Flotte. Sie wurde zwar von ihren Landsleuten sehr verehrt, starb aber verarmt und vergessen auf Páros.

Kunst und Kultur

Kunstgeschichte

Zahlreiche bedeutende Kunstwerke der Kykladeninseln, vor allem aus der Frühgeschichte und aus der Antike, sind leider nicht vor Ort zu betrachten, sondern gelangten nach Athen, sowohl ins Archäologische Nationalmuseum als auch ins Museum für Kykladische und Antike Kunst und darüber hinaus in die großen Museen Europas. Von der frühkykladischen Kultur besitzt in erster Linie das Archäologische Museum von Náxos eine ausgezeichnete Sammlung.

Frühkykladische Kultur

In der Übergangszeit vom Neolithikum zur Bronzezeit zwischen 3200 und 2000 v. Chr. bildeten die Kykladen ein bedeutendes Kunstzentrum. Die überwiegend aus Gräbern stammenden Funde machen deutlich, daß parallel zur Bronze besonders Marmor als Werkstoff verwendet wurde. Die Bearbeitung des hauptsächlich auf Páros vorkommenden weißen Steins geschah mit harten und scharfen Obsidianwerkzeugen. Abschließend wurden die Figurinen und Gefäße mit Hilfe von Schmirgel, der auf Náxos vorkommt, geglättet.

Kykladenidole

Vor allem in der Menschendarstellung entwickelten die kykladischen Bildhauer anstelle der steinzeitlichen dickleibigen Fruchtbarkeitsidole eine mädchenhaft schlanke Gestalt in stark reduzierter Formensprache, wie sie der große Marmorkopf aus Amorgós (2. Hälfte 3. Jt. v. Chr.) mit langem Hals, hohem Gesichtsoval, gratigem Nasenrücken und schematisiertem Mund zeigt. Überwiegend handelt es sich um aufrechte nackte weibliche Marmoridole von wenigen Zentimetern bis fast Lebensgröße in unterschiedlicher Form. Dabei fällt insgesamt die Ausgewogenheit der Umrißgestaltung aus geometrisierten Einzelformen des Körpers auf mit oft spannungsvoller Konturlinienführung. Elementare Zeichenhaftigkeit sind für die Marmoridole ebenfalls typisch mit einfacher Binnenzeichnung für die Unterarme, das Schamdreieck und die Trennungslinie der Beine. Der violinförmige Körperumriß kommt dabei ebenso vor wie der in der Hüfte nach vorn gewinkelte Oberkörper. Teilweise sind die Schultern rund und die Brüste plastisch hervorgehoben, nur gelegentlich ist die Andeutung der Augen zu sehen. Häufig sind dagegen die Arme unter der Brust vor dem Körper verschränkt. Zum Teil wurden auch flache Idole mit eckigen Schultern und dreiecksförmiger Gesichtsscheibe gestaltet. In einigen Fällen ist die farbige Bemalung der Idole nachgewiesen.
Da sie nicht dafür geeignet sind aufgestellt zu werden, legte man sie den Verstorbenen offenbar in mehreren Exemplaren mit ins Grab. Inwieweit dabei religiöse Vorstellungen wie die Verehrung von Mutter- und Fruchtbarkeitsgottheiten eine Rolle spielten ist bis heute ungeklärt. Die Verbreitung der überwiegend weiblichen Idole wurde bis nach Kreta und auf das Festland nachgewiesen. Die wenigen männlichen Statuetten, z. B. der stehende Flöten- und sitzende Harfenspieler (3. Jt. v. Chr.; Nationalmuseum Athen) aus den Funden von Keros, sind wohl als Teil des Totenkults zu verstehen, bei dem traditionell Musik immer eine Rolle spielte. Offenbar

Frühkykladisches Tongefäß in Tiergestalt

Schöne geometrische Vase

Kykladenidole
(Fortsetzung)

verband sich mit diesen zahlreichen Idolen ganz allgemein eine Vorstellung von beschwörender und belebender Wirkung für die Toten wie für die Angehörigen.
Marmor diente auch zur Herstellung von Gefäßen in Form von Kegelhalsgefäßen auf schmalem Fuß, als Doppelpyxis aus blau geädertem Marmor oder als Becher aus weißgeädertem, rötlich gelbem Marmor, wie sie im Archäologischen Museum von Náxos zu sehen sind. Gebrauchsgegenstände aus Ton erhielten zum Teil einen roten Überzug oder wurden mit Ritzdekor und Punzierungen, Fischgräten-, Spiral- und Dreiecksmustern verziert. Die Varianten der Gefäßformen reichten von der dosenartigen Pyxis über die kugelförmige Phiale bis zu Kegelhalsgefäßen mit schnurösen, enghalsigen Kannen und flachen, pfannenartigen Gefäßen mit zickzack- und spiralverziertem Boden, die vermutlich Spendegefäße für Trankopfer waren. Eigenwillige Schöpfungen sind zudem ein mehrteiliger, frühkykladischer Kernos (2800–2300 v. Chr.) sowie ein Tongefäß in Tiergestalt (3000–2100 v. Chr.), vielleicht ein Bär oder Schwein, das mit den Vordertatzen einen Napf hält (Archäologisches Museum von Náxos).
In der Spätphase treten in der Keramik auch Schnabelkannen, saucierenähnliche, ovale Schalen mit Ausguß und pfannenförmige Gefäße mit Schiffsdarstellungen auf. Mehrfachgefäße aus Marmor und Chloritschiefer und schöne Einzelstücke wie die marmorne Taubenschale (Kykladenmuseum, Athen) wurden ebenso geschaffen.

Minoische und
mykenische
Epoche

Im Verlauf des zweiten vorchristlichen Jahrtausends kamen anfänglich die künstlerischen Impulse von der minoischen Zivilisation aus Kreta. Mit dem Vordringen der Mykener vom Festland auf die Inseln standen diese ab Mitte des 2. Jt.s v. Chr. unter mykenischem Kultureinfluß. Neben zahlreichen kleineren Siedlungen, darunter auch Minóa auf Amorgós, ist vor allem Akrotíri auf Santorín, 1628 v. Chr. beim Vulkanausbruch unter einem Bimssteinregen verschüttet und seit 1967 freigelegt, ein bedeutendes kykladisches Zentrum minoischer Zivilisation gewesen. In der einst wohlhaben-

Minoische und mykenische Epoche (Fortsetzung)

den Stadt wurden breite gepflasterte Straßen mit unterirdischer Kanalisation aufgedeckt und bis zu dreistöckige Häuser freigelegt mit mehreren Zimmern, in denen prächtige Wandmalereien erhalten blieben, während sich in den Untergeschossen mit Tonkrügen bestückte Lagerräume und Werkstätten befanden. Ein reges Leben der damaligen Zeit mit vielen Hinweisen auf Kleidung, Berufe und Freizeitgestaltung entfalten vor allem die Wandbilder (Nationalmuseum, Athen) mit Darstellungen von Krokus pflükkenden Frauen, boxenden Kindern, Fischern, die ihren Fang nach Hause bringen, und zahlreichen Naturwiedergaben mit Landschaften und Tieren.
Die Funde aus mykenischer Zeit auf den Kykladen – besonders ergiebig war die spätmykenische Siedlung (12. Jh. v. Chr.) Grotta in Náxos-Stadt – stammen überwiegend aus Gräbern. Darunter befinden sich Bügelhenkelkannen, plastische geformte Spendegefäße mit Widderkopf, Keramikgefäße mit an der Natur orientierten Ornamentik (Vögel, Fische, Oktopus), Goldblecharbeiten, Schmuckstücke und Bronzeschwerter. Mykenische Tonidole fanden sich vor allem bei den Ausgrabungen von Fylakopí auf Mílos, wo auch eine Art mykenischer Palast sowie mächtige Doppelmauern zur Stadtsicherung nachgewiesen werden konnten.

Geometrischer Stil

Nach den Wirren und Umwälzungen der Dorischen Wanderung gelangte zwischen 1000 und 700 v. Chr. der sog. geometrische Stil hauptsächlich in der Vasendekoration zu seiner vollen Entfaltung. Die großen Amphoren und Kratere wie auch das Tafelgeschirr mit den kleineren Weinkannen (Oinochoen), Bechern (Skyphoi) und Schalen (Kylikes) zeigen Kreise oder Halbkreise, Mäander und Schachbrettmuster, in der Spätphase des Stils sogar Aufreihungen von Tieren. Besonders formschöne Gefäße mit reichem Dekor besitzen das Archäologische Museum von Náxos, Santorín und Mýkonos. Auf der Insel Ándros wurde in Zagorá eine ganze Siedlung mit Wehrmauer und rechteckigen Steinhäusern aus spätgeometrischer Zeit ergraben, deren Funde sich jezt im Archäologischen Museum von Ándros befinden.

Griechisch-römische Antike

Die Zeit des griechisch-römischen Altertums läßt sich in mehrere Stilphasen gliedern und beginnt mit der archaischen Epoche 700 bis 500 v. Chr., in der die ersten monumentalen Tempelbauten entstanden, die Vasenmalerei an Erzählkraft gewinnt und strenge, stilisierte Menschendarstellung die Bildhauerei bestimmt. Die Blütezeit der griechischen Kunst, auch als griechische Klassik bezeichnet, wird zwischen 500 und 325 v. Chr. erreicht. Großartige allansichtige marmorne Tempelbauten – steingewordene Harmonie in Maß und Zahl –, säulenumstandene Wandelhallen, in den Berghang hineingebaute Theater und besonders die Meisterwerke plastischer Menschendarstellung aus Marmor oder Bronze sowie fein gearbeitete Reliefs und prächtige Vasen- und Wandmalereien kennzeichnen diese Epoche. Von 325–100 v. Chr. herrschte das Kunstempfinden des Hellenismus vor, das sich im Reich Alexanders des Großen und seiner Nachfolgestaaten herausgebildet hatte. Verfeinerung, aber auch Manieriertheit und nicht zuletzt Monumentalität beschreiben die hellenistische Kunst. Die Römer übernahmen z. T. die Formensprache der griechischen Klassik und des Hellenismus vornehmlich auf dem Gebiet der Skulptur und Malerei, setzten aber beispielsweise durch hohe Reliefsäulen, meisterhafte Porträtköpfe und reliefierte Sarkophage durchaus eigene Akzente.
Die Inselwelt der Kykladen nahm an diesen Entwicklungen in der Baukunst, Skulptur und Malerei in bescheidenem Maß teil, gab der griechischen Kunst vor allem in der archaischen Zeit wichtige Impulse, sank aber im Verlauf des 1. Jh.s v. Chr. unter römischer Herrschaft kulturell zu völliger Bedeutungslosigkeit herab.

Baukunst

Besonders das Apollonheiligtum von Délos als geistig-kulturelles Zentrum der Kykladen erhielt im 7. und 6. Jh. v. Chr. archaische Tempelbauten aus Stein, deren Grundmauern immer noch vor Ort besichtigt werden können. Die frühesten Tempel mit kleiner Vorhalle und einfacher Cella des 7. Jh.s v. Chr. waren Leto, der Mutter Apollons, und Artemis, seiner Schwester,

Griechisch-römische Antike Baukunst (Fortsetzung)

geweiht. Dem Lichtgott selbst wurde im Auftrag der Athener Tyrannen ein im großen und ganzen jedoch bescheidener Tempel gegen Ende des 6. Jh.s v. Chr. errichtet. Im Lauf der Zeit umgaben mehr und mehr säulengeschmückte Eingangs- und Wandelhallen den Tempelbezirk. Beeindrukkend ist das 6 m hohe, marmorne Tempeltor in Náxos als Rest eines großen Tempels vom Ende des 6. Jh.s v. Chr., der aus einem Pronaos, einem Opisthodomos und einer dreiteiligen Cella bestand. Ein geplanter äußerer Säulenumgang wurde jedoch nicht vollendet.

Wohl Verteidigungszwecken dienten die auf den Inseln verteilten, hohen Rundtürme aus hellenistischer Zeit, von denen sich auf Ándros und Náxos gute Beispiele erhalten haben.

Skulptur

Auf den Marmorinseln Páros und Náxos erreichte die Bildhauerkunst vor allem auf dem Gebiet der Großplastik in archaischer Zeit wieder ein hohes Niveau, wobei zunächst Einflüsse von der ägyptischen Monumentalskulptur ausgingen. Insgesamt beruht der Formenkanon der archaischen Skulptur, die übrigens stets farbig gefaßt war, auf streng geometrischen Verhältnissen beim Aufbau der Körpers und des Gesichts. Anfänglich erscheinen die Kouroi genannten nackten Jünglinge aus Marmor in blockhafter Schwere und starrer, frontaler Haltung. Die Haare sind in Perlenschnüren ornamental geordnet. Die strenge Schrittstellung der Figuren wandelte sich erst im 5. Jh. v. Chr. mit der Unterscheidung von Stand- und Spielbein. Wen die überlebensgroßen archaischen Statuen darstellen ist unbekannt. Sie sind schlichtweg Erscheinungstypen. Einige Statuen standen auf Gräbern, andere waren Weihgaben und trugen Widmungen an die Götter, ohne jedoch Abbilder zu sein. Die unpersönliche Wiedergabe der Figuren rückt sie vielmehr in die Nähe eines Idealbilds körperlicher Vollkommenheit und Lebenskraft, sterblich wie die Menschen und unsterblich wie die Götter zugleich. Der bildhauerische Entstehungsprozeß der Großplastiken läßt sich auf Náxos gut nachvollziehen, wo sich zwei nicht zur Ausführung gelangte Monumentalstatuen in den ehemaligen Steinbrüchen erhalten ha-

Torso eines Kouros

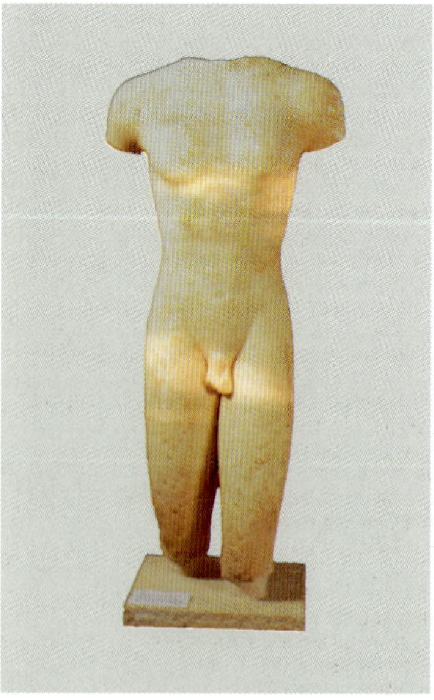

Amphore mit Relief zum Trojanischen Krieg

Griechisch-römische Antike Skulptur (Fortsetzung)

ben. Der mehr als 10 m hohe Koloß von Apóllonas ist wohl zu Beginn des 6. Jh.s entstanden und stellt vermutlich Dionysos dar. Bei Flerió liegt ein stilistisch etwas jüngerer und bereits gut ausgearbeiteter nackter Kouros mit gebrochenem Bein. Hoheitsvoll und mächtig muß auch der wohl Apollon darstellende 5 m hohe Marmorkoloß der Naxier auf Délos (um 600 v. Chr.) gewirkt haben mit schmaler Hüfte, ausladenden Schultern und abgewinkelten Unterarmen. Ein Teil des Oberkörpers und ein Abschnitt der Hüftpartie ist noch im Freigelände auf dem Areal des Apollon-Heiligtums zu sehen, ein Bruchstück der linken Hand befindet sich im Museum von Délos.

Das weibliche Pendant zum männlichen nackten Kouros ist die stets bekleidet dargestellte Kore. Ging es den Künstlern beim Kouros hauptsächlich um die exakte anatomische Erfassung des muskulösen Körpers, so handelt es sich bei der Gestaltung der Kore um die besonders raffinierte Herausarbeitung des Gewands, das den weiblichen Körper umhüllt. Die älteste weibliche Monumentalstatue der griechischen Antike ist die sog. Nikandre aus Délos (um 650 v. Chr.; Archäologisches Nationalmuseum Athen). In rauschender Gewandfülle und apartem Bewegungsspiel präsentiert sich die sog. Nike von Páros um 470 v. Chr. (Archäologisches Museum Páros). In späthellenistischer Zeit ist die berühmte Venus von Milo (um 120 v. Chr.; → *Baedeker Special S. 92*) entstanden, die jedoch auf einen Aphrodite-Typus des 4. Jh.s v. Chr. zurückgeht. Auch der bekannte Hermes von Andros (1. Jh. v. Chr.; Archäologisches Museum Ándros) ist die Kopie nach einem berühmten Vorbild aus klassischer Zeit von Praxiteles.

Neben der Vollplastik gab es auch das Relief, besonders bei Grabstelen und in der Denkmalskunst. Das Archäologische Museum in Páros bewahrt ein fein gearbeitetes Relief mit einer Darstellung zur Erinnerung an den Dichter Archilochos (→ Berühmte Persönlichkeiten).

Die freistehende Tierskulptur wird in archaischer Zeit aus der älteren mesopotamischen Tierplastik weiterentwickelt und führte u. a. zur eindrucksvollen Schöpfung der sitzenden Löwen (7. Jh. v. Chr.), die in Délos die Prozessionsstraße bewachen. Auch der 6 m lange Löwe von Kéa aus Glimmerschiefer des 6. Jh.s v. Chr. zählt zu den bemerkenswerten Leistungen der archaischen Bildhauerkunst.

Keramik

In den Töpferwerkstätten wurden in archaischer Zeit u. a. große reliefverzierte Halsamphoren geschaffen. Ein hervorragendes Beispiel ist die 1,34 m hohe Reliefamphore aus Ton (um 670 v. Chr.), die zur Totenbestattung diente und vorderseitig mit Szenen aus dem Trojanischen Krieg dekoriert ist. Imposante Prunkvasen aus Thera und Mílos sind außerdem im Archäologischen Museum von Mýkonos zu sehen.

In den folgenden Epochen kamen die künstlerischen Anregungen verstärkt vom griechischen Festland. Die in Korinth entstandene schwarzfigurige Vasenmalerei wird in Athen um 530 v. Chr. zur rotfigurigen Malerei weiterentwickelt. Von Attika aus gelangte sie dann auch auf die Kykladen. Der Formenreichtum vom 6. bis 5. Jh. v. Chr. umfaßte Vorratsgefäße, Gefäße zum Mischen von Wasser und Wein (Hydria), Kannen (Oinochoe), Trinkschalen (Kyklix, Kantharos) und Salbgefäße (Alabastron, Aryballos).

Malerei, Mosaik

Daß nicht nur die Römer, sondern auch schon zuvor die Griechen ihre Wohnhäuser und öffentlichen Gebäude mit Wandmalereien ausschmückten, läßt sich nur an wenigen Beispielen belegen. Das Museum von Délos präsentiert mehrere aus Fragmenten zusammengesetzte ornamentale und figürliche Wandbilder aus dem hellenistischen Wohnviertel der Stadt.

Einige schöne Fußbodenmosaike sind noch in den ausgegrabenen Wohnhäusern und im Museum auf Délos zu sehen, darunter Motive mit Dionysos auf dem Panther sowie Athena und Hermes.

Byzantinische Zeit

Die Gründung Konstantinopels 330 n. Chr. und die Teilung in west- und oströmisches (byzantinisches) Reich 65 Jahre später brachte vor allem dem östlichen Mittelmeerraum bis zum Untergang des Byzantinischen Reichs im Jahr 1453 eine Kunst- und Kulturblüte, die sich auch auf die Ky-

Byzantinische Zeit (Fortsetzung)

kladen auswirkte. Das Kunstschaffen stand unter dem Einfluß der bedeutenden byzantinischen Stilepochen: der Kunst der justinianischen Kaiserdynastie (527–565), der Kunst des Ikonoklasmus ('Bilderstreit'; 726–843), der Kunst unter den Komnenen-Kaisern (1081–1185) und der Kunst der Paläologen-Kaiser (1261–1453). Die in diesen Epochen entwickelte Kunsttradition wirkte bis weit in die Neuzeit, auch unter der Türkenherrschaft, weiter, so daß beispielsweise im Kirchenbau einschließlich der Innenausstattungen keine Neuerungen auftraten.

Baukunst

In frühchristlicher Zeit wurde im Kirchenbau zunächst allgemein die langrechteckige, von Säulen in mehrere Schiffe unterteilte Basilika mit halbrundem Abschluß aus der römisch-antiken Baukunst übernommen. Im oströmischen Reich gab es aber schon früh die Tendenz zum Zentralbau, der sich formal aus Grabkapellen und Mausoleen herleitet und in Varianten als Rundbau oder oktogonaler Bau auftritt mit seiner typischen großen Kuppel. Zu den herausragenden Bauschöpfungen aus justinianischer Zeit gehört die Ekatontapiliani-Kirche auf Páros. Die um das Jahr 550 errichtete kreuzförmige Kuppelbasilika mit Narthex und Emporen sowie zwei Nebenkapellen an der Ost- und einem ehemaligen Baptisterium an der Südseite zeichnet sich durch eine auf vier Pfeilern ruhende, leicht elliptische Kuppelkonstruktion aus, deren Tragebogen zu tonnengewölbten Kreuzarmen ausgebildet wurden.

Im 7. und 8. Jh. kam die Baukunst wegen wiederholter Zerstörungen durch fremde Eindringlinge fast zum Erliegen. In der nachfolgenden Zeit prägte sich als Haupttypus im Kirchenbau die Kreuzkuppelkirche heraus. Für den Außenbau verwendete man Bruch- oder Ziegelsteine in oft kunstvoller Anordnung, erst viel später wurde das Äußere verputzt oder mit weißer Kalktünche überzogen.

Die Kreuzkuppelkirche des im 10. Jh. gegründeten Klosters Panachrántou auf Ándros zeigt eine hohe Tambourkuppel. Eine Kuppel auf achteckigem Tambour schmückt das Friedhofskirchlein aus dem 12. Jh. von Mélida ebenfalls auf Ándros; die Kapelle besitzt zudem noch einen Narthex und drei Apsiden. Ein weiteres gutes Beispiel ist die Ágios-Geórgios-Diasorítis-Kirche nahe Chalkí auf Náxos als unverputzte, ziegelgedeckte Kreuzkuppelkirche des 11. Jh.s mit Narthex und belichtetem Tambour.

Im Kircheninnenraum ist in der Regel der leicht erhöht liegende Altarbereich (Bema) anfangs durch eine steinerne Schranke vom Gemeinderaum (Naos) getrennt, aus der sich später die hohe Bilderwand als Ikonostase entwickelt.

In den ländlichen Gebieten der Inseln herrscht als Kirchentyp die schlichte Einraumkapelle mit farbenfrohem Freskenschmuck vor.

Malerei

Trotz eines streng vorgeschriebenen Formenkanons hat die byzantinische Malkunst eine umfangreiche Aufgabenskala beherrscht von der Monumental- bis zur Miniaturmalerei, vom Fresko über die Ikone (→ *Baedeker Special S. 156*) bis zum Mosaik und gewebten Bild einschließlich der Seiden- und Goldstickerei.

Bereits die frühe byzantinische Malerei ist stark eingebunden in die Kultpraxis und hat sich von Anfang an der Menschendarstellung gewidmet. wobei in Ausdruck, Haltung, Kleidung und Bewegung das Erbe der Spätantike zunächst unverkennbar ist. Bedeutende Beispiele frühbyzantinischer Kunst finden sich in der Panagía-Drossianí-Kirche bei Moní auf Náxos mit ihren eindrucksvollen Wand- und Gewölbemalereien aus dem ausgehenden 6. und 7. Jahrhundert. Der verheerende Bilderstreit (Ikonoklasmus) im 8. und 9. Jh. bricht allerdings mit dieser Tradition. Die Ablehnung der bildlichen Darstellung Christi und der Heiligen läßt nur eine ornamentale Gestaltungsweise in Form von Kreuzornamenten, geometrischen Mustern und Blütendekors zu. Bedeutendstes Beispiel dafür ist die Agía-Kyriakí-Kirche bei Apírados auf der Insel Náxos; ihre Apsis schmücken zwei fliegende Vögel mit Halsbändern. Ein edelsteingeschmücktes Kreuz und stilisierte Pflanzendekors ergänzen das Motiv. Die Ikonenverehrer tragen schließlich doch den Sieg davon und seit Mitte des 9. Jh.s wird die christ-

Byzantinische Zeit
Malerei
(Fortsetzung)

liche Kosmographie wieder illustriert. In der Panagía-Protothróni-Kirche in Chalkí auf Náxos blieben in der Kuppelwölbung monumentale Malereien des 10./11. Jh.s erhalten, die in breiter, geschwungener Linienführung u.a. den Propheten Sophonias zeigen.
Die byzantinisch-orthodoxe Sakralkunst verzichtet ganz bewußt auf eine realistische oder gar ausschmückende Wiedergabe des Heilsgeschehens, denn es geht ihr um die Darstellung der göttlichen Wahrheit, die die Grenze zwischen Raum und Zeit aufhebt.
Über Jahrhunderte unterlagen die Ausmalungen der Kirchen auf den Kykladeninseln einem mehr ode weniger vorgeschriebenen ikonographischen Programm, das auch die Verteilung im Kirchenraum festlegte, wobei als Leitgedanke die Vorstellung der universalen göttlichen Schöpfung zugrundelag, die insgesamt im Kirchenraum zum Ausdruck gebracht werden sollte.

Kunsthandwerk

Da Werke der Großplastik nicht zuletzt aus religiösen Gründen fehlen, kam es nur zur Ausprägung von Kleinkunst. Dazu zählen kostbare Textilarbeiten bis hin zu liturgischen Gewändern, ferner Elfenbeinschnitzereien sowie Werke der Gold- und Silberschmiedekunst, vor allem liturgisches Gerät wie Kelch und Patene. Reichverzierte Ikonostasen aus Holz, seltener aus Marmor zeugen ebenfalls von großer Kunstfertigkeit.

Venezianische Epoche

Als im Gefolge des Vierten Kreuzugs 1204 die Venezianer zahlreiche Inseln unter ihre Herrschaft brachten, kümmerten sie sich vor allem um den Ausbau und die Sicherung der Häfen und befestigten die Ortschaften. Einige Ortskerne tragen noch heute die Bezeichnung Kastro und verweisen auf eine wehrhafte Anlage der Dörfer zur Zeit der Venezianer, die häufig aus Schutzgründen eine Anhöhe oder ein Plateau, manchmal weitab des Hafens und der Küsten, für ihre Siedlungen wählten. Mauerwallartig umschlossen die lückenlos aneinandergebauten Häuser ein Zentrum mit wenigen enggewundenen Gassen, kleinem Platz, der Kirche und dem Wohnturm des Feudalherrn. Durch den äußeren Häuserring aus dicken, meist fensterlosen Mauern mit vereinzelten Schießscharten, führten oft nur zwei gesicherte Eingänge hindurch. Die Häuser mit ihren Außentreppen öffneten sich lediglich zu den Innengassen. Gute Beispiele für die traditionelle Kastro-Bauweise liefern die Kerne der Hauptorte von Amorgós, Folégandros, Kímolos und Sífnos. Eindrucksvoll sind auch die venezianischen Befestigungsanlagen mit massiven Wehrtürmen im alten Zentrum der Hafenorte Páros und Náxos, wobei zum Bau sogar antike Spolien verwendet wurden. Im historischen Kern von Náxos sind zudem noch venezianische Adelspaläste mit ihren wappengeschmückten Portalen zu sehen. Verstreut auf Náxos haben sich außerdem einige wehrhafte Wohntürme des venezianischen Feudaladels erhalten.

Türkische Epoche

Obwohl das Osmanische Reich im 16. Jh. seine Herrschaft auch auf die Kykladeninseln ausgedehnt hatte und bis zum beginnenden 19. Jh. halten konnte, zeigen sich so gut wie keine Einflüsse islamischer Kunst auf den Inseln. Überhaupt liegen die Kykladen fernab aller kunstgeschichtlichen Entwicklungen in West- und Osteuropa. Die wenigen künstlerischen Impulse gehen im 17. Jh. von den aus Kreta stammenden Ikonenmalern Emmanouil und Antonis Skordilis aus, die Kirchen auf Kímolos und Kýthnos sowie das Kloster Taxiarchis auf Sérifos mit Ikonen ausschmückten.
Der Kirchenbau bleibt den Traditionen treu. Beispielsweise wird 1740 der Neubau der Klosterkirche Ágios Nikólaos auf Ándros im Kreuzkuppelschema errichtet. Westlichen Einfluß zeigt z.T. die kleine Paraportianí-Kirche in Mýkonos-Stadt aus dem 17./18. Jh. als zweigeschossiger Bau mit Spitzbogen, dessen Obergeschoß die Form einer Kuppelhalle bildet.

19. und 20. Jahrhundert

Die neugriechische Staatsgründung von 1830 führte zur verstärkten Übernahme westeuropäischer Stilvorstellungen vor allem in der Baukunst. Der Klassizismus mit seinen Antikenzitaten wie Tempelgiebel und Säulenvorhallen prägte in erster Linie die öffentlichen Bauten sowie die Villen der

Kunstgeschichte 19. und 20. Jahrhundert (Fortsetzung)

Statue von Michael Tombros

reichen Handelskaufleute und Reeder. Die Wiederverwendung früher Baustile war auch noch im Zeitalter des Historismus bis zum Ersten Weltkrieg beliebt. Das eindrucksvollste Stadtbild des 19. Jh.s bietet Ermoúpolis auf Sýros, seit 1834 Hauptstadt der Kykladen, mit seinen zahlreichen historistischen Bauwerken, hübchen Plätzen und Flanierzeilen. Ein besonders erlesenes Beispiel für die Wohnkultur des 19. Jh.s bildet die in ein Museum umgewandelte prächtige Villa eines reichen Weinhändlers in Messariá auf Santorín. In Mýkonos-Stadt bietet das Haus der Lena einen Einblick in die Wohnwelt der Mittelschicht im 19. Jh., und die neoklassizistischen Villen in Ándros-Stadt künden noch immer vom Wohlstand der Reeder.
Die Bildhauerkunst erhält seit Ende des 19. Jh.s neue Impulse durch die Werkstätten in Pírgos auf Tínos. Die Stilentwicklung der einzelnen Bildhauer, darunter der bedeutende Chalepa (1851 – 1938), vom Realismus zum Expressionismus wird an den Entwürfen, Ton- und Gipsmodellen sowie Originalplastiken im Museum von Pírgos deutlich. Skulpturen von Michael Tombros (1889 – 1974), dessen Ausdrucksvermögen vom Naturalismus bis zu abstrakt-expressiven Gestaltungen reicht, sind im Museum für Moderne Kunst in Ándros-Stadt zu sehen.

Kykladenarchitektur

Immer wieder beeindruckend ist die Ensemblewirkung der Bauten in den Kykladenorten, die sich als vielfältige Variation einfacher geometrischer Grundformen wie Kubus, Quader, Halbkugel, Zylinder und Kegel erweist, wobei sich Schönheit der Form und Funktionalität aufs Vortrefflichste verbinden.
Der Wohnbau besteht aus Naturstein-Mauerwerk mit bis zu 60 cm dicken Wänden, die das Hausinnere in den langen heißen Sommermonaten kühl halten sollen. Aus Schutz vor dem starken Nordwind Meltemi, der im Sommer monatelang die Kykladen heimsucht, sind die Orte meist nach Süden ausgerichtet, die Häuser verschachtelt und eng aneinander gebaut sowie Fenster und Türen ebenfalls auf die Südseite verlegt. Das ursprünglich unverputzte Mauerwerk wurde nur nach Epidemien mit desinfizierender Kalktünche überzogen, woraus sich jedoch allmählich der Brauch entwickelte, alljährlich zum Osterfest dieses Ritual im Sinn einer Reinigung durchzuführen. Neben der Desinfektion dient die weiße Tünche aus gelöschtem Kalk auch der Reflektion von Sonnenstrahlen und somit der Kühlung des Hauses; zudem lassen sich durch die weiße Farbe im Dämmerlicht oder in der Dunkelheit die stufenreiche Wege besser finden. Ein Nebeneffekt des ständigen Übertünchens ist das allmähliche Abrunden der Formen, so daß sich jene sanften, fließenden Konturen in der Architektur ergeben, die sich dennoch kontrastreich vom oft felsigen Untergrund abheben.
Praktisch sind auch die Flachdächer mit leichter Neigung zum Auffangen der spärlichen Niederschläge mit Ableitung in Zisternen zur Nutzung als Brauchwasser. Das ganz aus Stein gefügte Kuppeldach ist häufig dort anzutreffen, wo Mangel an Holz herrscht, aus dem traditionell die Trägerbalken und Querhölzer für die Decken und Dachkonstruktionen gemacht werden. Auf der Vulkaninsel Santorín sind daher Kuppelbauten besonders häufig anzutreffen. Darüber hinaus verwendete man auch dort die Halbtonnen- und Kuppelgewölbe besonders häufg im Kirchenbau.
Außergewöhnlich sind auch die Glockenstühle aus übereinandergesetzten Bogenreihen, die das Blau des Himmels durchscheinen lassen.

Durch das ständige Übertünchen der Häuser entstehen runde, fließende Formen.

Musik und Tanz

Allgemeines

Volksmusik und Volkstanz sind traditionell wichtige Bestandteile des griechischen Lebens. Die unterschiedliche historische Entwicklung der griechischen Regionen führte zu verschiedenen kulturellen Ausprägungen und damit auch bei Liedern und Tänzen.

Musik

Auf den Kykladen hört man in den Touristenzentren überwiegend internationale Pop- und Rockmusik. Die traditionelle Volksmusik, die Nissiotika ('Insellieder'), wird dadurch stark zurückgedrängt. Sie wird überwiegend nur noch auf Dorffesten von bekannten Sängern vorgetragen.
Die Hauptinstrumente dabei sind Violine und Laute (Laútros), die venezianischen Ursprungs ist. Wichtig ist zudem das Santúri, ein Saiteninstrument. Meist wird die Volksmusik durch das Gehör übermittelt, denn sie ist kaum auf Tonträgern oder auf Notenblättern vorhanden.

Tanz

Aufgrund der unterschiedlichen kulturellen Entwicklung in Griechenland gibt es etwa 150 lokale Tänze. Sie werden allerdings immer weniger gepflegt. Meistens kommen tradionelle Tänze nur noch bei Familienfesten und kirchlichen Feiertagen oder für die Touristen von professionellen Gruppen zur Aufführung.
Weit verbreitet ist der Syrtós ('Reigentanz'), so auch auf den Kykladen. Er wird in einem offenen Kreis unter Führung eines Vortänzers ausgeführt. Sehr beliebt sind auch der Tsámikos, ein Kriegstanz aus Thessalien, der mit schweren stampfenden Schritten getanzt wird, und der Kalamatianos, der auf die Antike zurückgeht. Ebenfalls in ganz Griechenland bekannt und auf den Kykladen wichtig ist der fröhliche Bállos, der von Paaren getanzt wird.

Die Kykladen in Zitaten

Hinweis

Die folgende Sammlung von ausgewählten Literaturzitaten ist chronologisch geordnet.

Herodot
Griechischer Geschichtsschreiber
(5. Jh. v. Chr.)

Als sie die Pferde... eingeschifft und das Landheer an Bord gebracht hatten, fuhren sie mit sechs hundert Dreiruderern (Trieren) nach Ionien. Von hier aber richteten sie ihren Lauf nicht an der Küste entlang gerade auf den Hellespontes (Dardanellen) und auf Thrake zu, sondern von Samos aus ging die Fahrt neben dem Ikarischen Meer mitten durch die Inseln hindurch, vornehmlich, wie ich glaube, aus Furcht vor der Fahrt um den Athos herum. weil, wie sie im vorigen Jahr diesen Weg genommen, sie so großen Verlust erlitten; außerdem aber nöthigte sie auch Naxos dazu, die vorher noch nicht eingenommen war. Und als sie aus dem Ikarischen Meer an die Küste von Naxos kamen, denn die wollten die Perser durchaus zuerst bekriegen in Erinnerung jener früheren Begebenheit: da eilten die Naxier in voller Flucht auf die Berge und wartetens gar nicht ab. Die Perser aber machten zu Knechten alle, die sie faßten, und steckten die Tempel und die Stadt in Brand. Und als sie das gethan, segelten sie wieder zu den übrigen Inseln. Während dessen aber verließen auch die Delier Delos und flüchteten nach Tenos.

Aus: “Die Geschichte des Herodot”, Sechstes Buch, Erato, Kapitel 96, 97

Bakchylides
Griechischer Chorlyriker
(6./5. Jh. v. Chr.)

Erlangt hat Lachon von Zeus
Dem Allmächtigen höchsten Ruhm als
Sieger im Lauf an des Alpheios Fluten;
So haben vordem das
Weinstocknährnde Keos, weil
In Olympia im Faustkampf und
Lauf der Sieger war, einst besungen,
Reich geschmückt mit Kränzen ...

Erste Strophe einer Ode (452 v. Chr.), vermutlich zur Begrüßung des Olypmiasiegers Lachon bei seiner Heimkehr auf die Insel Keos (Kéa)

Pausanias
Griechischer Schriftsteller
(2. Jh. n. Chr.)

Die Insel der Siphnier besaß Goldbergwerke, und die Gottheit hieß sie den Zehnten ihrer Einkünfte nach Delphi stiften. So bauten sie das Schatzhaus und lieferten den Zehnten ab. Als sie aber aus unersättlicher Habgier die Abgabe nach Delphi unterließen, geschah ein Einbruch des Meeres und vernichtete ihre Bauwerke.

Friedrich Hölderlin
Deutscher Dichter
(1759 – 1805)

Deiner Insel ist noch, der blühenden, keine verloren.
Fest steht und Salamis grünt, umdämmert von Lorbeern,
Rings von Strahlen umblüht, erhebt zur Stunde des Aufgangs
Delos ihr begeistertes Haupt ...

Alle leben sie noch, die Heroenmütter, die Inseln.

Aus : “Hyperion oder der Eremit in Griechenland”

Dieses Licht ist unsäglich scharf und unsäglich mild zugleich. Es bringt die feinste Einzelheit mit einer Deutlichkeit hervor, einer Deutlichkeit, die einem das Herz höher schlagen macht ... Es ist mit nichts zu vergleichen als mit Geist.

Hugo von Hofmannsthal Östereichischer Dichter (1874–1929)

Hugo von Hofmannsthal beschreibt hier das ägäische Licht.

Die Dampfer (...) halten an der NW.-Küste der Insel bei der Hauptstadt Naxos (kleines Xenodochíon), mit 1760 Einw., Sitz eines griechischen Bischofs und einer katholischen Handelsschule, im Innern schmutzig und verkommen, aber malerisch von dem sandigen Ufer der Bucht an den Abhängen eines Felskegels ansteigend, auf dessen Gipfel die Reste des fränkischen Herzogschlosses stehen. Die antike Hauptstadt lag an der gleichen Stelle; fast der einzige Rest von ihr ist ein Portal (vom Dionysostempel?) auf der kleinen vorgelagerten Insel Palati.
In der Ebene liegen Gärten und Weinberge, von Agavenhecken umhegt, aus ihnen exportiert die Insel Cedrate, Kartoffeln, Tomaten, Wein und Öl. – An einer Bucht an der N.-Spitze der Insel, n.ö. H. Joannis antike Brüche des in Plastik und Architektur, besonders zu Dachziegeln verwandten naxischen Marmors; in einem solchen, c. 50 m über dem Meer, die unfertige Kolossalstatue des Apollon, nach der die Gegend "'ston Apollona" heißt. Der besonders charakteristische ganz grobkörnige Marmor, aus dem u.a. der delische Koloß gearbeitet ist, steht mehr in der Mitte der Insel an. Südlich davon, in den Gehängen des Tals von Wothri, die hauptsächlichsten, schon im Altertum bekannten Smirgelbrüche. Die Gewinnung ist Monopol der Regierung; der Wert des jährlichen Exports beträgt c. 1/3 Million. – Von Altertümern birgt die Insel noch einen antiken Turm, den Pyrgos tu Cheimárru, am SO.-Fuß des Oziá, und an dessen W.-Seite eine Grotte des Zeus.

Baedeker's Griechenland (1904)

Wir kreuzen zwischen den Inseln, den Kykladen ... Wir entdecken ewige Häuser, lebendige Häuser von heute, die weit in die Vergangenheit zurückreichen und deren Querschnitt und Grundriß genau das sind, was wir uns seit mehr als 10 Jahren vorgestellt haben ... In diesen glücklichen Gefilden, wo das Vernünftige immer auch von der Freude am Leben geleitet wird, sind die Maße einer den Menschen entsprechenden Rangordnung gegenwärtig.

Le Corbusier Französisch-schweizerischer Architekt (1887–1965)

Viele Freuden hat Griechenland. Keine aber ist mir liebenswerter als die Ägäis. "Blumen aus Marmor" nennt der Grieche ihre Eilande, die verstreuten Glieder eines Gottes – beim Sturze aus dem Himmel habe es seinen Leib auseinandergerissen: die schweren Teile verschlug es nach Afrika, nach Asien hin – Kreta, Zypern, Rhodos, Lesbos. Nordwärts fielen die Sporaden, die lose Gesäten: Skyros, Skiathos und Skopelos. Und inmitten der Ägäis gingen die Kykladen vor Anker, in dichten Ringen rund um Delos, schwimmende Korken eines weitausgeworfenen Fischernetzes, mit dem das seetüchtige Attika das Meer an sich zieht – Brückenpfeiler, darüber Griechenland nach Asien und Afrika schwingt – Noten auf der blauen Partitur der Ägäis, aneinandergereiht zu einer Symphonie des Lichtes. ...
So ist Santorin mehr Hades als Hellas, seine Nachtseite, im Gleißen der ägäischen Sonne von noch schmerzhafterer Dunkelheit – eine immer wieder aufgerissene Wunde, eine geköpfte Insel, Rumpf ohne Haupt, Apokalypse zum Naturdenkmal versteinert.
Aber Thera ist doppelgesichtig: der steilen und sterilen Klage des inneren Kraterrandes gesellt sich antithetisch die freundliche Vitalität der sanft fallenden Außenhänge. Auf ihnen verwandelte sich im Lauf der hellenden Zeiten der mörderische Fluch der Bimsasche zum Segen der Fruchtbarkeit, die üppige Ernte an Trauben, Tomaten und Hülsenfrüchten abwirft.

Johannes Gaitanides Deutsch-griechischer Schriftsteller (1909–1988)

Aus: "Das Inselmeer der Griechen. Landschaft und Menschen in der Ägäis" (1962)

SUNSET

Reiseziele von A bis Z

Reiseziele von A bis Z

Amorgós **G/H 10 - 12**

Neugriechisch

Αμοργός

Fläche: 120 km²
Höhe: 0–826 m ü. d. M.
Bewohnerzahl: 1500
Hauptort: Amorgós (Chóra)

Lage und Allgemeines

Das landschaftlich sehr reizvolle Amorgós, die östlichste Kykladeninsel, liegt südöstlich von Náxos. Die Insel ist in zwei Gebiete geteilt: in den Siedlungsschwerpunkt im Südwesten mit dem vielbesuchten Haupthafen Katápola und der mittelalterlichen Chóra hoch darüber sowie im Nordosten mit dem Hafenort Órmos Ägiáli und sehenswerten Dörfern.
Die Insel, ein inzwischen nicht mehr unbekannter Geheimtip, ist vor allem Leuten zu empfehlen, die Ruhe suchen und gern wandern. Dazu bieten sich zahlreiche Eselspfade in der Umgebung von Katápola und dem Hauptort Amorgoś an. Die beiden schönsten Wanderrouten führen zum Kloster Chozoviótissa an der Ostküste und über Minóa oberhalb von Katápola zum Kloster Valsamítis. Mehrere Badebuchten mit Sand- und Kiesstränden findet man an der Nord- und Nordwestküste.

*Landschaftsbild

Amorgós ist eine kahlfelsige, von Südwesten nach Nordosten gestreckte Gebirgsinsel mit einer Länge von 33 km und einer Breite von 2 bis 6 km. Im

◂ *S. 44/45: Besonders beeindruckend ist Thíra in der Dämmerung*

Landschaftsbild (Fortsetzung)

südöstlichen Teil der Insel fallen die Felswände der Steilküste spektakulär bis zu 800 m annähernd senkrecht zum Meer hin ab. Der nordwestliche Teil ist dagegen sanfter und besitzt zwei tiefe Buchten: die gut geschützte Katápola-Bucht mit dem wichtigsten Inselhafen und die Ägiáli-Bucht. Die Insel wird in ihrer ganzen Länge von einem Gebirgszug durchzogen, der am Kríkelo bis auf 822 m aufsteigt. In der Inselmitte erhebt sich das Kalkgebirge des Profítis Ilías (725 m ü. d. M.).

Nebeninseln

Der nördlichen Küste von Amorgós vorgelagert sind von Westen nach Osten die Inselchen Psalida, Petalidi, Kramvonissi und Nikuria.

Geschichte

Amorgós war offensichtlich im 3. Jt. v. Chr. eines der Zentren der kykladischen Kultur, denn man fand hier zahlreiche Marmoridole, darunter auch das mit fast 1,5 m lebensgroße weibliche Idol, das heute im Archäologischen Nationalmuseum von Athen ausgestellt ist. Im 2. Jt. v. Chr. wurde vermutlich von minoischen Kretern die Siedlung Minóa – worauf schon der Name hinweist – südlich des heutigen Orts Katápola gegründet. Die Entstehung der Orte Arkesine und Ägiáli um 1000 v. Chr. geht auf Ionier aus Náxos zurück. Im 5. Jh. v. Chr. war die Insel Mitglied im Attisch-Delischen Seebund; der jährliche Beitrag von nur einem Talent deutet auf ihre geringe wirtschafliche Bedeutung hin. In römischer Zeit war Amorgós Verbannungsort und wurde in der Folgezeit wiederholt von Piraten heimgesucht. Das im 9. Jh. n. Chr. gegründete Kloster Chozoviótissa übte praktisch die Herrschaft auf der Insel aus, bis diese 1207 in venezianischen Besitz kam. 1637 von dem osmanischen Admiral Chaireddin Barbarossa erobert und von 1771 bis 1774 von Russen besetzt, blieb Amorgós bis in unsere Zeit ohne wirtschaftliche und politische Bedeutung.

Wirtschaft

In der Antike waren die kostbaren, purpurgefärbten Gewänder weithin begehrt. In den letzten Jahrzehnten erlebte Amorgós eine große Abwanderungswelle, in deren Verlauf fast alle jüngeren Bewohner die Insel verlassen haben. Heute wird auf der kargen und wasserarmen Insel etwas Ackerbau – Hauptanbauprodukte sind Getreide und Erbsen – betrieben, aber vor allem Viehzucht. Zudem spielt der Tourismus, besonders in den Hafenorten Katápola und Ägiáli, eine gewisse Rolle.

Sehenswertes auf Amorgós

Katápola (Κατάπολα)

Der gemütliche Ferienort Katápola, der Haupthafen der Insel und beliebter Standort, liegt an einer tief eingeschnittenen, etwa 600 m breiten Bucht. Er besteht aus drei Ortsteilen: Xilokeratídi im Norden, Rachídi im Osten und Katápola im Süden.
Man kann hier die lange, von Tamarisken gesäumte Strandpromenade entlangbummeln und zumindest in der Nebensaison die ruhige Inselatmosphäre genießen. Dem Tourismus haben die Bewohner durch zahlreiche Ferienzimmer und einige Tavernen Tribut gezollt.

Panagía Katapolianis

Sehenswert in Katápola ist die Kirche Panagía Katapolianis, die auf den Fundamenten einer frühchristlichen Basilika unter Verwendung antiker Säulen erbaut wurde. Im Altertum soll hier ein Apollon-Tempels gestanden haben, auf den einige Marmorstücke im Vorhof der Kirche hinweisen.

Minóa

Von Katápola erreicht man nach etwa einem halbstündigen Fußweg auf der Anhöhe Muntiliá die Reste der Siedlung Minóa, die wohl von Kretern im 2. Jt. v. Chr. gegründet worden war. Im 7. Jh. v. Chr. ließen sich hier Bewohner von Samos nieder. Die Ende des vorigen Jahrhunderts begonnenen Ausgrabungen von Minóa werden heute von griechischen Archäologen fortgesetzt. Zu sehen sind geringe Überreste von Gebäuden, der Stadtmauer und eines Tempels.

*Ausblick

Von hier oben bietet sich dem Besucher ein beeindruckender Blick auf Katápola bis nach Náxos und ins Landesinnere auf die Chóra und den Berg Profítis Ilías.

Amorgós (Chóra)

Eine 5 km lange Straße führt hinauf zu dem auf einem 350 m hohen markanten Hügel am Fuß des Profítis Ilías gelegenen Inselhauptort Amorgós (300 Einw.). Reizvoller ist es, zu Fuß vom Ortsteil Rachídi den alten Eselspfad zur Chóra hinaufzugehen.

Das Ortsbild von Amorgós ist geprägt von den typischen weißen Kykladenhäusern, engen verwinkelten Gassen, gewölbten Durchgängen, kleinen beschaulichen Plätzen und zahlreichen strahlend weißen Familienkapellen, die sich um den 65 m hohen, einst von den Venezianern befestigten Felsen Tó Kásto ('die Burg') schmiegen. An den Häusern kann man noch verbaute antike Bruchstücke entdecken. Von dem Felsen bietet sich ein schöner Ausblick auf den Ort und die umgebenden Hügel mit den Windmühlen.

In der Chóra und Umgebung finden sich viele Kirchen, die – ein Charakteristikum der kykladischen Sakralarchitektur – teilweise als Zwillingsbauten und unter Verwendung von frühchristlichen Bauteilen errichtet wurden.

Archäologisches Museum

Neben der Kirche Zoodochos Pigís befindet sich in einem historischen Gebäude das Archäologische Museum (nur ab und zu geöffnet), in dem u. a. Zeugnisse der geometrischen Kunst, Bruchstücke archaischer Plastik, Grabstelen mit Palmettenverzierung, Fragmente klassischer Figuren sowie interessante Inschriften aus hellenistischer und römischer Epoche ausgestellt sind.

*Moní Panagía Chozoviótissa (Μονή Παναγία Χοζοβιότισσα)

Sehr beeindruckend ist das abenteuerlich in eine Felsnische einer Steilwand gebaute berühmte byzantinische Kloster der Panagía Chozoviótissa (geöffnet bis 14.00 Uhr, im Sommer zusätzlich 17.00–19.00 Uhr). Es empfiehlt sich, bei den Schulen am Ortsausgang der Chóra den steilen Treppenweg hinunter zum Kloster zu gehen. Nach etwa 20 Minuten erreicht man die Straße, der man nach links bis zur Klosterpforte folgt. Von hier führt ein steiler, mit Schiefer- und Marmorplatten belegter Treppenweg hinauf zum Klostergebäude.

Das Kloster Chozoviótissa zeichnet sich durch eine atemberaubende Lage an einer Steilwand aus.

Moní Panagía Chozoviótissa (Fortsetzung)

Das Besondere des wehrhaft wirkenden Klosters liegt in seiner einmaligen Lage und der für die Ägäis außergewöhnlichen Architektur. Seine Gründung geht wahrscheinlich auf die Zeit des Bilderstreits zurück (726–843), als Mönche aus dem palästinensischen Kloster Choziva vor den Bilderstürmern nach Amorgós flüchteten und, weil die Steilwand sie an Choziva erinnerte, ein kleines Kloster errichteten. Die Gründungslegende erzählt von einer Frau in Palästina, die eine Ikone in ein Boot gelegt hat, um sie vor den Bilderstürmern zu retten. Das Bild wurde an die hiesige Küste getrieben, und die Einheimischen errichteten an der Stelle, die ihnen ein eiserner Nagel markierte, eine Kirche. Dieser Nagel wird heute noch im Kloster aufbewahrt. Im 11. Jh. wurde unter dem byzantinischen Kaiser Alexios Komnenos Chozoviótissa zum Kloster ausgebaut. Das reiche Kloster übte praktische die Herrschaft auf der Insel aus, bis diese 1207 in venezianischen Besitz überging. Einstmals sollen hier 100 Möche gelebt haben, übriggeblieben sind nur noch einige wenige.
Zu sehen gibt es im Kloster wertvolle Ikonen, Pergamenthandschriften und wichtige Urkunden. Von der Terrasse kann man einen weiten Blick auf das Meer genießen.

Moní Ágios Geórgios Valsamítis (Μονή Άγιος Γεόργιος Βαλσαμίτης)

Um zum Kloster Ágios Geórgios Valsamítis zu kommen, nimmt man von der Chóra die Fahrstraße nach Kamári; auf der 4 km langen Strecke bieten sich herrliche Ausblicke. Das verlassene Kloster liegt inmitten von fruchtbaren Terrassenhängen. Hier entspringt eine Quelle, deren Wasser als heilkräftig galt. Nicht nur die heidnischen Priester in der Antike, sondern auch christliche Priester sagten aus den murmelnden Fließgeräuschen des Wasser bis Anfang der achtziger Jahre die Zukunft voraus.
Oberhalb des Klosters sieht man noch die Überreste eines venezianischen Wachturms.

Arkesíni / Kastrí (Αρκεσίνη/Καστρί)

Im Südwesten von Amorgós liegt der Ort Vrútsis, von dem sich eine schöne, 1,5 km lange Wanderung zur alten Stadt Arkesíni, die heute Kastrí genannt wird, empfiehlt. Sie zeichnet sich durch eine eindrucksvolle Lage auf einem steil zum Meer abfallenden Felsen aus. Es sind allerdings nur noch geringe Überreste aus antiker, hellenistischer und römischer Zeit vorhanden. An der Stelle der heutigen Kapelle der Panagía Kastrianis soll einst ein Aphrodite-Tempel gestanden haben.

Rachúla (Ραχούλα)

In dem kleinen Ort Rachúla (20 Einw.), etwa 2 km südwestlich von Vrútsis, ist der Mühlenhügel sehenswert. Unweit südwestlich findet man die Überreste des antiken Wachturms Agias Trias, der Teil einer Befestigungsanlage zum Schutz der Bevölkerung war.

Órmos Paradísa (Όρμος Παραδείσα)

Von dem ganz im Südwesten der Insel gelegenen Ort Kalofána gelangt man vorbei an der Kirche Agía Paraskevi mit blauer Kuppel zu der landschaftlich beeindruckenden Bucht Paradísa mit wilden Klippen.

Aigiáli (Αιγιάλη)

Aigiáli (70 Einw.), der zweite Hafenort der Insel an der gleichnamigen Bucht im Nordosten von Amorgós, ist zwar etwas ruhiger als Katápola, aber doch schon gut besucht. Anziehungspunkt des Orts ist der weitläufige, sich die Bucht entlangziehende Sandstrand, der von Tamarisken bestanden ist. Zudem gibt es nordwestlich dieses Strands noch einige kleinere einsame Sand- und Kiesbuchten.

Potamós (Ποταμός)

In dem südlich oberhalb der Bucht gelegenen Ort Potamós ist die Kirche Análipsis mit zwei Glockentürmen und blauer Kuppel sehenswert. Über einen Treppenweg erreicht man den oberen Ortsteil, von wo sich ein schöner Ausblick von der Ägiáli-Bucht bis nach Náxos eröffnet.

Tholária, Langáda

Herrliche Aussichten bieten sich auch von dem 270 m hoch gelegenen freundlichen Bergdorf Tholária (nördlich von Aigiáli; 185 Einw.), dessen Ortsbild von der großen Kirche Agioi Anárgyroi mit blauer Kuppel und zwei Glockentürmen beherrscht wird, und von dem etwa auf gleicher Höhe ge-

Amorgós Tholária, Langáda (Fortsetzung)

legenem Ort Langáda (230 Einw.). In beiden Dörfern kann man sich in mehrere Tavernen und Kafenía stärken. Etwa 100 weiß gestrichene Stufen führen südlich von Langáda in fünf Gehminuten zu der kleinen Höhlenkirche Agias Triadas, die in eine schroffe Felswand hineingebaut ist.

Kríkelo (Κρίκελο)

Von Langáda ist die Besteigung des Kríkelo, des mit 826 Metern höchsten Bergs von Amorgós, möglich (Länge der einfachen Strecke: 9 km). Sie ist besonders schön im Frühjahr, wenn es hier herrlich grünt und blüht.

Anáfi K 10/11

Neugriechisch

Ανάφη

Fläche : 38 km²
Höhe: 0–584 m ü. d. M.
Bewohnerzahl: 300
Hauptort: Anáfi (Chóra)

Lage und Allgemeines

Das abseits gelegene bergige Anáfi ('die Strahlende'), die südöstlichste der Kykladen, befindet sich etwa 22 km östlich von Santorín. Die kleine, landschaftlich reizvolle Insel ist etwas für Reisende, die stille Strände sowie Ruhe und Muße suchen und damit das Gegenstück zur Nachbarinsel Santorín. Sie wird hauptsächlich von Rucksacktouristen besucht.

Von dem gleichnamigen Hauptort, der mit seinen weißen Häusern sehr eindrucksvoll hoch oben auf einem Felsen thront, ziehen sich einige schöne Sandstrände zum Ostkap der Insel hin. Die 12 km lange und maximal 7 km breite Insel wird von Eselspfaden durchzogen, so daß die Sehenswürdigkeiten nur zu Fuß oder auf dem Esel erreichbar sind.

Mythos und Geschichte

Der Sage nach ließ Apollon Anaphe als Zufluchtstätte für die aus der Kolchis zurückkehrenden Argonauten aus dem Meer auftauchen.
Zunächst wurde die Insel von den Phönikern und um 800 v. Chr. von der Dorern vom Peloponnes besiedelt, die eine Stadt südöstlich der heutigen Chóra am Meer gründeten. Nach dem griechischen Seesieg bei Salamis (480 v. Chr.) wurde sie Mitglied im Attisch-Delischen Seebund.
Im Mittelalter gliederte Marco Sanudo die Insel in das Herzogtum Náxos ein und gab es der italienischen Familie Foscolo zu Lehen (1207–1269). Von 1307 bis 1397 war sie im Besitz der Familie Gosadini, dann der Familien Crispi und Pisani, bis sie 1537 den Osmanen in die Hände fiel. Schließlich kam Anáfi 1834 zum Königreich Griechenland.

Gastronomie

Man findet einige Tavernen im Hafen Ágios Nikólaos, wo vor allem Fischspezialitäten zu empfehlen sind, in der Chóra und an den Stränden Klassídi und Rúkunas.

Sehenswertes auf Anáfi

Ágios Nikólaos (Άγιος Νικόλαος)

Der kleine Hafenort Ágios Nikólaos im Süden der Insel besteht aus einigen vor einer Steilwand gelegenen Häusern, die nur im Sommer bewohnt sind. Hier können nur Fischerboote und Kaikis anlegen, die größeren Schiffe müssen ihre Passagiere mit Booten an Land bringen.

Der Hafenort Ágios Nikólaos und die hoch gelegene Chóra

Anáfi (Chóra)

Auf dem Esel kommt man zur 256 m hoch gelegenen Chóra hinauf, die einst von dem venezianischen Kastro – nur noch geringe Mauerreste sind vorhanden – überragt wurde. Das Ortsbild wird geprägt von weißgekalkten Häusern, engen Gäßchen und Treppen. Zudem verfügt jedes Haus über einen Backofen und eine Zisterne.

Kastélli (Καστέλλι)

Etwa 1 Std. Fußweg muß zurücklegen, wer die nordöstlich von der Chóra auf dem 304 m hohen Kegelberg Kastélli gelegenen Reste der im 8. Jh. v. Chr. gegründeten dorischen Stadt besichtigen möchte. Dazu nimmt man den Pfad im Osten des Hafens Ágios Nikólaos, geht hoch über die Steilküste und erreicht die Klissídibucht. Nach etwa einer halben Stunde passiert der Besucher das Erosionstal Rukúnas, wo nach links ein Pfad zum Kastélli abzweigt. Nach zwanzigminütigem Aufstieg kommt man an der tonnengewölbten Kirche Panagía tu Dokári ('Allerheilige zum Balken') vorbei, neben der sich ein schöner, gut erhaltener antiker Marmorsarkophag mit vierseitigen mythologischen Reliefs befindet. Auf dem schwer begehbaren Gelände findet man Gräber, neben deren Öffnungen Monolithblöcke oder Platten stehen. Sehr interessant sind zwischen antiken Steinblöcken, Mauerstücken und Fundamenten einige weibliche kopflose Marmorstatuen.

Moní Zoodóchou Pigís (Μονή Ζωοδόχου Πηγής)

Der zuvor beschriebene Weg von Ágios Nikólaos führt an der Küste entlang, vorbei an Katalimatsa, dem schönsten Strand der Insel, bis zum Kap Kálamos (8 km), wo sich das Moní Zoodóchou Pigís befindet. Das Kloster wurde 1807 auf den Fundamenten eines antiken Apollontempels unter Verwendung von dessen Bruchstücken errichtet. In der Kirche wird eine bekannte Marienikone aufbewahrt, die jedes Jahr am 8. September, der Geburt Marias, Ziel einer Prozession ist.

Panagía Kalamiótissa (Παναγία Καλαμιώτισσα)

Obwohl der Aufstieg auf den 396 m hohen Berg Kálamos antrengend ist, empfiehlt er sich trotzdem, schon allein wegen des herrlichen Rundblicks auf die Ägäis, den man von dort genießen kann.

Anáfi Panagía Kalamiótissa (Fortsetzung)

Auf dem Gipfel ließ ein Seemann 1715 an der Stelle einer älteren Kapelle eine kleine Kirche errichten, nachdem er im Schilf eine Marienikone gefunden hatte, und nannte sie deshalb 'Panagía Kalamiótissa' ('Allerheiligste zum Schilf'). Seine Söhne lebten später als Einsiedler auf dem Berg. Jedes Jahr wurde das Marienfest am 8. September hier gefeiert. Als jedoch bei dem Fest 1887 sieben Menschen vom Blitz erschlagen wurden, brachte man die Marienikone ins Kloster Zoodóchos Pigís.

Ándros **A/B 4-6**

Neugriechisch

Άνδρος

Fläche: 380 km²
Höhe: 0–994 m ü. d. M.
Bewohnerzahl: 9500
Hauptort: Ándros (Chóra)

Lage

Das vegetationsreiche Ándros, die nördlichste und nach Náxos die zweitgrößte Insel der Kykladen, ist durch den 7 km breiten Pórthmos Kafiréfs von Euböa und im Südosten durch den 1200 m breite Meeresarm Stenó von der Nachbarinsel Tinos getrennt.

Allgemeines

Ándros liegt abseits der großen Touristenströme; es ist nicht von Piräus, sondern von dem kleinen Hafen Rafina an der Ostküste Attikas zu erreichen. Nur Batsí an der Westküste hat sich zu einem Ferienort entwickelt, ansonsten ist Ándros eine Insel mit griechischer Lebensart geblieben.
Der Baustil der mehrstöckigen, ziegelgedeckten Häuser auf Ándros zeigt festländischen Einfluß. Die Inselhauptstadt, die Heimat mehrerer griechischer Großreeder, hebt sich mit ihren großen, Wohlhabenheit ausstrahlenden Bauten mit historisierendem Schmuck sichtlich von anderen Kykladenorten ab. Am Wochenende kommen viele Athener auf die Insel.

Landschaftsbild

Das 40 km lange und bis zu 16 km breite Ándros weist mit seinen kahlen und schroffen Berghängen auf den ersten Blick ein herbes Landschaftsbild auf. Die Küste ist stark zerrissen, jedoch mit einigen schönen Stränden. Trotzdem ist Ándros eine der fruchbarsten Inseln der Kykladen. Langgestreckte Täler mit üppigem Grün bilden einen reizvollen Kontrast zu den kahlen Berghängen. Die vier schiefer- und kalksteinhaltigen Gebirgsmassive, die die Insel von Westen nach Osten durchziehen und deren höchstes im Pétalon 994 m erreicht, bergen bereits in der Antike abgebaute Marmorlager. In den beiden tief eingeschnittenen Tälern südlich des Pétalon wird intensiv Landwirtschaft betrieben.

Mythos

Der Überlieferung nach war der Heros Andros, von einem Bruder des Kreterkönigs Minos ausgesandt, der erste Herrscher der Insel.
Im Altertum wurde auf Ándros der Wein- und Rauschgott Dionysos verehrt, und die Feierlichkeiten zu seinen Ehren waren weithin gerühmt. Bei diesen Dionysien ließ der Gott als besondere Gunst aus den Quellen bei seinem Tempel Wein fließen.

Geschichte

Die ersten Siedlungsspuren datieren auf die Zeit um 1500 v. Chr. Von 900 bis 700 v. Chr. war die Blütezeit der Siedlung Zagorá. Die von Ioniern kolonisierte Insel kam im 8. Jh. unter die Oberherrschaft von Eretria/Euböa und schickte im 7. Jh. v. Chr. Kolonisten auf das thrakische Chalkidike. Nach der Seeschlacht von Salamis (480 v. Chr.) wurde sie von Themistokles wegen der den Persern geleisteten Gefolgschaft bekriegt, aber erst später von Athen abhängig (Mitglied im Zweiten Attischen Seebund, später im Bund des Nesioten). Seit 338 v. Chr. in der Gewalt der Makedonier, kam sie nach deren Unterwerfung an die Römer (133 v. Chr.).
Vom frühen Mittelalter bis ins 19. Jh. war Ándros für seine Seidenraupenzucht bekannt. Ab 1207 unterstand es venezianischen Dynasten (Dandolo, Quirini, Ghisi, Sanudo, Sommaripa u. a.). Zu Beginn des 15. Jh.s ließen sich im Norden der Insel Albaner nieder, die ihre Sprache bis ins 20. Jh. hinein bewahrten. Im Jahr 1579 von den Türken besetzt, kam Ándros schließlich im Gefolge der hellenischen Staatsgründung an das Königreich Griechenland (1832) und wurde bald zu einer reichen 'Reederinsel'.

Wirtschaft

Dank des ungewöhnlichen Wasserreichtums – es gibt zahlreiche Quellen – ist die Insel in den breiten Tälern von einer intensiven Landwirtschaft geprägt (Zitronen, Apfelsinen, Tomaten, Getreide, Oliven) und vielfach baumbestanden, u. a. von Platanen, Zypressen und Ahorns. In den höheren Lagen ist der Boden trocken, und die terrassierten Felder sind von Erosion betroffen. Charakteristisch sind die kunstvoll aufgeschichteten Feldsteinmauern (Xirolithies), die die Äcker vor derm Verbiß der Ziegen und vor der Erosion durch Regen und Wind schützen. Im wenig besiedelten Norden wird Rinderzucht betrieben.
Die Tatsache, daß die Insel seit dem 19. Jh. die Heimat einflußreicher Reeder war, brachte ihr durch Steuereinnahmen und Stiftungen beträchtlichen Wohlstand. Diese Entwicklung erklärt auch ihre Sonderstellung, denn nur in Batsí und Gávrion spielt der Fremdenverkehr eine Rolle.

Lokale Spezialitäten

Eine Spezialität der Insel ist Froutália, ein Omelett mit Kartoffeln und Wurst, das es vor allem in den kleinen Dörfern im Hinterland gibt. In manchen Tavernen serviert man offenen Wein von Ándros.

Ándros (Chóra)

Lage und Entstehung

Der heutige Inselhauptort Ándros oder Chóra (auch Kástro; ca. 1800 Einw.) liegt an einer Bucht der Ostküste ungewöhnlich auf einem Felsgrat. Er wird nicht von Fähr- und Linienschiffen angelaufen; diese machen vielmehr in Gávrion an der Westküste fest.
Ándros entstand erst im Mittelalter, ausgehend von dem Kastellinselchen vor der Ostspitze der schmalen Felszunge, auf welcher die Venezianer die mauerbewehrte Stadt im Schutz der Burg anlegten.

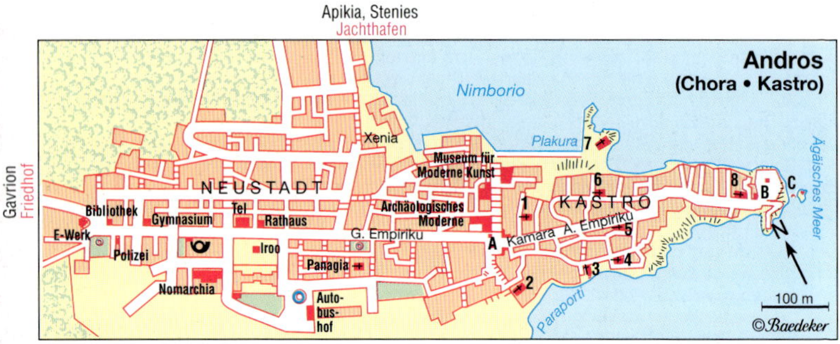

KASTROKIRCHEN		Plätze		KASTELLINSEL
1 Palatiani	5 Ag. Georgios	A Platia Kairis	B Platia Aphani Nafti	C Reste
2 Theoskepasti	6 Ag. Taxiarches	Marmorbrunnen	Denkmal des unbekannten Seemanns	Venezianischer Mauern
3 Ag. Nikolaos	7 Ag. Thalassini	Theophilos-Kairis-Denkmal	Seefahrtmuseum	und der einstigen
4 Ag. Athanasios	8 Ag. Barbara			Verbindungsbrücke

Stadtbild

Das Bild der wohlhabenden, beschaulichen Bilderbuchstadt ist von gepflegten Straßen, Patrizierhäusern und mehreren Kirchen geprägt. Schon an den Straßenschildern kann man ablesen, welchen Mäzenen dies zu verdanken ist, nämlich wohlhabenden Reedern, die hier ihre Sommervillen bauten. Auf sie gehen nicht nur die geschlossene Stadtarchitektur zurück, sondern vor allem beachtliche kulturelle und soziale Einrichtungen, u.a. mehrere Museen, Bibliothek, Denkmäler, Schulen, Gesundheitszentrum und Seniorenheim.
Die Stadt ist von einer marmorgepflasterten Hauptstraße sowie zahlreichen überwölbten Gassen und steilen Treppengängen durchzogen.

*Kastro

Der empfehlenswerte Rundgang durch die Altstadt beginnt im Westteil, an der kleinen, wunderhübschen, von Akazien und Platanen bestandenen Platía Kaíris, dem Treffpunkt des Orts. Sie ist nach dem in Ándros geborenen Freiheitskämpfer Theóphilos Kaíris (1784–1853) benannt, dessen Standbild hier aufgestellt ist. Zudem befindet sich hier ein Marmorbrunnen aus dem Jahr 1818. Treppenwege führen von dem Platz hinunter zum Nord- und Südstrand.
In der Taverne auf dem Platz ißt man einfach und gut, außerdem mit schönem Blick auf den Strand.
Die Altstadt unterscheidet sich architektonisch und atmosphärisch von den anderen Kykladenorten. Man betritt diesen beeindruckenden Stadtteil durch einen Kamára genannten Torbogen und gelangt, vorbei an stattlichen Stadthäusern im pseudoklassizistischen Stil und der Georgskirche, am Ostende zu einem marmorbelegten großen Platz, der Platía Afáni Náfti. In der Mitte steht das mächtige Denkmal des unbekannten Seemanns, die von dem berühmten Bildhauer Michael Tombros gestaltete Bronzefigur eines Matrosen.
Hier befindet sich auch ein kleines Seefahrtmuseum (geöffnet nur sporadisch) mit etlichen Schiffsmodellen.

Ándros liegt auf einem sich weit ins Meer hinausziehenden Felsgrat.

Kastro (Fortsetzung)

Der Bogen einer steinernen Brücke führt hinüber zu einer winzigen Felseninsel mit den spärlichen Überresten eines venzianischen Kastells.

Kirchen

Von den zahlreichen Kirchen seien vor allem erwähnt die katholische Panagía Palatianís ('zu den Palästen'), älteste Bischofskirche vom Anfang des 13. Jh.s mit wertvollem holzgeschnitztem Templon, die Panagía Theoskėpastis von 1555, die kleine Agía Thalassínis und die Ágios-Geórgios-Kirche aus dem 17. Jahrhundert.

*Archäologisches Museum

An der Platía Kaíris liegt das 1981 eröffnete, höchst bemerkenswerte Archäologische Museum (geöffnet Mo., Mi.–Sa. 8.30–15.00, So. 9.30–14.30 Uhr), eine Stiftung des Großreeders Basil Goulandris und seiner Frau Elis. In museumspädagogisch vorbildlicher Anordnung und mit Musikbegleitung wird die Geschichte der Insel dargestellt und Fundstücke aus verschiedenen Epochen gezeigt.
Im Erdgeschoß liegt der Schwerpunkt auf den Funden aus der ehemaligen Inselhauptstadt Paleópolis aus archaischer, klassischer und römischer Zeit. Zu sehen sind Statuen und Statuenfragmente sowie Grabreliefs. Das Glanzstück des Museums findet man in Raum 6: der Hermes von Ándros, wahrscheinlich die antike Kopie (1. Jh. v. Chr.) einer Statue des berühmten Bildhauers Praxiteles (4. Jh. v. Chr.).
Vor allem Funde aus Zagorá, der Inselsiedlung aus geometrischer Zeit an der Westküste der Insel, werden im Obergeschoß gezeigt. Modelle demonstrieren die einzelnen Fundorte und stellen die Architektur der Stadt dar. Zu besichtigen sind zahlreiche Gefäße aus Ton, darunter riesige Pithoi, Gewichte, Spindeln sowie Zähne und Knochen u. a. von Haustieren.

Museum für Moderne Kunst

Vom Kaíris-Platz führt nördlich eine Treppengasse hinab zu dem beachtenswerten, ebenfalls von der Reederfamilie Goulandris gestifteten Museum für Moderne Kunst (geöffnet Juni–Sept. tgl. 10.00–14.00, Okt.–Mai

Museum für Moderne Kunst (Fortsetzung)

Sa.–Mo. 10.00–14.00 Uhr), einem der wenigen in Griechenland. In dem modernen Bau werden Plastiken, Bilder und Installationen griechischer Künstler des 20. Jh.s wie Takis, Makris, Tsaruchis, Engonopulos, Galmis und Buzianis gezeigt. Breiten Raum nehmen die Skulpturen von Michael Tombros (1889–1974) ein, dessen Ausdrucksbreite vom Naturalismus bis zur expressiven Abstraktion reicht. Von weitem schon hört man die Installation "Musical Instruments" von Takis im Untergeschoß, bei der elektromagnetisch bewegte Stäbe an Saiten schlagen und dadurch Klänge erzeugen, die von Lautsprechern verstärkt werden.
In dem Gebäude gegenüber dem Museum finden Wechselausstellungen statt; so waren hier schon Picasso, Kandinsky und Klee präsentiert.

Friedhof

Beachtung verdient ferner der sehr schöne, in Terrassen angelegte Friedhof bei der Ortsausfahrt in Richtung Messariá. Für einflußreiche Reedersfamilien sind im oberen Bereich etliche aufwendig gestaltete Grabanlagen – vielfach in Tempelform – errichtet.

Buchten und Häfen

Die Spornzunge des Kastro ist auf zwei Seiten von Buchten gerahmt: im Süden die recht breite Strandbucht Parapórti mit baumbestandenen Dünen, im Norden die Hafenbucht mit dem Alten Hafen (Plakúra) und weiter nördlich die Strandbucht Nimbório – als Warenumschlagplatz schon 1578 genannt – mit dem molengeschützten Neuen Hafen (Jachtklub, Bootsanleger) und einem großen Dieselkraftwerk, das nicht nur Ándros, sondern auch Tínos mit Strom versorgt.

Sehenswertes in der Umgebung von Ándros

Steniés (Στενιές)

Der Ort Steniés (580 Einw.) liegt 4 km nördlich von Ándros auf einem Berghang inmitten von Mandel-, Feigen-, Aprikosen-, Nuß- und Olivenbäumen – im Frühling ein herrliches Blütenmeer. Eine Straße führt zur 1 km entfernten Bucht Giália mit Sandstrand, wo einige Sommerhäuser gebaut wurden.

Apikía (Αποικία)

6 km nordwestlich von Ándros befindet sich in fruchtbarer Umgebung und schöner, klimabegünstigter Aussichtslage der freundliche Ort Apikía (400 Einw.) mit einer heilkräftigen Quelle, die das in ganz Griechenland bekannte und geschätzte Mineralwasser Sáriza liefert. Der Ort ist bei den Athenern als Sommerfrische beliebt.

Moní Ágios Nikólaos (Μονή Άγιος Νικόλαου)

Von Apíkia führt ein schöner, ca. 3 km langer Wanderweg zum Kloster Ágios Nikólaos, das von einer hohen Schiefermauer umgeben ist und einen Innenhof mit Arkaden aufweist.
In der 1740 an der Stelle eines älteren Vorgängerbaus errichteten Kreuzkuppelkirche im Zweisäulentypus sind im Narthex Fresken, darunter das des Kirchenpatrons Nikólaos, zu sehen. Eine Besonderheit ist die sehr feine Ikone des Kichenpatrons, die im 17. Jh. von einer Nonne aus Smyrna aus Gold- und Silberfäden sowie unter Verwendung ihres eigenen Haars gestickt und mit Perlen versehen wurde. Die Klosterbibliothek besitzt kostbare alte Handschriften und Bücher.

Órmos Korthíou (Όρμος Κορδίου)

Der stille Fischerort Órmos Korthíou (400 Einw.) – auch einfach Órmos genannt – am Ausgang eines fruchtbaren Tals, 26 km südlich von Ándros gelegen, wird erst von wenigen Touristen besucht. In den letzten Jahren erhielt er eine Uferpromenade und eine Fußgängerzone im Ortszentrum. Einige Sand-/Kiesstrände erstrecken sich bei dem Ort.

Westküste

Gávrion (Γάυριο)

Schon im späten Mittelalter diente die an der Nordwestküste der Insel gelegene Bucht von Gávrion als geschützter Ankerplatz. Der bescheidene Fischerort Gávrion, der in der schmalen, tief eingeschnittenen Bucht liegt,

Sehr hübsch liegt Steniés inmitten von üppiger Vegetation an einem Berghang.

Westküste Gávrion (Fortsetzung)

ist heute der Haupthafen von Ándros, wo vor allem zahlreiche Fährschiffe anlegen. Er verfügt über einige Hotels und Tavernen sowie einen wenig ansehnlichen Strand, so daß der Ort nicht unbdingt für einen längeren Aufenthalt empfehlenswert ist.

Pyrgos Ágios Pétros

Etwa 3 km nordöstlich von Gávrion, etwas unterhalb des Dorfes Ágios Pétros steht der gleichnamige mächtige Rundturm aus hellenistischer Zeit (3.–1. Jh. v. Chr.), der noch 20 m hoch ist und einen Umfang von 21 m aufweist. Die 2 m dicken Mauern sind aus großen Quadern ohne Mörtel zusammengefügt. Von der Wendeltreppe, die einst die fünf Stockwerke miteinander verband, sind noch Überreste zu sehen. Wahrscheinlich diente das Bauwerk als Wach- und Fluchtturm für die Bevölkerung und der Sicherung der nahegelegenen Erzminen. Von dem Turm kann man eine prächtige Aussicht genießen.

Moní Zoodóchou Pigís (Μονί Ζοοδόχου Πηγής)

Die Gründung des auch Moní Agías genannten festungsartigen Nonnenklosters Zoodóchou Pigís ('Quelle des Lebens'), östlich von Gávrion in gut 300 m Höhe auf einem Plateau gelegen, geht auf das Jahr 1325 zurück. In der Kirche sind wertvolle Ikonen, darunter eine besonders verehrte Marienikone, an einer schönen Marmorikonostase und Freskenreste zu sehen. Eine außergewöhnliche Kostbarkeit ist eine 300 Jahre alte Seidenstickerei aus Konstantinopel, auf der die 'Quelle des Lebens' dargestellt wird, womit einerseits die Muttergottes und andrerseits eine echte Quelle gemeint ist. Die Klosterbibliothek besitzt wertvolle Handschriften und Bücher. Von dem Kloster bietet sich ein herrlicher Ausblick.

Batsí (Μπατσί; s. Abb. S. 58)

Der kleine, freundliche Badeort Batsí (450 Einw.), ein ehemaliges Fischerdorf, liegt schön in einer Bucht an der mittleren Westküste. Es gibt hier zahlreiche Unterkünfte und Tavernen, einen recht hübschen Ortssandstrand und einige Strände in der Umgebung.

Schön in einer Bucht präsentiert sich der freundliche Badeort Batsí.

Westküste (Fortsetzung)
Katákilos (Κατάκιλοσ)

Von Batsí empfiehlt sich ein Abstecher zu dem 5 km entfernten Dorf Katákilos, ins wasserreiche, grüne Hinterland, wo Zitronen-, Mandel und Feigenbäume gedeihen. Die Tavernen des sehr ländlichen Dorfes sind bekannt für das Insel-Omelett Froutália (s. o.).

Paleópolis (Παλαιόπολη)

Paleópolis ('Alte Stadt'), 8 km südlich von Batsí bei dem gleichnamigen Dorf gelegen, war etwa von 500 v. Chr. bis 800 n. Chr. die Inselhauptstadt. Hier soll Gott Dionysos das Wasser aus den Quellen seines Heiligtums in Wein verwandelt haben.
Von der Stadt wurden spärliche Überreste von Säulen und Mauern freigelegt, sie sind jedoch schwer zu finden, da sie größtenteils überwachsen sind. Im Wasser lassen sich allerdings Reste der Hafenanlagen erkennen. Die meisten Funde sind im Archäologischen Museum von Ándros ausgestellt, darunter auch der berühmte Hermes von Ándros.

Zagorá (Ζαγορά)

Knapp 2 km südlich der Kreuzung Stavropéda liegen unterhalb der Straße die ab 1967 ausgegrabenen Überreste von Zagorá (nicht für Besucher geöffnet), der einzigen gut erhaltenen Siedlung aus geometrischer Zeit in Griechenland. Der Ort war zur Landseite von einer über 2 m hohen und bis zu 7 m dicken Wehrmauer abgegrenzt. Die Bauweise der Häuser, die aus Schiefer bestanden und flache Dächer aufwiesen, war von hoher Qualität. Die Funde der Siedlung, die etwa von 900 bis 700 v. Chr. bestand, sind im Archäologischen Museum von Ándros ausgestellt.

Mesariá-Tal

Das große, fruchtbare Mesariá-Tal zieht sich von der Kreuzung Stavropéda im Süden in nordöstlicher Richtung zur Inselhauptstadt Ándros. Das sehr sehenswerte Tal, in dem Zypressen malerische Blickpunkte bilden, ist von einer herben Schönheit. Hier breiten sich einige Streusiedlungen aus, die

Ándros, Mesariá-Tal (Fortsetzung)

von großen Obstbaumhainen umgeben sind. Zudem finden sich in dem Tal mehrere byzantinische Kirchen.

Melída (Μελίδα)

In Melída im südwestlichen Teil des Mesariá-Tals ist die weiße Friedhofskirche Taxiarchis sehenswert. Das aus dem 11. Jh. stammende und dem Erzengel Michael als Führer der himmlischen Heerscharen (Taxiarchis) geweihte Gotteshaus verfügt über drei Apsiden, einen Narthex und eine achteckige Tambourkuppel.

Messariá (Μεσαριά)

Auch in dem weiter nordöstlich gelegenem Messariá, das im 18. und 19. Jh. Hauptort von Ándros war, gibt es eine bemerkenswerte Taxiarchis-Kirche (wegen Verfall geschlossen). Um das idyllisch inmitten von Zitronen- und Zypressenhainen stehende Gotteshaus zu erreichen, geht man von der Hauptkirche des Orts 50 m einen schmalen Fußweg. Es entstand im 12. Jh. und wurde 1772 renoviert, wie eine Inschrift auf dem mamornen Türsturz des Südportals besagt. Die Zweisäulen-Kreuzkuppelkirche ist aus mit Lagen von Ziegeln durchsetzten Quadermauerwerk erbaut und weist eine durch Marmorsäulchen gegliederte, achteckige Tambourkuppel auf.

Moní Panachrántou (Μονή Παναχράντου)

4 km südlich von Messariá liegt in 800 m Höhe, an dem steilen Nordhang des Gerakónes das festungsartige Moní Panachrántou, das älteste Kloster der Insel. Es wurde 961 von dem späteren Kaiser Nikeforos Fokas gestiftet. Von den Klosterkirchen ist die byzantinische Kreuzkuppelkirche mit hoher Tambourkuppel bemerkenswert.

Ménites (Μένιτεσ)

Von Messariá sollte man einen Abstecher ins 2 km entfernte Hangdorf Ménites machen, das in einer fruchtbaren, wasserreichen Landschaft mit Obstbäumen liegt. Hier sprudeln einige Quellen, die kleine Wasserfälle bilden. In dieser Umgebung kann sich der Besucher in einer der Tavernen von Ménites an Leib und Seele 'erfrischen'.

Antíparos F/G 6

Αντίπαρος

Neugriechisch

Fläche: 35 km²
Höhe: 0–300 m ü. d. M.
Bewohnerzahl: 800
Hauptort: Antíparos

Lage und Allgemeines

Südwestlich von Páros und von dieser durch einen 1 bis 8 Kilometer breiten Meeresarm getrennt, liegt die kleinere Schwesterinsel Antíparos.
Antíparos hat sich in den letzten Jahren zu einem vielbesuchten Ferienziel enwickelt, das sich durch die zahlreichen Unterkünfte und einen Campingplatz auch für einen längeren Aufenthalt anbietet. Vor allem im Hauptort, wo fast alle Einwohner leben, konzentriert sich der Fremdenverkehr. Dennoch findet man an den über die ganze Küste verstreuten kleinen Stränden noch manch ruhiges Plätzchen.

Allgemeines (Fortsetzung)

In der Landwirtschaft werden hauptsächlich Gerste für die Bierherstellung und Trauben, aus denen auf Páros Wein gekeltert wird, angebaut. Die Fischer haben sich traditionell auf Kraken spezialisiert – der wichtigste Erwerbszweig der Insel.

Geschichte

In der Antike führte die Insel den Namen Oliaros. Erst im 13. Jh., nachdem sie dem Herzogtum Náxos angegliedert war, kam der heutige Name auf. Unter der Herrschaft der Familie Somaripa wurde 1440 eine kleine, befestigte Burg als Schutz vor Piraten gebaut.
Nach der Eroberung durch Chaireddin Barbarossa 1537 gehörte die Insel von 1556 bis 1821 zum Osmanischen Reich. Antíparos engagierte sich sehr in den Befreiungskriegen und kam 1830 zum neugegründeten Königreich Griechenland.

Sehenswertes auf Antíparos

Antíparos (Αντίπαρος)

Trotz ständig steigender Besucherzahlen hat sich der hübsche, liebevoll gepflegte Hauptort Antíparos im Norden der Insel Atmosphäre bewahrt. Vom Hafen führt eine gerade Straße zur idyllischen Platía, dem Treff- und Sammelpunkt, mit einem mächtigen Eukalyptusbaum. Hier steht auch die weiß-blaue Kreuzkuppelkirche Ágios Nikólaos (16. Jh.), in der wertvolle Ikonen und schöne Holzschnitzereien zu sehen sind.
Von der Platía kommt man zur venezianischen Befestigungsanlage, in deren Mitte ein heute noch 4 m hoher Wachturm steht. Um ihn gruppieren sich dicht aneinander die Häuser in der typischen Kastro-Bauweise, deren dicke, fensterlose Außenmauern gleichzeitig als Schutzmauern dienten. Sie sind heute teilweise vom Verfall bedroht und teilweise noch bewohnt.

Tropfsteinhöhle

Die acht Kilometer südlich von Antíparos, 180 m hoch gelegene Tropfsteinhöhle (geöffnet täglich 9.45–16.45 Uhr) ist auf drei Arten zu erreichen: mit dem Bus, der direkt zur Höhle fährt; mit dem Boot bis zur Anlegestelle unterhalb des Höhleneingangs, von hier noch zwei Kilometer zu Fuß oder auf einem Maultier; zu Fuß in 2–3 Stunden.
Am Höhleneingang steht eine kleine Kapelle.
400 Stufen führen 90 m hinunter in die beleuchtete Höhle, welche aus zwei Grotten besteht. In diesen Gewölben sind eindrucksvolle Stalaktiten und Stalagmiten zu finden.
Viele Besucher haben hier Ihre Inschriften hinterlassen: so beispielsweise im Jahr 1673 der französische Gesandte in Istanbul, Marquis de Nointil, der hier eine Weihnachtsmesse gefeiert hat, und 1840 König Otto I. von Griechenland.

Die Tropfsteinhöhle mit beeindruckenden Stalaktiten und Stalagmiten ist die Hauptsehenswürdigkeit von Antíparos

Délos · Dílos D 7

Δίλος

Neugriechisch

Fläche: 3,6 km²
Höhe: 0–113 m ü. d. M.
Bewohnerzahl: 15

Lage und Gestalt

Délos erhebt sich als 5 km langer und nur 1300 m breiter, fast vegetationsloser Felsrücken aus Gneis, Schiefer und Granit ca. 10 km südwestlich von Mýkonos aus dem Meer.
Etwa in der Mitte der Insel findet sich die einzig nennenswerte Erhebung, der 113 m hohe, aus reinem Granit bestehende Kýnthos. An der mittleren Westküste liegt der antike heilige Hafen, der durch zwei kleine Felsen in der Meerenge zwischen Délos und Rheneia geschützt ist. Von hier erstreckt sich die Hauptebene der Insel zwischen den Hügeln nach Nordosten. Der nördliche, tiefer liegende Teil wurde überschwemmt, wodurch der heilige See entstand. Bei aller Kargheit ermöglichte dennoch die Bodenbeschaffenheit – Sandstein über Granit –, das Regenwaaser zwischen den beiden Schichten in Brunnen und Zisternen zu sammeln.

**Bedeutung

Obwohl eine der kleinsten Inseln der Kykladen fiel Délos doch im Altertum eine zentrale Rolle zu, so daß man die umliegenden Inseln 'Kykladen' nannte, weil man glaubte, sie bildeten einen Kreis ('kíklos') um die Geburtsinsel des Gottes Apollon. Es war als Zentrum des Apollon-Kults geistig-kultureller und auch wirtschaftlicher Mittelpunkt der Ägäis.
Das ausgedehnte Ruinengelände, das seit 1873 unter französischer Leitung freigelegt wurde, ist eine der bedeutendsten archäologischen Stätten Griechenlands. Der Besuch der Insel lohnt deshalb insbesondere für Freunde und Kenner des griechischen Altertums. Darüber hinaus bietet Délos keine touristischen Anziehungspunkte.

Mythos

Nach dem Mythos brachte auf Délos die Titanin Leto, die Geliebte des Göttervaters Zeus, die Zwillinge Artemis und Apollon, den Gott des Lichts, der Weisheit, der Dichtkunst und der Schönheit, zur Welt. Die schwangere Leto durchwanderte auf der Flucht vor der eifersüchtigen Hera, der Frau von Zeus, die Berge und Inseln Griechenland, um irgendwo Aufnahme zu

Mythos (Fortsetzung)

finden. Aber alle fürchteten sich vor der zürnenden Hera. Schließlich tauchte Délos ('sichtbar') aus dem Meer auf, und Poseidon, der Bruder von Zeus, befestigte es mit seinem Dreizack am Meeresgrund. Unter einer Palme gebar Leto dann auf der Insel Apollon, den 'Schönsten der Unsterblichen'.

Geschichte

Die historische Entwicklung der Insel wurde entscheidend geprägt durch ihre enorme Bedeutung als panhellenisches Heiligtum. Zudem verhalf ihr die zentrale Lage in der Ägäis zum Aufstieg als einer der wichtigsten Häfen im östlichen Mittelmeer.

Die ältesten Siedler (3. Jt. v. Chr.) waren Phöniker und Karer aus Kleinasien; Reste von deren Rundhäusern fand man auf dem Ký́nthos. Für das folgende Jahrtausend fehlt jedoch jede Spur menschlicher Präsenz. Das mykenische Zeitalter kann nach der Mitte des 2. Jt.s v. Chr. als erster Höhepunkt für die Insel angesehen werden. Die Stadt breitete sich in der relativ fruchtbaren Ebene aus, und im Umkreis des zentral gelegenen Hafens entfaltete sich eine Siedlung mit bedeutenden Bauten. Nach der Vertreibung der Mykener durch die vom griechischen Festland heranbrandenden Ionier wurde die Insel im ersten vorchristlichen Jahrtausend zum Zentrum des Apollonkults. Alljährlich feierten die Ionier auf Délos zu Ehren des Gottes glänzende Spiele, deren Stiftung auf Theseus zurückgeführt wird. Es entwickelte sich zum kulturellen und wirtschaftlichen Mittelpunkt der Ägäis.

Zunächst wollten die Naxier die Vorherrschaft über das Heiligtum erlangen. Vom ausgehenden 7. Jh. v. Chr. an stifteten sie dem Apollonheiligtum zahlreiche Weihgaben und statteten es mit bedeutenden Bauwerken aus. Seit dem 6. Jh. versuchte dann Athen, Einfluß auf Délos zu gewinnen. So ordnete der Tyrann Peisistratos im Rahmen der ersten Katharsis ('Reinigung') 543 v. Chr. die Entfernung der Gräber aus der Umgebung der Tempelstätten an. Durch eine zweite Katharsis (426/425 v. Chr.) wurden Geburten, Todesfälle sowie Bestattungen auf der Insel untersagt und die bestehenden Gräber auf die Nachbarinsel Rheneia verlegt. Der Hintergrund für diese Aktion liegt in einer furchtbaren Pestepidemie, die einige Jahre zuvor in Athen wütete. Durch die Katharsis hoffte man, weitere Epidemien zu verhindern.

Bei der Gründung des Attisch-Delischen Seebunds nach den Perserkriegen wurde der Apollontempel 477 v. Chr. als Aufbewahrungsort für den Bundesschatz gewählt. Doch schon 454 v. Chr. brachte Athen diesen an sich und führte damit Délos wie auch die übrigen Inseln in seine Abhängigkeit, die bis in die Zeit Alexanders des Großen bestehen blieb. In der darauffolgenden Periode der Unabhängigkeit entwickelte sich Délos dank blühenden Handels zum Wirtschaftszentrum des Archipels; wichtige Handelsgüter waren Sklaven und Getreide. Da der Hafen kosmopolitische Bedeutung gewann, ging der ursprüngliche Kultcharakter der Insel verloren. Viele Wohnhäuser entstanden, und immer mehr Fremde ließen sich auf der Insel nieder. Auswärtige Handelsgenossenschaften wie die Hermaïsten (Römer) und die Poseidoniasten (Syrer aus Berytos) hatten hier ihren Sitz.

Die Römer, seit 166 v. Chr. Protektoratsherren über Délos, das sie zum Freihandelshafen erklärt hatten, wiesen die Insel an Athen zurück. Hierdurch, besonders aber durch die Zerstörung von Korinth, erlebte Délos seine größte Blüte. Es besaß etwa 25 000 Einwohner. Italiker, Ägypter, Syrer, Phöniker und Juden ließen sich in der reichen Handelsstadt nieder. Dadurch gelangten fremde, vor allem orientalische Kulte zu hohem Ansehen.

Die Verwüstung der Insel (88 v. Chr.) durch Mithridates, König von Pontos, im Rahmen seines Kampfes gegen die Römer, in dem sich Délos auf deren Seite schlug, leitete den Niedergang ein. Die völlige Zerstörung erfolgte im Seeräuberkrieg (69 v. Chr.). Nach der nochmaligen Übernahme der Insel durch die Römer ließ der Feldherr Triarius die Stadt wieder herrichten und mit einer Mauer umgeben. Aber das Leben auf Délos hatte seinen Glanz eingebüßt. Die reichen Häuser wurden verlassen und zum größten Teil in Werkstätten umgewandelt. Pausanias fand im 2. Jh. n. Chr. hier nur noch die Wächter des Heiligtums vor.

Gegen Ende des 3. Jh.s existierte hier wohl eine kleine christliche Gemeinde, die als Bischofssitz erwähnt wird. Scheinbar entstehen auf Délos viele

Geschichte (Fortsetzung)

kleine frühchristliche Basiliken, zum einen weil Marmor in sehr reichem Maß zur Verfügung stand und zum anderen weil der Zerstörungszustand der antiken Gebäude die Umwandlung in christliche Bauten erleichterte. Die Wiederbesiedlung in christlicher Zeit war jedoch nicht von Dauer. Am Ende des 5. Jh.s bezeichnen die Itinerarien Délos als 'adelos' ('unsichtbar'). Im 6. Jh. lassen sich auf der Insel keine Spuren von Leben mehr feststellen, und im 8. Jh. findet es auf der Liste der Inseln, die zum neuen Episkopat Sýros gehören, nicht einmal mehr Erwähnung.
Im Jahr 727 wurde die Insel von dem Ikonoklasten-('Bilderstürmer'-)Kaiser Leon III. geplündert, 769 von den Slawen, 821 von den Sarazenen, und vermutlich erlebte es auch Einfälle der Araber. In diesem verwüsteten und zerstörten Zusatnd ging die Insel in den Besitz von Venedig über, die nichts mit ihr anzufangen wußte und sie einem Feudalherren von Mýkonos schenkte. Im Jahr 1329 ließ sich für kurze Zeit eine Einheit der Johanniterritter auf dem nun völlig verödeten Eiland nieder. Nach der Besetzung durch die Türken 1566 wurde Délos für die Dauer von deren Herrschaft zum Piratenschlupfwinkel. Gleichzeitig bildete es die Hauptbeschaffungsquelle für Baumaterialien und den Hauptort für die Kalkherstellung, bei der so manches antike Stück im Brennofen landete.
1873 begannen die Ausgrabungen durch französische Archäologen; sie werden bis heute fortgesetzt. Auf der Insel leben nur noch einige Wächter des Grabungsgeländes mit ihren Familien.

**Archäologische Stätten

Hinweis

Man sollte sich für den Besuch des Ausgrabungsgeländes einige Stunden Zeit nehmen. Es erschließt sich einem nur schwer wegen der unüberschaubaren Vielfalt mit wenigen markanten Ruinen. Nur wenn sich der Besucher mit Mythos und Geschichte von Délos beschäftigt, kann er den Sinn der Bauten wirklich erfassen.

Häfen

An der Westseite der Insel befindet sich der Heilige Hafen, wo einst Fest- und Pilgerschiffe anlegten und auch die heutigen Besucher an Land gehen. Weiter südlich liegt der große Handelshafen mit Magazinen.

Heiliger Bezirk

Rundgang

Zunächst kommt der Besucher auf die Agora der Kompetaliasten. Diese waren römische Sklaven und Freigelassene, welche die 'Schutzgötter der Wegkreuzungen' ('lares compitales') verehrten. Hier ließen sich italische Kaufleute nieder, die sich unter dem Schutz eines Gottes zu Genossenschaften zusammengeschlossen hatten. Sie errichteten auf dem Platz neben Läden und Marktständen auch Altäre und Naiskoi.
Von dem Platz führt nordwärts die Heilige Straße, die von erst im 3. Jh. v. Chr. errichteten Säulenhallen flankiert ist. Der Portikus des Philippos links besteht aus einer nach Osten und Westen offenen Säulenhalle dorischer Ordnung und wurde nach der erhaltenen Inschrift am Architrav von Philipp V. von Makedonien um 210 v. Chr. gestiftet. Die von den Königen von Pergamon erbaute Südhalle auf der rechten Seite ist 66 m lang und 13 m breit und hat 28 dorische Säulen an der Frontseite. An der Rückseite befinden sich einige Räume, in denen Bankgeschäfte abgewickelt wurden.
Östlich öffnet sich die Agora der Delier, der ehemalige Handelsmarkt, zu dem von der Heiligen Straße ein schmaler Gang durch die Südhalle führte. Auf dem an drei Seiten von Säulenhallem umgebenen Platz waren Statuen auf Basen und Exedren aufgestellt.
Durch die mit dorischen Säulen versehenen marmornen Propyläen mit dreistufigem Unterbau betritt man den heiligen Bezirk.
Daneben findet sich das aus dem 7. Jh. v. Chr. stammende Haus der Naxier, das den Einfluß von Náxos in dieser Zeit verdeutlicht. Es handelt sich um einen Apollon geweihten Bau aus großen Granitblöcken mit einer Säu-

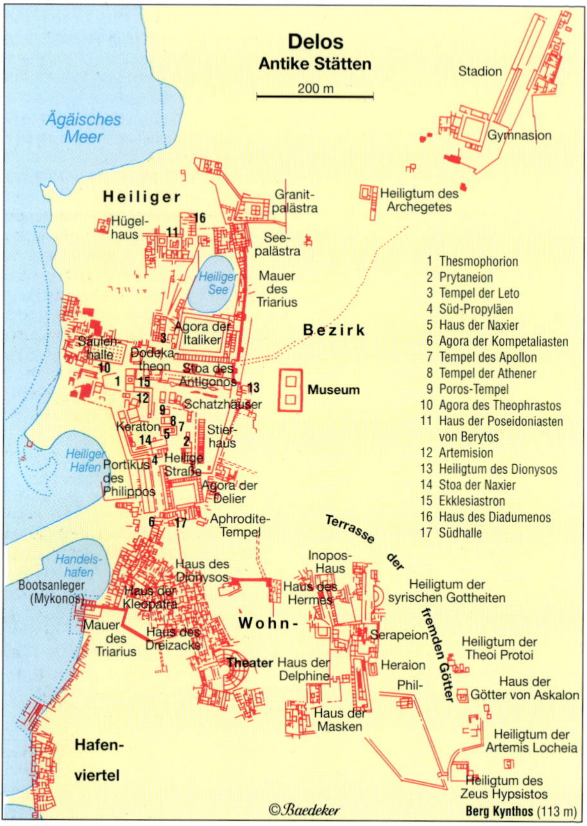

Heiliger Bezirk (Fortsetzung)

lenstellung in der Längsachse. Den sich nach Westen öffnenden Haupteingang bildeten zwei Säulen zwischen Anten. Die Cella wurde durch eine Reihe von acht schlanken ionischen Säulen geteilt, die auf runden Basen und einem eingeschobenen trommelförmigen Bauglied ruhten. Später wurden die Ostseite mit einem Marmorpflaster versehen und der Pronaos mit vier Säulen vorgelegt. Das Dach war mit Marmorziegeln gedeckt. An der Nordwand befindet sich ein mächtiger marmorner Sockel, auf dem eine riesige, 5 m hohe Kolossalstatue des Apollon aus naxischem Marmor stand. Darauf ist die Inschrift eingraviert: 'Vom selben Stein bin ich, Standbild und Sockel'. Weiter nördlich, an der Nordwestecke des Artemisions befinden sich Rumpf und Becken der Statue, die schon in der Antike vom Sockel stürzte und deren andere Teile geraubt wurden.
Gegenüber dem Haus der Naxier steht die L-förmige Stoa der Naxier, die um 550 v. Chr. gebaut wurde. Die Westwand war mit einer umlaufenden Marmorbank ausgestattet. Zehn schlanke, ionische Säulen auf der Südseite und mindestens 17 auf der Westseite gestalteten die Fronten der Stoa. Zwischen ihren beiden Gebäudeflügeln stand eine Bronzepalme, die der Athener Nikias 417 v. Chr. als Weihgeschenk gestiftet hatte.
Weiter nördlich trifft man auf das Apollon geweihte Heiligtum Keratón (4. Jh. v. Chr.), das in Cella und Pronaos mit zwölf ionischen Frontsäulen

Heiliger Bezirk (Fortsetzung)

gegliedert war. Es beherbergte einst den als Weltwunder gerühmten Hörneraltar, der mit Widderhörnern versehen war. Nach dem Mythos führte Theseus an diesem Altar mit seinen Gefährten nach der Tötung des Minotauros auf Kreta zur Erinnerung an die gewundenen Gänge des Labyrinths den berühmten Kranichtanz auf.

Inmitten des Hofs steht das vom 4. bis 2. Jh. v. Chr. errichtete Artemision (Artemisheiligtum), das anstelle eines älteren Heiligtums des 8./7. Jh.s entstand. Es handelte sich um einen Prostylos mit sechs ionischen Säulen an seiner nach Osten ausgerichteten Frontseite. Das Heiligtum wurde im Osten und Norden von einer L-förmigen Halle begrenzt. Auf der Westseite stehen noch drei Säulen aus bläulichem Marmor, die zu einer Halle gehörten. In der Mitte der Südwand stieß man auf ein Depot von reliefierten Plättchen, die Möbel oder Kästen zierten.

Im östlichen Bereich sind die Fundamente von drei Apollontempeln zu sehen. Der nördliche, der älteste Tempel, wurde im 6. Jh. v. Chr. von den Athenern erbaut und heißt Poros-('Kalksandstein'-)Tempel, weil er aus Kalksandstein erbaut ist. Anscheinend handelte es sich um einen Prostylos, an dessen Westfassade der Eingang lag. Hier stand die berühmte, 8 m hohe Apollon-Statue, ein Werk der von der Insel Ägina stammenden Künstler Tektaios und Angelion, das zu den ältesten Erzstatuen der griechischen Kunst zählt. In dem Tempel war die Bundeskasse des Attisch-Delischen Seebunds aufbewahrt.

Es folgt in der Mitte der sog. Tempel der Athener, der in den Maßen 17 x 11 m als Amphiprostylos mit zwei Säulenhallen an den Schmalseiten in dorischer Ordnung konzipiert ist. In der Cella standen auf halbkreisförmigem Sockel aus blauschimmerndem Marmor sieben Statuen. Vom Skulpturenschmuck sind nur einige Giebelverzierungen erhalten, die sich heute im Museum befinden. Der Tempel wurde nach der zweiten Katharsis errichtet und 417 von dem Feldherrn Nikias eingeweiht.

Der südliche und größte Apollontempel bildete den beherrschenden Mittelpunkt des Heiligtums. Mit dem Bau begann man im Jahr 478 v. Chr.; er sollte die Kasse des Attisch-Delischen Seebunds aufnehmen. Als jedoch die Athener die Kasse nach Athen brachten, wurden die Arbeiten eingestellt. Erst im 3. Jh. v. Chr. vollendeten die Delier den Bau. Der Tempel bedeckt eine Fläche von 30 × 13 m. Die auf einer Schicht graublauen Schiefers aufliegenden kräftigen Grundmauern zeigen einen Peripteros von 6 : 13 dorischen Säulen. Von der Architektur ist außer Bruchstücken vom Triglyphenfries und den dorischen Säulen wenig erhalten. Die Überreste des plastischen Schmucks beschränken sich auf das Palmettenornament und die Löwenköpfe der Sima.

An die Nordseite der Tempel reihen sich im Bogen fünf kleinere Schatzhäuser, die in Form kleiner Tempel zur Aufbewahrung von Weihgeschenken dienten. Es ist nicht auszuschließen, daß einige von ihnen auch als Unterkünfte für Pilger verwendet wurden.

Südlich trifft man auf das Prytaneion (5./4. Jh. v. Chr.), in dem u.a. das Archiv untergebracht war, mit kompliziertem Grundriß und östlich auf die schmale, langgestrecke Stierhalle (300 v. Chr.) mit den ungewöhnlichen Maßen von 67 × 9 m. Dieser Bau gliederte sich in drei Abschnitte: Im Süden die Vorhalle mit sechs dorischen Säulen an den Langseiten und zwei an den Schmalseiten, der überlängte Mittelteil mit Marmorfußboden und Sitzbänken an den Langseiten sowie der Nordteil, von dem eine große, dreieckige Basis erhalten ist. Im Innern befindet sich eine langgestreckte Halle mit einer bassinartigen Vertiefung in der Mitte. Von dem plastischen Dekor sind nur noch eine Meerjungfrau und ein Delphin an Ort und Stelle. In der Halle war wahrscheinlich das Apollon geweihte Schiff des makedonischen Königs Demetrios ausgestellt, der im Jahr 246 v. Chr. den entscheidenden Seesieg über die Ptolemäer errang.

An der Nordostecke dieses Bezirks lag das Heiligtum des Dionysos, das um 300 v. Chr. entstand. Eine Exedra wird auf beiden Seiten von Pfeilern begrenzt, auf denen überdimensionale Phalli als Symbol des Dionysoskults stehen. Der südliche Pfeiler weist an drei Seiten Reliefdarstellungen zum Dionysos-Kult auf.

Heiliger Bezirk (Fortsetzung)

Den Norden des Heiligen Bezirks schließt die 119 m lange und 20 m breite Stoa des Antigonos, ebenfalls aus dem 3. Jahrhundert. v. Chr., ab, die von dem makedonischen König Antigonos Gonatas als Weihgeschenk gestiftet wurde. 47 nur im oberen Teil kannelierte dorische Säulen aus bläulichem Marmor bildeten die Säulenstellung an der Fassade, und jede zweite Triglyphe schmückte ein relieferter Stierkopf. Im Innern existierte eine zweite Säulenstellung in ionischer Ordnung. Vor der Säulenhalle standen Statuen der Ahnen des Stifters. Hier sind auch die Überreste des auf mykenische Zeit zurückgehenden Kuppelgrabes sichtbar, das mit dem Kult der mythischen hyperboreischen Jungfrauen Arge und Opis in Verbindung gebracht wurde, die Leto bei der schweren Geburt von Artemis und Apollon geholfen haben. Der Grabbau hat heute die Form einer halbkreisförmigen Exedra, die das Abaton, das Unbetretbare, von dem Grab im Innern trennt. Das Grab besteht aus einer rechteckigen Kammer, zu der ein Dromos führte.

Im westlichen Bereich findet sich das Thesmophorion (5. Jh. v. Chr.), das Demeter und Kore geweiht ist. Kenntlich ist ein langgestrecktes Gebäude mit kompliziertem Grundriß, aufgeteilt in drei gleichgroße Räume, deren Gebälk von vier ionischen Mittelsäulen getragen wurde; zwischen den Säulen befand sich ein Peristyl.

Dem Thesmophorion schließt sich nach Osten das Ekklessiasterion an, in dem Volksversammlungen abgehalten wurden. Seine heutige Gestalt erhielt der Bau durch viele Um- und Anbauten zwischen dem 5. und 2. Jh. v. Chr.: Er besteht aus zwei nebeneinanderliegenden Räumen; in dem größeren Westraum hatte man im oberen Bereich Lichtöffnungen freigelassen, die von vierkantigen Pilastern unterbrochen wurden. Auf der Südseite wurde eine Apsis erbaut. Die beiden Seitenwände waren mit Marmorbänken ausgestattet, und an der Nordseite hatte man in römischer Zeit einen Marmornaiskos mit zwei Säulen zwischen den Anten errichtet, um eine Statue aufzustellen.

Nach Norden folgen die Agora des Theophrastos, die der Athener im Jahr 126 v. Chr. errichten ließ, und die 208 v. Chr. erbaute Säulenhalle, die wohl als Getreidebörse diente. In dieser Halle trugen 44 Säulen in neun Reihen das Dach, und 15 Säulen zwischen den Anten gestalteten die Frontseite.

Hält man sich in östlicher Richtung, triff man auf das Heiligtum der zwölf olympischen Götter (Dodekatheon). In frühhellenistischer Zeit wurde ein sechssäuliger Amphiprostylos an den Schmalseiten errichtet.

Gegenüber liegt der archaische Leto-Tempel (6. Jh. v. Chr.), der sich aus einem Pronaos und einer großen Cella zusammensetzt. In der Mitte der Cella ist das Fundament der Statuenbasis erhalten, auf der eine Statue der Leto stand.

Es folgt östlich die Agora der Italiker (48x68 m), ein im Jahr 110 v. Chr. von italischen Kaufleuten errichteter Marktplatz, umgeben von einer zweigeschossigen, dorischen Säulenhalle mit Läden und Werkstätten sowie Nischen für Weihgaben. An der Nordostecke befanden sich Badeanlagen.

**Löwenterrasse (s. Abb. S. 68)

Die Prozessionsstraße zum Heiligen See wird von der berühmten Löwenterrasse (6. Jh. v. Chr.) gesäumt, die einst mindestens neun Löwen aus naxischem Marmor aufwies. Fünf Skulpturen sind noch gut erhalten, von zweien sind Bruchstücke vorhanden. Sie sind die ältesten monumentalen Tierfiguren Griechenlands.

Am Heiligen See gebar dem Mythos nach Leto den Gott Apollon. Archäologen schütteten ihn wegen Malariagefahr zu; eine Mauer verdeutlicht seinen Umriß. Die Palme soll an die Geburt des Gottes erinnern.

Nordwestich des Sees erkennt man schon aus der Ferne die wiederaufgerichteten Säulen des 110 v. Chr. erbauten Gebäudekomplexes der Poseidoniasten, einer Gemeinschaft von Händlern und Reedern aus Beirut. Die einzelnen Teile des Gebäudes gruppierten sich um einen Säulenhof, auf dessen Südseite eine Reihe von Räumen lag, die verschiedensten Zwekken dienten. Im Westflügel gab es vier kleine Kulträume, in denen Poseidon, syrische Gottheiten und die Göttin Roma verehrt wurden.

◂ *Blick vom Apollontempel über das Ausgrabungsgelände*

Die berühmte Löwenterrasse von Délos

Heiliger Bezirk (Fortsetzung)

Unmittelbar nördlich des Sees unterscheidet man zwei Palästren für sportliche Übungen. Die erstere, die sog. Seepalästra, wurde zu Beginn des 3. Jh.s v. Chr. errichtet. Obwohl hier viele bauliche Veränderungen stattgefunden haben, blieb ihr Kernbau im großen und ganzen erhalten: Verschiedenartige Räume ordnen sich um einen Säulenhof, in dessen Mitte ein Wasserbecken eingelassen war. Die zweite Palaistra ist die sog. Granitpalaistra, die im 2. Jh. v. Chr. entstand. Im Innenhof hatte man unter dem Pflaster eine Zisterne angelegt. Der Hof war auf allen Seiten von Granit-Säulenhallen umgeben, wobei die Nordseite eine zweite Säulenstellung zeigte, während sich an den drei anderen Seiten verschiedenartige Säle befanden. In der Südwestecke gab es eine Badeanlage.

Von den nördlichen Wohnvierteln sei noch das Haus des Diadumenos erwähnt, in dem die Ausgräber eine Kopie des berühmten polykletischen Werks, des 'Diadumenos', eines nackten Athleten, fanden.

Weiter entfernt in nordöstlicher Richtung liegt das Heiligtum des Archegetes (6. Jh. v. Chr.), das Apollon Archegetes geweiht war. Das Heiligtum umfaßte eine Reihe von aneinandergrenzenden Räumen. Im Westen ist der Temenos des Archegetes erhalten, ein rechteckiger, mit Platten belegter Platz, der auf allen Seiten von Säulenhallen umgeben war.

Weiter nordöstlich liegen die imposanten Ruinen des Gymnasions, das aus einem großen, viereckigen, nicht überdachten Peristyl bestand, das von 13 ionischen Säulen auf jeder Seite umstellt war. An zwei Seiten öffneten sich Räume zum Hof. Vor der Nordostecke lag der Xystos, eine langgestreckte Stoa, wo die Athleten vor allem für den Wettlauf trainierten. Das Xystos grenzte an das Stadion, das eine Länge von 182 m hatte. An der östlichen Stützmauer des Stadions stand eine Exedra für die Kampfrichter, an der Westseite sind die Sitzreihen für die Zuschauer erhalten. Östlich des Stadions breitet sich das dazugehörige Wohnviertel aus.

Der Heilige Bezirk wird im Osten von der Triarius-Mauer abgeschlossen, die der römische Feldherr Triarius im Jahr 66 v. Chr. nach einem verheerenden Piratenüberfall bauen ließ.

Museum

Östlich, etwas abseits des Heiligen Bezirks befindet sich das Museum (Di. geschl.), in dem zahlreiche Fundstücke von der Ausgrabungsstätte ausgestellt sind. Die umfassende Renovierung ist noch nicht beendet, so daß nicht alle Säle zugänglich sind.
Im Eingangsbereich kann man sich anhand des Modells von Delos gleich einen anschaulichen Eindruck von der einstigen Pracht der Bauwerke verschaffen.
In den beiden Mittelsälen stehen Werke archaischer Kunst, u.a. eine marmorne Dreiecksbasis mit Widderkopf und Gorgonen (7. Jh. v.Chr.), eine Sphinx aus naxischem Marmor (Weihgeschenke dieser Art waren in den großen Heiligtümern der Antike keine Seltenheit), mehrere Kuroi und Koren (6. Jh. v.Chr.), eine Gruppe von Götterstatuen (6. Jh. v.Chr.) aus dem Dodekatheon und eine Hand des Naxier-Kolosses.
Im ersten Ostsaal befinden sich weitere archaische Plastiken und Werke des 5. Jh.s v.Chr., darunter die Giebelverzierung vom Tempel der Athener.
Der zweite Ostsaal präsentiert Kopien von Werken aus klassischer Zeit und eine Reihe von Skulpturen, die charakteristische Vertreter hellenistischer Plastik nach der Mitte des 2. Jh.s v.Chr. sind. Herausragend sind der bärtige Poseidon in ausgewogener Stellung und die lebhaft bewegte Artemis mit Hirsch. Die gesamte Schmalwand des Saales nimmt ein Mosaikfußboden ein, auf dessen Mittelfeld Athena und Hermes dargestellt sind.
Im ersten Nordsaal ist überwiegend Plastik größeren Formats vor allem aus der hellenistischen Epoche ausgestellt. Häufig sind auch Statuen der Bewohner von Delos zu sehen. So finden sich hier die Statuen von Kleopatra und ihrem Ehemann Dioskourides, Werke eines Athener Bildhauers, die nach der Weihinschrift in das Jahr 137 v.Chr. zu datieren sind. Den beherrschenden Platz in der Mitte des Saals nimmt das überlebensgroße Standbild des Gaius Ophellius Pherus ein, das auf der Agora der Italiker gefunden wurde. Es ist ein Werk der Athener Bildhauer Dionysos und Timarchides, die es um 100 v.Chr. schufen.

Das interressante Museum von Délos, wo zahlreiche Fundstücke der Ausgrabungsstätte zu sehen sind

Museum (Fortsetzung)

Im anschließenden kleineren zweiten Nordsaal findet der Besucher Bildwerke von Deliern, die vom Ende des 2. bzw. aus den ersten Jahrzehnten des 1. Jh.s v. Chr. stammen. Durch die Wiedergabe individueller Züge sind die Personen gut charakterisiert. So ist beispielsweise der Greisenkopf von außergewöhnlicher Ausdruckskraft. Zahlreiche Grabstelen geben Auskunft über den Totenkult.

Antike Exponate aus dem Privatleben der Bewohner und zur Ausstattung ihrer Häuser präsentiert der erste Westsaal. An dessen Langseiten sind die kleineren Mosaiken und Wandmalereien ausgestellt. In den Vitrinen sieht man eine Auswahl kleiner Fundstücke, die als Dekoration der Häuser oder dem praktischen Gebrauch dienten. Unter den verschiedenen Formen von Steintischen verdient ein runder Tisch aus schwarzem Schiefer mit Ritzverzierung besondere Erwähnung.

Die beiden folgenden Westsäle enthalten Keramik- und Kleinkunstfunde vom 3. Jt. v. Chr. an. Von der korinthischen Keramik gehören einige Exemplare zu den schönsten ihrer Gattung. Unter den Vasen aus Chios mit weißem Überzug ist der Krater mit einem Stier zwischen zwei Löwen besonders hervorzuheben.

Weitere wichtige Funde von Délos befinden sich im Archäologischen Nationalmuseum und im Kykladenmuseum von Athen.

Ký́nthos-Bezirk

Rundgang

Vom Museum führt ein Pfad in südlicher Richtung zum 113 m hohen Berg Ký́nthos. Rechts, etwas abseits vom Weg trifft man auf das Haus des Hermes, benannt nach dem hier gefundenen Hermes-Kopf, das bis zum ersten Stock wiederaufgerichtet wurde. Es vermittelt einen auf Délos einzigartigen Raumeindruck von einem mehrstöckigen Privathaus. Das aus dem 2./1. Jh. v. Chr. stammende Bauwerk verfügt über ein Perystil, an dem der

Im Isis-Tempel steht noch eine Marmorstatue der Göttin.

Kýnthos-Bezirk (Fortsetzung)

Empfangsraum (Oikos) und ein kleiner Raum für Gastmähler liegen. Vom Hof führten Treppen zu den übrigen Stockwerken.
Unterhalb des Hauses finden sich die Reste eines Aphrodite-Tempels (4. Jh. v. Chr.), der ein Marmorbau mit Cella und geschlossenem Pronaos war. Zudem gab es im Heiligtum fünf weitere kleine Gebäude.
Bergan kommt man zur Terrasse der fremden Götter, wo seit hellenistischer Zeit von den Zuwanderern aus vielen Ländern auswärtige Götter verehrt wurden, was die damalige 'Internationalität' von Délos verdeutlicht. So huldigte man im Heiligtum der syrischen Götter (100 v. Chr.) den Gottheiten Atargatis und Hadad, deren Kult Kaufleute aus Hierapolis (heute Pamukkale/Türkei) mitgebracht hatten. Der ältere Teil bestand aus einem viereckigen Hof, und der jüngere Anbau im Norden umfaßte einen langen Gang mit Stoa und ein monumentales Propylon. Das angeschlossene, bis zu 500 Menschen fassende Theater war für Kulthandlungen vorgesehen. In verschiedenen Räumen des übrigen Gebäudes wurden Kultmähler abgehalten.
Südlich schließt sich das Serapeion (2. Jh. v. Chr.) an, ein Gebäudekomplex aus Tempeln, Säulenhallen und Innenhöfen, wo man die ägyptischen Götter Isis und Serapis verehrte. Der dazugehörende dorische Isis-Tempel wurde während der Erbauungszeit des Serapeions von den Athenern restauriert und enthält eine Marmorstatue der Göttin.
Neben dem Isis-Tempel sieht man die Grundmauern des Heraions, des Tempels der Hera, der um 500 v. Chr. auf den Fundamenten eines älteren Vorgängerbaus errichtet worden war. Es besaß Cella und Pronaos mit zwei dorischen Säulen zwischen den Anten.
Von hier führt der antike Treppenweg auf den Kýnthos. Am Anfang des Wegs findet man rechts unterhalb die mit mächtigen Granitplatten abgedeckte Heilige Grotte, wo eine Herakles-Statue aufgestellt war.
Auf dem Gipel des Kýnthos liegen die wenigen Überreste des Heiligtums von Zeus Kynthios und Athena Kynthia (3. Jh. v. Chr.), deren Kult seit archaischer Zeit hier nachgewiesen wurde. Von hier oben bietet sich ein phantastischer Rundblick.

Wohnstadt

Architektur

Zwischen den Abhängen des Kýnthos und dem Handelshafen erstreckt sich die gut erhaltene Wohnstadt, die vom 2. bis 1. Jh. v. Chr. entstand und zu den besten Beispielen hellenistischer Wohnarchitektur gehört. Sie vermittelt einen anschaulichen Eindruck von den Wohnverhältnissen der damaligen Zeit. Besonders beeindruckend sind die hervorragend erhaltenen Mosaikböden.
Viele Häuser, deren Mauern teilweise noch bis zu 5 m hoch stehen, sind nach einem gemeinsamen Bauschema erstellt: Das Zentrum des Wohnhauses ist der meistens mit einem Brunnen versehene Innenhof, um den sich die verschiedenen Räume ohne Fenster zur Straße gruppieren. In der Regel bestehen die Fassaden aus massiven Außenwänden mit ein oder zwei Türen. Die Funktion der Räume ist nicht mit Sicherheit zu bestimmen. Einige große Säle mit reichem Dekor dienten als Empfangsraum, in denen die Symposien (Gastmähler) stattfanden. Zu den Nebenräumen gehörten auch Toiletten. Im allgemeinen waren die Häuser einstöckig, die größeren allerdings hatten zwei Stockwerke. Die Zimmer im Obergeschoß waren den Frauen vorbehalten. Das am häufigsten verwendete Baumaterial ist Gneis. Die Wasserversorgung erfolgte durch Brunnen oder Zisternen, die sich gewöhnlich unter der Pflasterung des Hofs befanden.
Der Innenhof und die Fußböden der Räume waren häufig mit Mosaiken geschmückt: die einfacheren zeigten geometrische Muster, die aufwendigeren Stilleben oder figürliche Darstellungen (mythologische Szenen u. a.).

Rundgang

Vom Kýnthos kommend, trifft der Besucher gleich rechts auf das reich ausgestattete Haus der Delphine, das seinen Namen von dem schönen Bodenmosaik im Säulenhof hat. Auf diesem Mosaik sind in der Mitte eine

Das Haus der Delphine mit dem schönen namengebenden Bodenmosaik

Wohnstadt (Fortsetzung)

Pflanzenrosette und in den Ecken Delphine, auf denen Eroten reiten, zu sehen. Die Eroten tragen Göttersymbole: den Dreizack von Poseidon, den Thyrsos von Dionysos und den Heroldsstab von Hermes. Der Künstler – Asklepiades aus Arados in Phönikien – fügte auch seinen Namen in das Mosaik ein, was auf das hohe Selbstbewußtsein der damaligen Künstler hinweist. Das Mosaik befindet sich im Säulenhof, den man von dem zwischen zwei Altären an der Südseite gelegenem Haupteingang über einen Gang mit einem Mosaik erreicht, das das apotropäische (Unheil abwehrende) Symbol der phönikischen Göttin Tanit zeigt.

Auch das Haus der Masken schräg gegenüber ist nach einem Bodenmosaik benannt, auf dem Theatermasken abgebildet sind. Zwischen den verschiedensten Räumlichkeiten, unter denen es zahlreiche Läden gab, führt auf der Ostseite ein Gang zu einem Peristyl, um das sich die Räume mit den Mosaikfußböden gruppieren. Auf den anderen Mosaiken findet man u.a. Darstellungen von Dionysos und Kentauren sowie einer Amphore mit Vogel.

Weiter westlich liegt das im 3. Jh. v. Chr. entstandene Theater, dessen Zuschauerraum für 5000 Menschen Platz bot. Die Orchestra bewahrt die traditionelle Kreisform, während das davorliegende Bühnengebäude ein Rechteck bildet und mit seinen Säulenstellungen auf allen vier Seiten das einzige Beispiel dieser Art in der antiken Theaterarchitektur ist. Die Cavea war durch einen breiten Umgang in zwei Teile gegliedert, von denen der untere 26 und der obere 17 Sitzreihen umfaßte. Bemerkenswert ist die imposante Konstruktion der angeschlossenen riesigen Zisterne, die von großen Bögen in neun Becken geteilt ist. Das von den Theaterrängen herunterfließende Regenwasser wurde hier aufgefangen.

Unterhalb des Theaters kommt man zum Haus des Dreizacks, auf dessen namengebendem Mosaik ein mit einer Schleife geschmückter Dreizack abgebildet ist. Das andere Mosaik zeigt eine mit Kranz und Schleife geschmückte Vase, auf der ein Pferderennen dargestellt ist. Es wurde wahrscheinlich zur Erinnerung an ein Wettrennen angefertigt.

Das bedeutendste Mosaik von Délos befindet sich im weiter nördlich gelegenen Haus des Dionysos. Es stellt den geflügelten Dionysos dar, der auf einem Panther reitet.

Délos Wohnstadt (Fortsetzung)

Gegenüber steht das Haus der Kleopatra, in dem die kopflosen Statuen der Besitzer, Kleopatra und Dioskurides, stehen, die den gerade eintretenden Gast empfangen.

Von hier ist es nicht mehr weit zur Bootsanlegestelle, womit der Rundgang durch die Ausgrabungsstätte beendet ist.

Donoússa F 10/11

Δονούσα

Neugriechisch

Fläche: 13 km²
Höhe: 0–383 m ü. d. M.
Bewohnerzahl: 150
Hauptort: Donoússa

Lage und Allgemeines

Das zur Inselgruppe der Nissídes gehörende Donoússa liegt weit entfernt vor der Ostküste von Náxos. Donoússa ist eine gebirgige Insel, deren höchste Erhebung, der Papas, auf 383 m ansteigt. Durch die starke Abwanderung vor allem von jungen Menschen ist die Landwirtschaft zurückgegangen, obwohl die Insel reichliche Wasservorkommen besitzt. Es wird überwiegend Viehhaltung betrieben. Im Sommer kommen die Ausgewanderten in ihre Heimat zurück, um in den vier Orten der Insel ihre Ferien zu verbringen. Donoússa setzt inzwischen auf den Tourismus, der zu einer neuen Erwerbsquelle geworden ist. Trotzdem ist es selbst im Sommer hier relativ ruhig; man findet schöne einsame Sandstrände.

Donoússa/ Ágios Stavrós

An der Südwestküste der Insel liegt der kleine Hauptort Donoússa (80 Einw.), den die Einheimischen nach ihrer Kirche auch Ágios Stavrós nennen. Er präsentiert sich mit dem für die Kykladen typischen Ortsbild: eng aneinandergebaute weißgekalkte Häuser und schmale Gäßchen. Im Sommer, wenn die auf die anderen Inseln oder aufs Festland Ausgewanderten hier ihre Ferien verbringen, platzt das Dorf aus allen Nähten.

Wanderung rund um die Insel

Besonders empfehlenswert ist eine etwa halbtägige Wanderung auf Eselspfaden rund um die Insel. Unterwegs kann man sich an guten Stränden mit einem Bad erfrischen. Auf der Strecke kommt der Wanderer auch durch das fruchtbare Gebiet um Mersíni. Westlich unterhalb dieses Orts entspringt eine kräftige Quelle in üppigem Grün.

Erimoníssia

→ Nissídes

Folégandros H/I 5

Φολέγανδρος

Neugriechisch

Fläche: 32 km²
Höhe: 0–415 m ü. d. M.
Bewohnerzahl: 600
Hauptort: Folégandros (Chóra)

Lage und Allgemeines

Die schmale, langgestreckte Insel Folégandros, mit 13 km Länge und 4 km Breite eine der kleineren Kykladen, liegt auf etwa halbem Weg zwischen

Allgemeines (Fortsetzung)

Mílos und Santorín. Der bis 415 Meter aufsteigende Inselostteil mit seiner Steilküste ist karg und wasserarm, der Westteil von Folégandros dagegen verfügt über Quellen, ist insgesamt milder, teilweise begrünt und weist Terrassenkulturen auf. Viehzucht ist der wichtigste Erwerbszweig der Insel, daneben der Anbau von Wein sowie Getreide und Gemüse. Die Insel setzt außerdem zusehends auf den Tourismus, der überwiegend von Rucksackreisenden geprägt ist. Da das Andocken an der kleinen Anlegestelle in Karavostásis nur bei gutem Wetter möglich ist, muß man unter Umständen mit einem längeren unfreiwilligem Aufenthalt rechnen.

Geschichte

Die erste nachweisbare Besiedlung der Insel durch Karer und Phöniker geht auf das 3. Jt. v. Chr. zurück. Im 8. Jh. v. Chr. kamen dann die Dorer hierher; die von ihnen gegründete Stadt lag in der Nähe des heutigen Hauptorts. Folégandros wurde nach der Schlacht bei Salamis (480 v. Chr.) Mitglied des Attisch-Delischen Seebunds. In römischer Zeit (ab 146 v. Chr.) diente es als Verbannungsort. Die Insel fiel 1207 dem Herzogtum Náxos zu, und man errichtete eine Burg in der Nähe der antiken Stadt. Im späten Mittelalter kam sie in den Besitz der Famlie Gosadini, bis sie 1566 unter die Herrschaft des Osmanischen Reichs gelangte. In der Folgezeit hatte Folégandros sehr unter Piratenüberfällen zu leiden, wodurch es stark entvölkert wurde. Schließlich kam es 1834 zum Königreich Griechenland.

Sehenswertes auf Folégandros

Weiß gekalkte Häuser in der Chóra

Karavostásis (Καραβοστάσης)

Um die Anlegestelle hat sich an der Ostküste der kleine Hafenort Karavostásis ('Schiffsanlegestelle') entwickelt, der einige Tavernen, Kafenía und Privatquartiere bietet.

*Folégandros (Chóra)

Folégandros (gut 4 km nordwestlich; 260 Einw.), eines der schönsten Kykladendörfer, liegt in grandioser Lage auf einem 200 m hohen Felsen, der auf zwei Seiten steil zum Meer abfällt. Unter Herzog Marco Sanudo wurde im Jahr 1212 das Kastro erbaut, eine fast quadratische Siedlung. Ein besonders schönes Ensemble bilden hier die schmalen, weißgefugten Gassen und die ins Obergeschoß der Häuser führenden weißgekalkten Treppen, mit Blumen geschmückt.

Folegandros Chóra (Fortsetzung)

Von den hiesigen Kirchen seien erwähnt die am Ostende des Viertels gelegene Eleoússa, die älteste, von 1530 und die aus dem Jahr 1711 stammende Pantássa in der Nordwestecke wegen der prächtigen Holzschnitzereien und der Ikonen der kretischen Schule.
Sehr hübsch sind auch die beiden neueren Ortsteile, wo den Besucher jeweils eine baumbestandene Platía mit Tavernen erwartet.

Antike Stadt

Ein gut sichtbarer Serpentinenweg führt auf einen 300 m hohen Marmorberg. Gleich zu Beginn des Wegs lag einst die antike Dorerstadt, wo ein Tempel für Apollon und Artemis gestanden haben soll. Bruchstücke dieser Siedlung sieht man noch in der Ummauerung des Friedhofs.

Panagía

Am Hang des Marmorbergs liegt die weiße Panagía-Kirche, das Wahrzeichen der Insel, die im 19. Jh. an der Stelle einer Kapelle aus dem Jahr 1687 errichtet wurde, wo wahrscheinlich bereits in der Antike ein Tempel stand. Die Kuppelkirche bietet mit ihrem freistehenden, durchbrochenem Glokkenturm einen beeindruckenden Anblick. Hier findet zu Mariä Himmelfahrt am 15. August ein großes Fest statt.

Paleókastro

Steigt man weiter hinauf zum Berggipfel, findet man die Überreste der Siedlung Paleókastro aus venezianischer Zeit.

*Ausblick

Von hier oben bietet sich dem Besucher ein atemberaubender Rundblick, den man nicht so schnell wieder vergißt.

Höhle Chrisospilia

Geht man noch ein paar Schritte weiter bis zur Abbruchkante des Felsens, kann man tief unten in der Wand die Chrisospilia-Höhle erkennen. Hier wurden Weihgaben, Statuen und Gefäße aus antiker Zeit gefunden.

Anó Meriá (Ανώ Μεριά)

Anó Meriá (400 Einw.), 5 km von der Chóra entfernt, ist eine reine Landwirtschaftssiedlung mit weit auseinanderliegenden Bauernhöfen. Die hiesigen Windmühlen sind nicht mehr in Betrieb. Im Dorf gibt es einige bescheidene Kafenía und Tavernen, aber keine Unterkunftsmöglichkeiten.

Gyáros C 3/4

Γυάρος — Neugriechisch

Fläche: 37 km²
Höhe: 0–489 m ü. d. M.
Sperrgebiet; keine ständigen Bewohner

Lage und Allgemeines

Gyáros, ein wasserarmes und ödes Eiland, liegt im nördlichen Bereich der Kykladen, nordwestlich von Sýros und etwa in der Mitte zwischen Tínos im Osten und Kéa im Westen. Es besteht kein öffentlicher Schiffsverkehr.
Seit dem Zweiten Weltkrieg, besonders aber zur Zeit der griechischen Militärdiktatur, war Gyáros Internierungs- und Gefangeneninsel.

Íos H/I 7/8

Ίος — Neugriechisch

Fläche: 108 km²
Höhe: 0–713 m ü. d. M.
Bewohnerzahl: 1500
Hauptort: Íos (Chóra)

Lage und Allgemeines

Íos ist eine etwa auf halber Strecke zwischen Páros und Náxos im Norden sowie Santorin im Süden gelegene wasserarme Gebirgsinsel mit meist

Allgemeines (Fortsetzung)

steiler, stark gegliederter Küste. Die 18 km lange und bis zu 8 km breite Insel setzt sich von Norden nach Süden aus vier Gesteinsarten zusammen: Marmor, Gneis, Schiefer und Granit.

Íos war seit den siebziger Jahren ein 'Geheimtip' für Rucksack- und Alternativtouristen, die schließlich in großen Scharen kamen. Negative Begleiterscheinungen des Tourismusbooms waren verschmutzte Strände sowie Alkohol- und Drogenkonsum, zudem Kriminalität, was der Insel als Urlaubsziel ein ziemlich negatives Image eingebracht hat.

Diese Entwicklung hat das Leben der Bewohner grundlegend verändert. Auf der Insel, die wenig Anbauflächen besitzt, wird kaum noch Landwirtschaft betrieben, die meisten Bewohner leben vom Tourismus. Deshalb müssen zur Versorgung der Einheimischen und Fremden Nahrungsmittel eingeführt werden. Auch der Wassermangel ist ein großes Problem. Die Brunnen auf der Insel reichen bei weitem nicht aus, um den durch die Besucher bedingten Wasserbedarf zu decken, so daß Wasser von Piräus hergebracht werden muß.

Íos ist heute immer noch eine Insel der Jugend – der Altersdurchschnitt liegt unter 20 –, auf die sich Hotels, Restaurants und Geschäfte eingestellt haben. Die 'wilden' Jahre sind zwar vorbei, aber es ist doch eher Leuten zu empfehlen, die im Urlaub Rummel suchen. Einer der Hauptanziehungspunkte der Insel sind die schönen Sandstrände.

Mythos

Der Sage nach soll Klymene, die Mutter des großen griechischen Dichters Homer (→ Berühmte Persönlichkeiten), von der Insel stammen. Außerdem soll der Dichter selbst hier begraben sein, was jedoch nicht verifizierbar ist. Es heißt, er sei aus Gram darüber, daß er ein Rätsel nicht lösen konnte, auf Íos gestorben.

Geschichte

Die ersten nachweisbaren Siedlungsspuren auf der Insel gehen auf das 3. Jt. v. Chr. zurück; aus dieser Zeit wurden Gräber entdeckt. Nach den Phönikern im 2. Jt. v. Chr. kamen um 1000 v. Chr. die Ionier hierher, die ihre Stadt an der Stelle gründeten, die 3000 Jahre lang bis heute der Standort der Chóra blieb. Möglicherweise bedeutet der Inselname Íos 'Stadt der Ionier'.

Nach der Seeschlacht bei Salamis (480 v. Chr.) wurde die Insel Mitglied im Attisch-Delischen Seebund. Später kam sie unter die Herrschaft der Makedonier, Ptolemäer und Römer, die die Insel als Verbannungsort benutzten. Aus byzantinischer Zeit gibt es kaum Hinweise auf die Geschichte von Íos. Mit der Eingliederung der Insel in das Herzogtum Náxos durch Marco Sanudo begann die venezianische Herrschaft, die 1537 von der türkischen abgelöst wurde.

Íos war das Ziel häufiger Überfälle von Piraten, die hier einen ihrer Hauptstützpunkte hatten. Nachdem es 1821 eine wichtige Rolle im Befreiungskampf gespielt hatte, kam es 1830 zum neugegründeten Königreich Griechenland.

Gastronomie

Die Gastronomie ist weitgehend auf die Bedürfnisse der jungen Besucher eingestellt, d. h. es gibt Fast-Food, Pizza und Spagetti. So ist es praktisch unmöglich, inseltypische Küche zu finden.

Sehenswertes auf Íos

Gialós

Der Hafenort Gialós liegt am Ende der 1,5 km langen Bucht Órmos Íou, die einer der geschütztesten Häfen der Ägäis darstellt, wo zahlreiche Kaikis und Jachten vor Anker liegen. Bei der Einfahrt in den Hafen sieht man die Agía-Iríni-Kirche in schöner Lage auf einem Felskap.
Der Ort besteht überwiegend aus Hotels, Pensionen, Tavernen und Cafés. Er wird von älteren Touristen bevorzugt, während die jüngeren sich in der Chóra treffen. Benachbart liegt ein langer, schöner Sandstrand.

*Íos (Chóra)

Über der Hafenbucht zieht sich die Chóra (1500 Einw.) aus weißen, ineinander verschachtelten Häuserwürfeln an den Hängen eines Bergs hoch, auf dessen Gipfel die Nikólaos-Kapelle steht – ein sehr schönes Ortsbild. Neben der Asphaltstraße führt ein Fußweg in 15 Minuten hinauf.
Die Chóra liegt an derselben Stelle wie die antike Stadt und die spätere venezianische Burg. Von ersterer sind noch spärliche Mauerreste am Südwesthang des Berges zu finden. Die Stelle des Apollon-Tempels markiert heute die am Ortseingang stehende Agía-Aikateríni-Kirche, in der Spolien verbaut wurden. Zwischen dieser und der Ágioi-Anárgyroi-Kirche soll die Agora gelegen haben.

Die weißen, ineinander verschachtelten Häuser von Íos ziehen sich an den Hängen eines Bergs hoch.

Malerisch bietet sich die Chóra dar: Flachdachhäuser mit Außentreppen, weißgefugte Gassen, Torbögen und Arkaden, dazwischen Familienkapellen. Die Gassen werden von hübschen, kleinen, baumbestandenen Plätzen unterbrochen, wo man sich in Kafenía und Tavernen ausruhen kann.
Am östlichen Ortsende der Chora stehen einige stillegelegte und teilweise verfallene Windmühlen.

**Mylopótamos-Strand

Gut 2 km südlich der Chóra breitet sich der sehr schöne, über 1 km lange Mylopótamos-Strand, auch Mylopótas ('Mühlenfluß') genannt, in einer

Mylopótamos-Strand (Fortsetzung)

herrlichen weiten Bucht aus, begrenzt von Bergen. Er ist entweder auf der Straße (regelmäßige Busverbindungen von Gialós und der Chóra) oder auf einem Maultierpfad zu erreichen.
Der Strand ist in der Saison sehr frequentiert, und zwar ausschließlich von jungen Leuten. Geht man vom zentralen Bereich, wo Tavernen die Badefreunde mit 'zielgruppengerechter' Musik anlocken, weiter weg, findet man auch noch ruhige Plätzchen. Der Strand ist weitgehend schattenlos, doch gibt es Sonnenschirmverleih. Wildes Campen ist hier verboten, die Polizei überwacht die Einhaltung des Verbots.

Am schönen Mylopótamos-Strand trifft man überwiegend auf junge Leute.

Agía-Theodótis-Strand

Zum 8 km von der Chóra entfernten Agía-Theodótis-Strand im Nordosten der Insel kann man entweder wandern oder den in der Saison verkehrenden Badebus benutzen. An dem wenig besuchten Sandstrand ist im Sommer eine Taverne geöffnet.

Paleókastro

Südlich des Agía-Theodótis-Strands, in mehr als 300 m Höhe finden sich die Überreste der mittelalterlichen Burg Paleókastro ('Alte Burg'), deren venezianischer Ursprung nicht erwiesen ist.

Grab Homers

Bei dem angeblichen Grab Homers (→ Berühmte Persönlichkeiten) bei Plakotós im Norden der Insel handelt es sich nicht um die letzte Ruhestätte des großen Dichters, sondern um ein Grab aus viel späterer Zeit. 1771 meinte der Niederländer Pasch van Krienen hier das Grab Homers gefunden zu haben, was spätere Untersuchungen aber widerlegten.
Der Anpruch von Íos auf das Grab Homers wird u. a. von dem griechischen Schriftsteller Pausanias in seiner "Beschreibung Griechenlands" bestätigt. Darin wird berichtet, daß es in Delphi im Apollon-Tempel eine Bronzetafel mit dem Bild des Dichters und dem Spruch des Delphischen Orakels für ihn gibt. In diesem Spruch heißt es unter anderem: "Ios, die Insel, ist das Vaterland der Mutter, das dich im Tode empfangen wird. Doch hüte Dich

vor dem Rätsel der Jungen." Wahrscheinlich hängt mit diesem Orakel die Legende zusammen, wonach Homer aus Kummer darüber, daß er ein gestelltes Rätsel nicht lösen konnte, auf Íos starb.

Íos
Grab Homers
(Fortsetzung)

Empfehlenswerte Wanderungen sind außer zum Agía-Theodótis-Strand (s. o.) noch zur weiter südöstlich gelegenen Badebucht Psáthi, die von der Chóra in 2 Std. zu erreichen ist. Schön sind außerdem zwei Bergtouren wegen des umfassenden Rundblicks (die Wanderzeit ist ab der Chóra gerechnet): auf den Profítis Ilias (517 m ü. d. M.; 1 1/2 Std.) und den Pírgos, den mit 713 m höchsten Berg der Insel (2 1/2 Std.).

Wanderungen

Iráklia G/H 8

Ηράκλεια

Neugriechisch

Fläche: 18 km²
Höhe: 0–419 m ü. d. M.
Bewohnerzahl: 110
Hauptort: Iráklia

Iráklia ist die westlichste und mit bis zu 6 km Länge die größte Insel der Nissídes, einer Gruppe von kleinen Inseln, die im Dreieck zwischen Náxos, Íos und Amorgós liegt.
Die Südküste fällt steil ins Meer ab, während an den anderen Küstenabschnitten Buchten mit Sandstränden zu finden sind.
Die wenigen Bewohner leben weitgehend noch von Landwirtschaft, Viehzucht und Fischfang. Auf der geringen für den Anbau geeigneten Fläche wird Getreide und ansonsten in Terrassengärten für den Eigenbedarf vor allem Gemüse angebaut.
Geeignet ist die Insel für den Urlauber, der Ruhe und Ursprünglichkeit sucht und gern wandert. Zum Baden ist besonders der Livádi-Strand zu empfehlen.

Lage und Allgemeines

Wahrscheinlich wurden hier der Heros Herakles verehrt und die Insel nach ihm benannt. Später fanden Piraten auf Iráklia Unterschlupf. Auf eine Besiedlung in venezianischer Zeit weisen die Ruinen einer Burgsiedlung oberhalb der Livádi-Bucht im Nordosten hin.

Mythos und Geschichte

Sehenswertes auf Iráklia

Am Ende der tiefen gleichnamigen Bucht, am nördlichen Ende der Insel liegt der Hafenort Ágios Geórgios (80 Einw.), dessen Häuser sich großzügig über einen Hang verteilen. Für den Besucher stehen hier einige kleinere Tavernen und Privatzimmer zu Verfügung.

Ágios Geórgios
(Άγιος Γεώργιος)

Der schönste Strand der Insel ist der 200 m lange Livádi-Sandstrand, gut 1 km südlich von Ágios Geórgios gelegen.

Livádi-Strand

Oberhalb des Livádi-Strands finden sich die Überreste der venezianischen Burgsiedlung, die als Ziegenställe benutzt werden.

Burg

Der kleine Hauptort Iráklia in der Inselmitte wird von den Einheimischen Panagía nach der hiesigen gleichnamigen Kirche genannt. Viele junge Einwohner sind ausgewandert.

Iráklia

Von Iráklia ist auf einem Pfad in 1 1/2 Stunden die Tropfsteinhöhle Spilion Agíou Ioánnou zu erreichen, die sich unterirdisch bis Íos fortsetzen soll. In der Höhle wird am 29. August das Fest des hl. Johannes gefeiert.

Spilion Agíou Ioánnou

Kéa B/C 1/2

Neugriechisch Κέα

Fläche: 130 km²
Höhe: 0 – 570 m ü. d. M.
Bewohnerzahl: 1600
Hauptort: Joúlis / Kéa (Chóra)

Lage und Größe

Die knapp 20 km lange und bis zu 10 km breite Insel Kéa (volkstümlich Tzía), die nordwestlichste der großen Kykladen, ist rund 20 km östlich vom attischen Kap Sunion und damit dem Festland am nächsten gelegen. Die Nachbarinseln sind Makrónissos (nordwestlich) und Kýthnos (südlich).

Allgemeines

Wenige ausländische Urlauber kommen nach Kéa; vor allem Athener schätzen die Insel wegen der Nähe zu Attika und verbringen hier ihre Wochenenden und Ferien. Kéa hat zahlreiche Buchten mit kleinen, schönen Sandstränden zu bieten.

Geschichte

Beim Kap Kefála wurden Spuren einer neolithischen Siedlung um 3200 v. Chr. entdeckt, und eine minoische Siedlung (3000 – 1500 v. Chr.) fand man im Norden der Insel, bei der Kapelle Agía Iríni. Die später einwandernden Ionier gründeten die vier autonomen Stadtstaaten Joulis, Karthaia, Koressia und Poieesa. In dieser Periode kam die damals Keos genannte Insel durch regen Handel mit Landwirtschaftserzeugnissen und Eisenocker, das zur Keramikherstellung verwendet wurde, zu Wohlstand, begünstigt durch ihre Lage am Schiffahrtsweg nach Délos. Damals war auf Keos eine ungewöhnliche Bestimmung in Kraft: jeder Bewohner ab dem 70. Lebensjahr hatte das Recht, sich selbst mit dem Schierlingsbecher zu töten.

Von der Insel stammen die beiden berühmten archaischen Lyriker Simonides und sein Neffe Bakchylides (→ Berühmte Persönlichkeiten).

Nach der Seeschlacht von Salamis (480 v. Chr.), an der Kéa auf seiten Athens teilnahm, trat die Insel dem Attisch-Delischen Seebund bei. Aus der folgenden Zeit ist wenig über die Geschichte Kéas bekannt. Ab 395 n. Chr. gehörte es zum Byzantinischen Reich. Im Mittelalter unterstand die Insel komplizierten Teilherrschaften, ab 1207 venezianischen Inselherzögen (Ghisi, Giustiani, Michieli, Bragadini, Adoldi, Premarini). In den folgenden Jahrhunderten war sie Ziel zahlreicher Piratenüberfälle. Ab 1579 gehörte Kéa zum Osmanischen Reich und kam nach den griechischen Befreiungskriegen zu Griechenland.

Wirtschaft

Früher wurde aus den im Süden der Insel wachsenden Steineichen ein Gerbemittel gewonnen; durch das Aufkommen chemischer Stoffe kam dieser Erwerbszweig zum Erliegen.

Heute leben die Bewohner der wasserreichen Insel, deren Zahl in den letzten Jahrzehnten durch Abwanderung ständig zurückging, noch überwiegend von Landwirtschaft und Viehzucht.

Die Insel ist bekannt für ihren Thymianhonig, der auch für die weitere Inselspezialität Pasteli, ein Gebäck aus Honig und Sesam, verwendet wird.

Lokale Spezialitäten

Sehenswertes auf Kéa

Korissía (Κορησσία)

Im Süden der Ágios-Nikólaos-Bucht liegt der Hafenort Korissía (350 Einw.) – von den Einheimischen Livádi genannt –, in dem man Hotels, Pensionen und Geschäfte findet. Im Ortsbild fällt der Schornstein der stillgelegten Emaillefabrik auf. Bei dem Dorf erstreckt sich ein von Tamarisken beschatteter Sandstrand.

Koressia

An einem Berghang ebenfalls an der südlichen Ágios-Nikólaos-Bucht befand sich die antike Stadt Koressia, wo der Standort eines Apollon-Tempels lokalisiert werden konnte. Ausgrabungen brachten einen außergewöhnlichen Fund zutage: den 'Kouros von Kéos', eine 1,73 m hohe Jünglingsstatue (530 v. Chr.; im Nationalmuseum von Athen).

Jaliskári-Strand

Zwei Kilometer weiter nördlich, zwischen Korissía und Vourkári fällt der schöne Jaliskári-Sandstrand sanft ins Meer ab. Tamarisken und Eukalyptusbäume spenden den Badenden Schatten.

Vourkári (Βουκάρι)

Der Yachthafen Vourkári hat sich stark auf den Yachttourismus eingestellt. Am Hafen kann man recht gut Meeresspezialitäten essen.

Agía Iríni (Αγία Ειρήνη)

Bei der Agía-Iríni-Kapelle im Nordteil der Ágios-Nikólaos-Bucht haben amerikanische Archäologen seit 1960 die Überreste einer bronzezeitlichen Siedlung (2800–1500 v. Chr.) ausgegraben. Von den ehemals zweistöckigen Häusern sind nur die Untergeschosse erhalten. Freigelegt wurden zudem Reste eines Heiligtums und reichhaltige Keramik, die von ihrer Herkunft auf die regen Handelsbeziehungen von Kéa mit den anderen Kykladen und Kreta hinweist.

Kap Kéfala

Am Kap Kéfala an der Nordküste der Insel entdeckte man eine spätneolithische Siedlung und ein Gräberfeld (3200–2800 v. Chr.). Wichtig an dieser Ausgrabung ist, daß man hier erstmals auf den Kykladen Hinweise auf Metallverarbeitung gefunden hat.

Otziás (Οτζιάς)

Der 4 km von Vourkári entfernte Ort Otziás bietet einen mit Tamarisken bestandenen Sandstrand. Bekannt ist die Gegend für ihre Mandelbäume.

*Moní Kastrianís (Μονή Καστριανής)

Von Otziás führt eine 5 km lange Schotterstraße südöstlich zum blau-weißen Kloster Kastrianís, das malerisch auf einem Steilfelsen liegt. Das im 18. Jh. gegründete Nonnenkloster besitzt eine wundertätige Marienikone, die das Ziel von großen Wallfahrten ist. Der malerische Klosterhof lädt den Besucher zu einer Rast ein. Von der Anlage kann man zudem einen schönen Ausblick genießen.

Kéa / Joúlis

Ortsbild

Die weißgetünchten Häuser des für Fahrzeuge gesperrten Inselhauptorts Kéa (700 Einw.), 6 km südöstlich von Korissía, ziehen sich eng aneinander gedrängt einen Hang hinauf. Sie sind mit roten Dächern gedeckt, ein Merkmal der Architektur des Festlands. Man betritt den Ort durch einen überwölbten Gang.

Archäologisches Museum

Das Archäologische Museum an der Hauptstraße zeigt Funde von der neolithischen Siedlung am Kap Kéfala, von der bronzezeitlichen Siedlung von Agía Iriní und der archaischen Stadt Karthea. Auffallend sind die kopflosen Frauenstatuen mit entblößten Brüsten, die stark minoischen Figuren von Kreta ähneln.

Kastro

Auf dem Hügel oberhalb des Orts befinden sich die spärlichen Überreste des venezianischen Kastro, wo einst auch die antike Akropolis lag. Hier wurde eine Pension erbaut. Von dieser Stelle hat man einen herrlichen Ausblick auf die Insel und das Meer.

*Löwe von Kéa

Die Hauptsehenswürdigkeit von Kéa ist der berühmte, mehr als 6 m lange Löwe von Kéa, der von einem ionischen Bildhauer vor 2500 Jahren aus dem Glimmerschiefer gemeißelt wurde. Er stellt ein Symbol für Kraft und Stärke dar.
Man erreicht ihn zu Fuß in gut 10 Minuten, indem man auf der Hauptstraße bis zum Ortsende und dann in nordöstlicher Richtung vorbei am Friedhof geht.

Der Löwe von Kéa ist die Hauptsehenswürdigkeit der Insel.

Weitere Sehenswürdigkeiten auf Kéa

Antiker Turm mit Agía-Marína-Kirche

Etwa 5 km südlich von Kéa trifft der Besucher westlich der Straße auf eine architektonische Besonderheit: die Überreste eines antiken Turms, an den eine Kirche angebaut ist. Der aus großen Quadern erbaute Turm mit 11 m Seitenlänge wies vier Stockwerke auf. Seine Funktion ist letztlich nicht geklärt; wahrscheinlich diente er als Fluchtburg für die Bevölkerung bei Piratenüberfällen.

Badebuchten

Im Süden der Insel findet man in der Órmos Písses einen schönen Sand-/Kiesstrand und eine kleine Badebucht in Koudoúros, wo das größte Hotel von Kéa steht.

Karthéa

Die Überreste der antiken ionischen Stadt Karthéa befinden sich ganz im Südosten der Insel. Zu sehen sind Fundamente eines Apollon- und eines Athena-Tempels, die im 6. Jh. v. Chr. mit dorischen Säulen errichtet worden waren.

Kéros G 9/10

Κέρος

Neugriechisch

Fläche: 15 km²
Höhe: 0–432 m ü. d. M.
Keine Bewohner

Lage und Allgemeines

Kéros gehört zu den Nissídes, einer Gruppe von kleinen Inseln im Dreieck zwischen Náxos, Íos und Amorgós.
Archäologische Ausgrabungen haben an der Westküste der Insel Funde aus der Bronzezeit zu Tage gebracht, die denen des Gräberfeldes Chalandrianí auf Sýros entsprechen, weshalb man diese frühe eigenständige Kykladenkultur als Kéros-Sýros-Kultur bezeichnet. Herausragende Werke unter den Funden sind der 20 cm große, stehende Flötenspieler und der sitzende Harfenspieler, die sich im Nationalmuseum in Athen befinden. Die Insel dient heute als Weideplatz für Ziegen.

Kímolos G/H 3

Κίμολος

Neugriechisch

Fläche: 35 km²
Höhe: 0–398 m ü. d. M.
Bewohnerzahl: 700
Hauptort: Kímolos (Chóra)

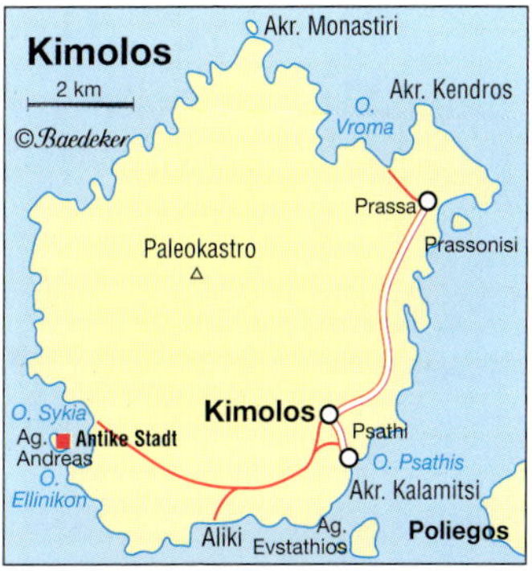

Lage und Allgemeines

Kímolos, die mit 8 km West-Ost- und 9 km Nord-Süd-Ausdehnung kleinste der westlichen Kykladen, ist eine wasserarme Insel vulkanischen Ursprungs nordöstlich von Mílos, nur durch eine schmale Meerenge von dieser Insel getrennt.
Kímolos, das noch wenig Tourismus aufweist, ist Urlaubern zu empfehlen, die Ruhe suchen und an ursprünglichem griechischem Dorfleben interessiert sind. Es bietet zudem für den Badefreund einige Sand-/Kiesstrände.

Geschichte

Die Geschichte von Kímolos war eng mit der der großen Nachbarinsel Mílos verküpft. Mindestens seit mykenischer Zeit (1600 v. Chr.) war es besiedelt. Die Insel trat im 5. Jh. v. Chr. dem Attisch-Delischen Seebund bei.
Sie war wegen ihrer Kimolia-Erde (Kimolith) bekannt, die nicht nur als Waschmittel, sondern auch für Heilbäder verwendet wurde. In byzantinischer Zeit zogen sich die Bewohner wegen der Piratengefahr auf den Paleókastro, den höchsten Inselberg, zurück.
Nachdem die Insel im Jahr 1207 dem venezianischen Herzogtum Náxos unter Marco Sanudo einverleibt worden war und die Familie Gosadini sie besetzt hatte, wurde das Kastro gegründet.
Während der 1537 beginnenden Zeit der Türkenherrschaft kam es zu intensiver Piraterie, an der sich auch die Bewohner von Kímolos gewinnbringend beteiligten. Schließlich wurde die Insel 1832 ins griechische Königreich eingegliedert.

Sehenswertes auf Kímolos

Psáthi (Ψάδι)

Der kleine Hafenort Psáthi im Südosten der Insel, in einer schmalen Bucht ist der Schiffsanlegeplatz der Insel. Er bietet dem Besucher ein paar Kafenía und einen kleinen Kiesstrand.

Kímolos / Chóra

Geschichte

Der Inselhauptort Kímolos (740 Einw.), 1 km von Psáthi entfernt, wurde im 13. Jh. von den Venezianern gegründet und durch eine Burg befestigt, um die Bewohner vor Piratenüberfällen zu schützen. Im Jahr 1638 erfuhr er jedoch starke Zerstörungen durch einen Piratenüberfall.
Die nach außen fensterlosen Häuser des Kastro, heute zum Großteil verfallen, bildeten den äußeren Befestigungsring, der von einem Innenring ergänzt wurde. An der Ost- und Südseite sind noch die beiden Zugänge zum Kastro erhalten.

Der Inselhauptort Kímolos ist eine Gründung der Venezianer.

Kirchen

Von den meist verschlossenen Kirchen des Orts sind folgende sehenswert: die mächtige, zweitürmige Hauptkirche Panagía Odigitrias (1873) am Ortseingang, mit viel Marmor erbaut und mit alten Ikonen versehen, und die durch unverputztes Mauerwerk auffallende Chrisostomos-Kirche nahe der Platía aus dem 17. Jh. mit Werken des Malers Emmanouil Skordilis. Sehr interessant ist die 1592 von einem Priester gestiftete Christuskirche im Kastro, die auf der Südseite ein dem hl. Eleuthérios gewidmetes Schiff besitzt. Von der Ausstattung sind die schöne Nikolausikone, auf der der Heilige als Retter von Schiffsleuten aus höchster Seenot dargestellt ist, und die Großikone der Panagía von Skordilis zu nennen.

Strände

Von der Chóra erreicht man zu Fuß in einer 1/2 Std. den vielbesuchten Alikí-Strand im Süden der Insel, der aus Sand mit Kieselsteinen besteht.

In der Prassonisi-Bucht an der Nordost-Küste von Kímolos findet der Badefreund einen Kiesstrand.

Kímolos Strände (Fortsetzung)

An der Südwest-Küste der Insel lag einst auf einer Landzunge die antike Stadt. Durch Absenkung dieser Landzunge entstand eine Insel, die nach der hier stehenden Kirche Ágios Andréas heißt. Die Landzunge teilt die Bucht in zweit Teile: die Órmos Sykiá im Norden und Órmos Ellinikón im Süden, wo sich ein schöner Sandstrand ausbreitet.

Antike Stadt

Nach Aufgabe der Siedlung am Órmos Ellinikón zogen sich die Bewohner auf den Berg Paleókastro zurück, wo sie dann die Inselhauptstadt gründeten, die bis in die venezianische Zeit bestand.

Paleókastro (Παλαιόκαστρο)

Koufonísia G 9

Κουφονήσηα

Neugriechisch

Fläche: Káto Koufonísi: 4,3 km^2, Epáno Koufonísi: 3,8 km^2
Höhe: 0–114 m ü.d.M.
Bewohnerzahl: 290
Hauptort: Koufonísi

Koufonísia ist der Name für die beiden zusammengehörigen Inseln Epáno/Ano ('Ober') Koufonísi und Káto ('Unter') Koufonísi, die nur durch einen 200 m breiten Sund voneinander getrennt sind. Sie gehören zur Inselgruppe der Nissídes, die im Dreieck zwischen Náxos, los und Amorgós liegt. Die Bewohner von Epáno Koufonísi leben überwiegend vom Fischfang, wodurch es zu einem gewissen Wohlstand gekommen ist. Der Anbau von Getreide, Gemüse und Wein deckt nur den Eigenbedarf. Die Insel setzt aber zunehmend auf den Tourismus. Anziehungspunkte sind Badebuchten mit schönen Stränden. Die nach Athen ausgewanderten Insulaner verbringen hier ihre Ferien. Káto Koufonísi, das in der Längsachse 5 km mißt, wird als Pachtland von Viehzüchtern genutzt.

Lage und Allgemeines

Am Sund an der Südküste von Epáno Koufonísi, wo die Schiffe anlegen und viele Fischerboote vor Anker liegen, finden sich neue Häuser mit Fremdenzimmern und Lokale. Eine Straße führt von hier hinauf in den Ort Kofonísi (100 Einw.), wo es mehrere Tavernen und Geschäfte gibt.
Bei der Mühle am Südwestrand der Ortschaft wurden bei Ausgrabungen Funde freigelegt, die wahrscheinlich der Kéros-Sýros-Kulutr (3. Jt. v. Chr.) zugeordnet werden können.

Koufonísi (Κουφονήσι)

Koufonísia Koufonísi (Fortsetzung)

Empfehlenswerte Strände sind östlich von Koufonísi der Charakópou-Strand mit dem beliebten Musiklokal Finikas und der sehr schöne, nördlich gelegene Sandstrand Porí, der entweder von dort zu Fuß oder im Sommer auf Badekaikis von Koufonísi zu erreichen ist.

Strände

Kýthnos D/E 2

Κύθνος

Neugriechisch

Fläche: 99 km^2
Höhe: 0–326 m ü.d.M.
Bewohnerzahl: 1600
Hauptort: Kýthnos (Chóra)

Kýthnos, eine der nordwestlichen Kykladen-Inseln, liegt südöstlich von Kéa. Das meist windgepeitschte Kýthnos ist eine flache, herbe, sehr verkarstete

Lage und Allgemeines

Lage und Allgemeines (Fortsetzung)

und felsige Insel, deren Küste zum Großteil steil und stark gegliedert ist. Seine Ausdehnung beträgt in der Breite bis zu 9 km und in der Länge 22 km.
Die Insel ist noch wenig vom Tourismus berührt; vor allem Griechen kommen oft zu einem Kuraufenthalft hierher. So ist sie mehr für Urlauber geeignet, die griechische Lebensart mitbekommen wollen. Sehenswert sind die beiden Binnenorte der Insel.
Die Bewohner von Kýthnos, deren Anzahl durch hohe Abwanderung vor allem nach Athen dezimiert wird, leben noch überwiegend von Landwirtschaft und Viehzucht.

Geschichte

Auf Kýthnos fand man steinzeitliche Spuren – Werkzeuge aus Obsidian und Feuerstellen mit Nahrungsresten – einer Siedlung aus dem 7. Jt. v. Chr. – die ältesten Hinweise auf menschliches Leben auf den Kykladen. Um 2000 v. Chr. wanderten Dryoper von Euböa ein, die später von Ioniern verdrängt wurden. Es soll ein gut funktionierender Stadtstaat bestanden haben. Die Insel trat dem Attisch-Delischen Seebund bei, dem sie einen hohen Tribut zahlen mußten, was auf ihren Wohlstand schließen läßt. Nach der Schlacht von Chaironea (338 v. Chr.) wurde sie ins makedonische Reich eingegliedert, dem sie nach einem Zwischenspiel der Ptolemäer erneut 202 v. Chr. zugeschlagen wurde.
Von der makedonischen Herrschaft befreiten die Rhodier einige Jahre später Kýthnos.
Im Jahr 146 v. Chr. kam es zum Römischen Reich und war ab 395 n. Chr. Teil der byzantinischen Provinz Ägäis.
Von 1207 bis 1537 unterstand die Insel venezianischer Herrschaft, und zwar den Familien Sanudo, Castelli und Gosadini. Sie wurde anschließend von den Osmanen erobert, die die Venezianer 1617 endgültig vertrieben. Die verheerende Pestepidemie von 1823 überlebten nur wenige Insulaner. 1830 kam Kýthnos zum Königreich Griechenland.

Sehenswertes auf Kýthnos

Mérichas (Μέριχας)

In einer tiefen Bucht an der Westküste liegt der Hafenort Mérichas (100 Einw.), dessen Hafenmole erst in den siebziger Jahren ausgebaut wurde, wo nun die Fähren anlegen. Seither expandiert er mit neugebauten, gesichtslosen Zweckbauten. Die Ortsmitte wirkt jedoch mit ihren Kafenía und Tavernen recht freundlich und bietet sich deshalb als Standort an.
Der Ortsstrand empfiehlt sich wegen des unsauberen Wassers weniger; sehr schön dagegen sind die Strände nördlich von Mérichas.

Vryókastro (Βρυόκαστρο)

In der Badebucht Episkopí, 2 km nördlich von Mérichas, steht die Ágios-Vlasios-Kapelle, von wo ein Pfad zu der antiken, auf einem hohen Strandfelsen gelegenen Stadt Vryókastro führt. Die Siedlung, von der auch Spuren auf der gegenüberliegenden kleinen Insel gefunden wurden, war bis in römische Zeit bewohnt. Von ihr sind allerdings nur spärliche Überreste vorhanden, die im überwucherten Gelände kaum zu finden sind.

Noch weiter nördlich breitet sich der schönste Strand der Insel, Stin Kolóna ('Zur Säule') aus, zu dem die Badegäste von Mérichas mit einem Boot gebracht werden. Ein schmaler Isthmos führt hier zur Halbinsel Ágios Loukas. Die Buchten sind bevorzugte Anlegeplätze für Jachten.

*Stin Kolóna

Kýthnos (Chóra)

Ortsbild

Der in 160 m Höhe auf einem sanftwelligen Plateau gelegene Inselhauptort Kýthnos (8 km nordöstlich von Mérichas; 800 Einw.), der für Autos gesperrt ist, präsentiert sich mit weißen, von Flach-und Ziegeldächern gedeckten Häusern, die sich zwei parallel verlaufende Hauptgassen entlangziehen. Er bietet eine Besonderheit: Die Gassen und Treppen werden für die Osterprozession mit weißen Blumen und geometrischen Mustern bemalt. Die Siedlung wurde 16. Jh. gegründet, nachdem das venezianische Kastro zerstört worden war.

Kirchen

Kýthnos besitzt viele Kirchen, die allerdings wegen zunehmenden Diebstahls im Zug des Fremdenverkehrs fast immer verschlossen sind. Man muß sich deshalb im Dorf nach dem Schlüssel erkundigen.
Die Kathedrale Agía Triada am Ortseingang, eine einschiffige Kuppelbasilika, ist die älteste Kirche der Chóra. An dem Platz hier finden sich noch antike Säulen- und Reliefreste.
Die Ágios-Sávvas-Kirche am Ortsende stammt laut einer Inschrift auf dem venezianischen Türsturz aus dem Jahr 1613.
Am Westrand der Ortes befindet sich die Ágios-Sotiros-Kirche aus dem 17. Jh., die Ikonen enthält von Antonis Skordilis, Sohn des Emmanouil Skordilis, der von Kreta auf die Westkykladen kam.

Energieanlagen

Oberhalb der Chóra wurde 1982 ein gemeinsames Forschungsprojekt für Windkraft der deutschen und griechischen Regierung gestartet. Im Rahmen dieses Projekts wurden Windrotoren aufgebaut, denn die Insel eignet sich durch die geringen Erhebungen besonders gut für Windkraft. Die maximale Leistung der Windrotoren wird allerdings nicht erreicht, weil ein Teil wegen Wartungsproblemen nicht in Betrieb ist.
Auch die Solaranlage am Ortsaugang Richtung Loútra, die ebenfalls mit deutscher Beteiligung entstand, liefert Kýthnos Energie.

Weitere Sehenswürdigkeiten auf Kýthnos

Loutrá (Λουτρά)

Die heißen Quellen von Loutrá (gut 5 km nördlich von der Chóra) waren schon in der Antike bekannt. Sie entspringen hinter dem Xenia-Hotel und fließen über den Strand ins Meer, wo man dann in lauwarmem Wasser baden kann. Die kochsalzhaltige Quelle hat 37 °C und die eisenhaltige Quelle 52 °C; sie werden zur Therapie bei Rheumatismus und Frauenleiden angewendet.
Die Gründung des Kurhotels Xenia Anagenissis ('Wiedergeburt') geht auf Königin Amalie, die Frau des bayerischen Königs Otto von Griechenland, zurück.

Paleókastro (Παλαιόκαστρο)

Von Loutrá führt ein Eselspfad in 1 1/2 Std. zum 300 m hoch gelegenen Paleókastro, das bis ins 16. Jh. Inselhauptstadt war, bis diese Funktion dann die Chóra übernahm. Zu sehen sind allerdings nur noch Fundamentreste von Häusern und zwei Kirchenruinen.
Von hier kann man noch weiter zum Leuchtturm an der Nordspitze der Insel wandern.

Driopís (Δρυοπίς)

Der Ort Driopís (5 km östlich von Mérichas; 700 Einw.), dessen Name auf die ersten Siedler zurückgeht, breitet sich auf zwei Hängen eines mit Feigen- und Olivenbäumen bestandenen Tals aus. Die weißgetünchten Häuser sind wie auf dem Festland mit rostbraunen Dächern gedeckt. Obwohl

Kýthnos Driopís (Fortsetzung)

der Ort von Abwanderung bedroht ist, setzen die Bewohner offensichtlich nicht auf den Tourismus, denn es gibt hier keine Unterkünfte. Die Hauptkirche im rechten Ortsteil ist der hl. Anna geweiht, während die Ágios-Minas-Kirche im linken Ortsteil eine Ikonostase aus dem 17./18. Jh. besitzt.

Kanála (Κανάλα)

Das 7 km südlich von Driopís gelegene Kanála ist eine hauptsächlich von Festlandsgriechen und Auswanderern erbaute Feriensiedlung, deren Mittelpunkt die Wallfahrtskirche Panagía Kanála bildet, die an den Marienfesten am 15. August und 8. September das Ziel vieler Pilger ist. Die Kirche verwahrt eine wundertätige Ikone, die angeschwemmt worden sein soll und ein Werk von Antonis Skordilis ist.

Makrónissos — Nebenkarte

Neugriechisch

Μακρόνησος

Fläche: 18 km²
Höhe: 0–281 m ü. d. M.
Keine ständigen Bewohner

Lage

Makrónissos, die ‘lange Insel’ im Nordosten von Kap Súnion, ist der attischen Küste 5 km vorgelagert (gegenüber dem Festlandhafen Lavrio).

Mythos und Geschichte

Im Altertum trug die Insel den Namen der schönen Helena, die – wie der griechische Schriftsteller Pausanias im 2. Jh. n. Chr. berichtet – hier gerastet haben soll. Archäologische Funde weisen auf bescheidene Besiedlung seit dem Neolithikum hin. In der jüngsten Geschichte wurde die Insel mehrfach zum Internierungslager.

Mílos — H/I 1 - 3

Neugriechisch

Μήλος

Fläche: 151 km²
Höhe: 0–751 m ü. d. M.
Bewohnerzahl: 4500
Hauptort: Mílos (Pláka)

Lage und Allgemeines

Mílos, dessen Name sich vielleicht von ‘Apfel’ herleitet, ist die südwestlichste der größeren Kykladeninseln.
Schön ist die Anfahrt nach Mílos mit dem Schiff, vorbei an den beiden Vulkaninseln Akráthi und durch die engste Stelle (1,5 km) des Mílos-Golfs, der sich dann auf 7 km weitet. Hat man das Kap Bombarda umfahren, sieht man den Hafenort Adámas vor sich liegen.

Landschaftsbild

Die Insel ist die Caldera eine pliozänen Vulkans. Diese Entstehung, von der noch heute schwefelhaltige Thermen im Nordosten und Südosten zeugen, verdankt die Insel ihre landschaftliche und wirtschafltiche Besonderheit.

Golf von Mílos

Das Meer hat durch einen Einschnitt im Nordwesten Zugang zum Kraterkessel und bildet darin einen der besten natürlichen Häfen des gesamten Mittelmeerraums, den Golf von Mílos (Órmon Mílou).
Die nordöstliche Hälfte der Insel ist flacher und fruchtbarer als der bergige Südwesten, der im Profítis Ilías bis zu 751 m ansteigt.

Wirtschaft

Die Insel ist sehr reich an Bodenschätzen. So leben wie in der Vergangenheit noch heute 40% der Milier vom Bergbau, wobei vor allem Perlit (vulkanisches Glas), Bentonit (eine Art Ton), Kaolin (Porzellanerde) und Baryt (Schwerspat) abgebaut werden.

Wirtschaft (Fortsetzung)

Weitere Erwerbsquellen der Insel sind Handel und Fischfang sowie in geringem Umfang Tourismus.

Geschichte

Die älteste nachweisbare Siedlung auf Mílos, Filakopí, stammt aus dem dritten vorchristlichen Jahrtausend. Die Bewohner trieben in jener Zeit schwunghaften Handel mit dem hier vorkommenden Obsidian, das sie weit über den ägäischen Raum hinaus ausführten. Um 1100 v. Chr. ließen sich dorische Siedler auf Mílos nieder, zerstörten Filakopí und gründeten auf einer Anhöhe im Norden der Bucht bei dem heutigen Ort Tripití ihre Stadt. Ihr Wohlstand gründete sich schon damals auf die Ausfuhr von Schwefel, Bimsstein, Ton, Alaun, aber auch von Olivenöl, Wein und Honig. Nachdem Mílos während der Perserkriege im 5. Jh. v. Chr. Athen unterstützt hatte, schlug es sich im Peloponnesischen Krieg auf die Seite Spartas. Dies hatte zur Folge, daß Athen die Insel eroberte, alle Männer tötete sowie Frauen und Kinder als Sklaven verkaufte. Erst nach der Niederlage Athens 404 v. Chr. konnten einige überlebende Milier auf die Insel zurückkehren. Die folgende Zeit war von einer wirtschaftlichen und kulturellen Blüte geprägt, in der auch die weltberühmte Venus von Milo (→ *Baedeker Special*) entstand. In der byzantinischen Periode (325 – 1204 n. Chr.) wurde die Hauptstadt vielleicht wegen der wachsenden Piratengefahr aufgegeben und eine neue namens Zefyría gegründet, das diese Funktion bis ins 18. Jh. innehatte. 1204 gliederte der Venezianer Marco Sanudo Mílos dem Herzogtum Náxos an. Die neuen Herren ließen eine Burg oberhalb des heutigen Hauptorts Mílos bauen. 1566 fiel die Insel unter türkische Herrschaft, währenddessen der günstige Naturhafen der Insel ein bedeutender Umschlagplatz der Piraterie wurde, an der sich auch die Bewohner als erfahrene Seeleute beteiligten. Der Pirat Ioannis Kapsis rief sich sogar 1677 zum König von Mílos aus, wurde aber wenige Jahre später von den Türken hingerichtet. Ab 1821 beteiligte sich die Insel an den Befreiungskriegen, indem speziell milische Lotsen in der griechischen Kriegsmarine Dienst taten. Im Verlauf der Freiheitskämpfe ließen sich vor den Türken geflohene Kreter hier nieder und gründeten den Ort Adámas. Schließlich kam Mílos nach der Staatsneugründung 1832 an das Königreich Griechenland.

Sehenswertes auf Mílos

Adámas (Αδάμας)

Der Hafenort Adámas (900 Einw.) wurde während der Befreiungskriege von Kretern, die vor den Türken geflohen waren, gegründet. Heute bildet er das

Adámas (Fortsetzung)

touristische Zentrum der Insel, wo die Fährschiffe anlegen und es Hotels, Restaurants und Reisebüros gibt. Das Leben spielt sich mehr an der Hafenmole mit zahlreichen Tavernen ab als in dem sich einen kleinen Hügel hinaufziehenden Dorf.

Kimíssis/Ágios Charalámbos

An der höchsten Stelle des Orts steht die Kimíssis-/Ágios-Charalámbos-Kirche (geöffnet tgl. 18.00 – 19.00 Uhr), deren Vorhof mit einem Kieselsteinmosaik mit der Darstellung eines nach Osten fliegenden Adlers geschmückt ist. Sie verwahrt Ikonen der alten Inselhauptstadt Paläa Chora, darunter die kostbare silberverkleidete Ikone der Panagía Portiania.

Agía Triada

Die Agía-Triada-Kirche (in der Nähe des Busbahnhofs), im 13. Jh. erbaut und im 17. Jh. umgestaltet, verfügt über drei Schiffe, auf denen noch eine Quertonne aufgesetzt ist. Hinzu kommt ein zweistöckiger Arkadenglockenturm. Im Hof findet sich ein schönes Kieselsteinmosaik aus dem Jahr 1937 von dem milischen Künstler Jagos Kavroudakis mit allegorischen Darstellungen. Die einzigartigen Ikonen im Innern, die von den Kretern aus ihrer Heimat mitgebracht wurden, stammen teilweise aus der Schule des kretischen Malers Emmanouil Skordilis.

Mílos (Pláka)

Ortsbild

Der 7 km nordwestlich von Adámas gelegene Inselhauptort Mílos (900 Einw.) präsentiert sich dem Betrachter in traditioneller Kykladenarchitektur: weiße Häuser mit blauen Türen und Fensterrahmen sowie enge, verwinkelte Gassen. Er ist mit den umgebenden Orten Tripití, Plakes, Triovassálos und Péra Triovassálos fast zusammengewachsen.

Korfiatissa

Wenn man von der Bushaltestelle in den Ort geht, kommt man zur Hauptkirche Korfiatissa ('Maria auf dem Gipfel') aus dem 19. Jh., die kostbare Ikonen, sehenswerte Altartrennwände und ein vergoldetes, geschnitztes Epithaph aus Smyrna (um 1600) enthält. Von der Kirche kann man einen herrlichen Ausblick genießen.

Historisches Volkskundemuseum

Bei der Kirche befindet sich das Historisches Volkskundemuseum (geöffnet Di. – Sa. 10.00 – 14.00 und 18.00 – 21.00, So. 10.00 – 14.00 Uhr), in dem neben Exponaten zur Alltagskultur auch eine original eingerichtete Küche und eine Webstube gezeigt werden. Es gibt einen guten Einblick in das Leben der Menschen früherer Zeiten.

Archäologisches Museum

Im Archäologischen Museum (geöffnet Di. – So. 8.30 – 15.00 Uhr) im unteren Ortsbereich sind Funde aus allen Epochen ausgestellt, und zwar Obsidianwerkzeuge, kykladische Idole, Figuren, Gefäße, Keramik, Inschriften und Grabstelen. Bemerkenswert ist die 45 cm große 'Lady of Phylakopí', eine bemalte Tonfigur aus mykenischer Zeit. Außerdem findet sich hier eine Nachbildung der weltberühmten Venus von Milo (→ *Baedeker Special*), deren Original im Louvre in Paris steht.

Kastro

Oberhalb der Pláka, auf einem 280 m hohen Basaltkegel lag einst das venezianische Kastro (13. Jh.), von dem nicht mehr allzuviel erhalten ist. Später wurden hier Zisternen gebaut. Auf der Spitze steht die Kapelle Méssa Panagía ('Innere Muttergottes'), die eine legendäre Marienikone verwahrt.
Auf halbem Weg zum Kastro steht die Kirche Thallassitra, die im Innern mit schönen Ikonen geschmückt ist.
Von der Burg und der Kirche bietet sich ein wunderbarer Ausblick, vor allem bei Sonnenuntergang.

Weitere Sehenswürdigkeiten auf Mílos

*Katakomben

Die aus dem 3. Jh. stammenden Katakomben bei Tripití (der Weg hierhin ist von der Pláka ausgeschildert; geöffnet tgl. 8.00 – 20.00 Uhr) gehören zu den bedeutendsten von Griechenland. Die Tuffhänge hinunter nach Klíma weisen viele natürliche Höhlen auf. Die Katakomben wurden als Lagerräume und Ställe benutzt, bis im Jahr 1840 deutsche Archäologen sie entdeckten.

Katakomben (Fortsetzung)

Es handelt sich um drei Höhlen mit fünf Gängen mit knapp 200 m Länge. Die 291 Gräber sind in die Seitenwände und den Boden eingelassen. Sie waren einst mit Steinplatten verschlossen, die jedoch nicht mehr vorhanden sind. Die Bodengräber hat man zugeschüttet, damit die Besucher darüberlaufen können.

Antikes Mílos

Ganz in der Nähe der Katakomben finden sich die Überreste der antiken Stadt Mílos, die von der Dorern in 1. Jt. v. Chr. gegründet worden war. Erhalten sind Säulen, eine Mauer aus dunklem Gestein und sieben marmorne Sitzreihen eines römischen Theaters, in dessen Nähe die weltberühmte Venus von Milo (→ *Baedeker Special* S. 92) entdeckt wurde.

Das römische Theater des antiken Mílos

Klíma (Κλίμα; s. Abb. S. 93)

Vom Hang führt ein Pfad hinunter in die reizende Sommersiedlung Klíma. Eng aneinander stehen die weißen Flachdachhäuser, in deren Untergeschossen die Boote untergebracht sind.

Fylakopí (Φυλακοπή)

Die alte kykladische Siedlung, deren Name unbekannt ist, liegt an der Straße nach Pollónia. Entdeckt wurde sie Ende des letzten Jahrhunderts von britischen Archäologen. Die Ausgrabungen ergaben, daß mehrere Siedlungen übereinander angelegt worden waren. In dem überwucherten Gelände ist heute nicht mehr viel zu sehen.

Die Archäologen legten drei Siedlungen frei, die die Zeit von 2300 bis 1100 v. Chr. umfassen. In der ältesten Siedlung wurden einfache Häuser ausgegraben, wobei Werkzeuge aus Obsidian und Keramik zum Vorschein kamen. Nach der Zerstörung dieser Siedlung baute man um 2000 v. Chr. eine neue Stadt, die man mit einer mächtigen Mauer umgeben wurde. Die Häuser dieser Stadt waren mit Wandmalereien, die Lilien, geflügelte Fische und Seeschwalben als Motive zeigen, geschmückt, die unverkennbar minoi-

Schönheit aus Marmor

Venus von Milo

Erstaunt blickte der Bauer Georgios Kentrotas auf die weißschimmernden Teile eines Marmorkörpers, die er am 8. April 1820 beim Pflügen seines steinigen Ackers unterhalb des Orts Tripíti auf der Insel Mílos entdeckte. Nach und nach legte er schließlich eine in zwei Teile geborstene Marmorfigur mit abgebrochenen Armen frei, die in der linken Hand einen Apfel hielt. Ohne Zweifel handelte es sich um die lebensgroße Statue der Göttin der Schönheit, bei den Griechen Aphrodite und bei den Römern Venus genannt. Der Bauer erzählte natürlich von seinem Fund und weckte gleich die Aufmerksamkeit der auf der Insel weilenden Franzosen. Der archäologisch interessierte Kadett Olivier Voutier fertigte sofort eine Zeichnung an, und der Offizier Dumont d' Urville informierte den französischen Konsul. Dieser leitete die Nachricht über den spektakulären Fund an den französischen Botschafter, Marquis de Rivière, in Konstantinopel weiter und alle waren sich einig, die marmorne Venus für Frankreich zu erwerben. Ohne viel Aufhebens wurde man rasch mit dem Bauer Georgios handelseinig. Doch als der Botschaftssekretär Comte de Marcellus am 23. Mai 1820 in Mílos eintraf, um die Venus abzuholen, mußte er feststellen, daß zwischenzeitlich die türkischen Herren der Insel das bessere Geschäft gemacht hatten und gerade im Begriff waren, die Göttin der Schönheit auf ein Schiff zu verladen als Geschenk an einen Prinzen in Konstantinopel. Marcellus intervenierte auf der Stelle, pochte auf seinen Vertrag mit Bauer Georgios und erreichte schließlich, daß die Figur gegen einen gehörigen Aufpreis in französischen Besitz überging, allerdings ohne Arme, denn die waren im Gerangel verloren gegangen und sind bis heute verschollen. Nachdem der franzöische Botschafter beschlossen hatte, die liebreizende Göttin seinem König Ludwig VIII. zum Geschenk zu machen, traf die Venus von Milo im Februar 1821 in Paris ein, wo sie ihre endgültige Aufstellung im Louvre fand.

In ihrer schlanken Gestalt mit vom Gewand umspielten langen Beinen, dem nackten Oberkörper mit vollen Brüsten, schmalen Schultern und zierlichem Kopf mit gescheiteltem Haar verkörpert die Venus von Milo das Schönheitsideal späthellenistischer Zeit, das auch die Römer besonders schätzten, denn die rund zwei Meter hohe Statue aus parischem Marmor wurde um 120 v. Chr. geschaffen, als die griechische Welt längst von Rom aus regiert wurde. Aus der Formstrenge, Geschlossenheit und Feinlinigkeit der klassischen Skulptur mit ausgewogener Stand- und Spielbeinstellung hatte sich seit der zweiten Hälfte des 4. Jh.s v. Chr. mehr und mehr eine spiralförmige Drehung des Körpers entwickelt mit gegenläufigen Bewegungen und schroffen Kontrasten von Körper und Gewand, die der Figur mehr Pathos verliehen. Zudem waren die antiken Marmorskulpturen farbig gefaßt, um die menschlichen Züge und den Eindruck der Lebendigkeit noch zu verstärken. Die Venus ist nicht aus einem einzigen Marmorblock gemeißelt, beide Arme und der linke Fuß sind angesetzt worden. Über die urprüngliche Armhaltung wird nach wie vor gerätselt, wahrscheinlich war der linke Arm erhoben und der rechte lag schräg an der Körpermitte. Da die Rückseite der Venusfigur unvollständig ausgearbeitet blieb, war wohl an eine Nischenaufstellung gedacht worden. Heute steht die Statue frei im Antikensaal des Louvre, täglich umlagert von Tausenden von Besuchern, die der Göttin der ewigen Schönheit huldigen.

Klíma: In den Untergeschossen der Häuser sind Boote untergebracht.

schen Einfluß zeigen. Dieselben Motiven kommen auf der Keramik vor. Der Wiederaufbau der darauffolgenden, mykenisch beeinflußten Stadt begann ab etwa 1500 v. Chr., die um 1100 v. Chr. im Zug der dorischen Einwanderung zerfiel. Sie war von einem doppelten Mauerring umgeben. Man entdeckte ein Herrschaftshaus (Megaron), in dessen Hauptraum sich eine zentrale Feuerstelle befand.

Fylakopí (Fortsetzung)

Hauptattraktion des 2 km nordöstlich von Fylakopí gelegenen modernen Orts Apollónia (200 Einw.) ist der von Tamarisken beschattete Sandstrand.

Apollónia (Απολλώνια)

Von Apollónia werden Bootsausflüge zur Insel Kímolos und zu den vorgelagerten, kleinen Glaroníssi-Inseln, der wichtigsten, geologischen Sehenswürdigkeit von Mílos, angeboten. Diese Vulkaninseln beeindrucken durch ihre steil aufragenden, hohen Basaltsäulen und tiefen Höhlen.

Glaroníssi

In Voúdia, 4 km südlich von Apollónia, befindet sich die Verarbeitungs- und Verladestation der Silver and Baryt Mining Company, wo Perlit, Bentonit, Kaolin und Baryt verarbeitet werden.

Voúdia (Βούδια)

Zefyría, 5 km südöstlich von Adámas, war der Standort der mittelalterlichen, vierhundertjährigen Inselhauptstadt Palaia Chóra, die nach einem Erdbeben im 18. Jh. und infolge einer Epidemie verlassen wurde. Bei der Wiederbesiedlung verwendete man als Baumaterial Steine von den Gebäuden der alten Hauptstadt.

Zefyría/ Palaia Chóra

4 km weiter südlich findet der Badefreund den schönen Sand-/Kiesstrand von Paliochóri, eingerahmt von hohen Felswänden. Im westlichen Teil treten warme Schwefelquellen zutage. Am Strand gibt es eine Taverne, in der man frischen Fisch essen kann; zum Übernachten stehen Privatzimmer zur Verfügung. In der Paliochóri-Bucht wurden antike Gräber aufgedeckt.

Strand von Paliochóri

Mílos (Fortsetzung)
Alikí

Fährt man von Adámas entlang des Órmos Mílou, kommt man kurz nach der Abzweigung nach Zefyría an den Salzgewinnungsanlagen von Alikí vorbei. Bei diesem Ort liegt eine Höhle, deren warmes Wasser heilkräftige Wirkung haben soll.

Strand von Chivadolímni

Nach einigen Kilometern weiterer Fahrt an der Bucht entlang gelangt der Besucher zum schönen Strand von Chivadolímni, beschattet von Wacholder und Tamarisken. Der 1 km lange Sandstrand fällt sacht ins Meer ab, so daß er besonders für Familien mit kleinen Kindern geeignet ist.

Agía Marína

Westlich vom Strand führt die Straße hinauf zur Kapelle Agía Marína, die von dem einstigen Kloster übrigblieb. Von hier hat man einen schönen Ausblick.

Garten Deliyanakis

Neben der Kirche breitet sich der einst berühmte Garten Deliyanakis (sporadisch geöffnet) aus, der heute allerdings verwildert ist. In dem 'verwunschenen' Garten wachsen Orangen-, Zitronen- und Olivenbäume; zudem breitet sich ein Seerosenteich aus.

Mýkonos C/D 7/8

Neugriechisch

Μύκονος

Fläche: 85 km²
Höhe: 0–372 m ü. d. M.
Bewohnerzahl: 6800
Hauptort: Mýkonos (Chóra)

Lage

Die kahle, buchtenreiche Felseninsel Mýkonos, südöstlich von Tínos und nördlich von Páros und Náxos gelegen, war einst einer der wichtigsten

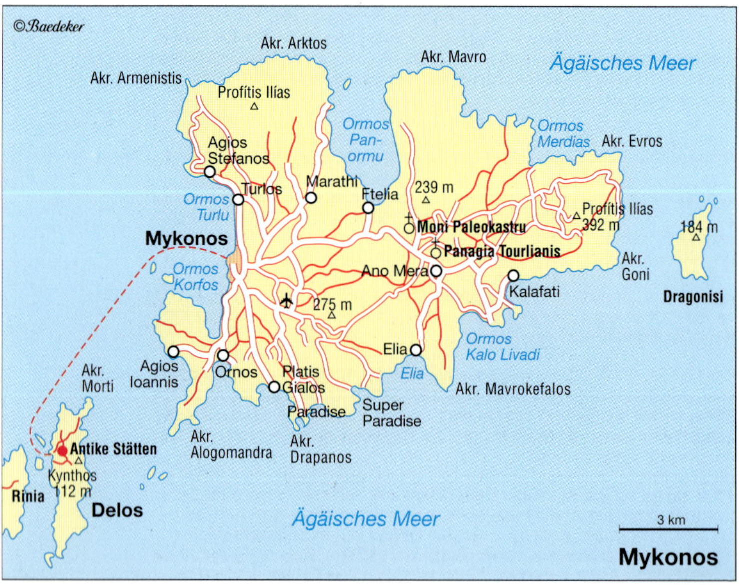

Handeslplätze in der westlichen Ägäis. Sie ist von zahlreichen kleinen, unbewohnten Inseln umgeben, die früher als Weideland für das Vieh dienten.

Lage (Fortsetzung)

Allgemeines

Heute ist Mýkonos eine der vom Fremdenverkehr am meisten frequentierten griechischen Inseln, die vor allem wegen ihrer guten Badestrände von hauptsächlich jüngeren Leuten besucht wird. Es ist für Urlauber geeignet, die tagsüber Sonne und Meer genießen und sich abends in den vielen Restaurants, Diskotheken und Bars amüsieren wollen. Urlauber, die Ruhe und Erholung suchen, sollten sich lieber eine andere Insel aussuchen.
Eine weitere Hauptattraktion von Mýkonos ist die traditionelle Inselarchitektur, die mit ihren weißen Häusern, die blaue und rostrote Fenster und Türen aufweisen, und den mit Natursteinen belegten engen Gassen mit weißen Fugen ein zauberhaftes Bild abgibt. Mýkonos verfügt über ein großes Angebot an Übernachtungsmöglichkeiten aller Art, vom einfachen Privatzimmer bis Hotels der gehobenen Kategorie.
Diese prototypische Kykladeninsel bietet außer den landschaftlichen Reizen nur wenige kulturhistorische Sehenswürdigkeiten, bildet aber den 'klassischen' Ausgangspunkt für den Besuch der Nachbarinsel Délos mit ihren bedeutenden archäologischen Stätten.

Landschaftsbild

Mýkonos ist eine kahle, unfruchtbare Felseninsel mit wenigen Erhebungen. Die höchsten Gipfel sind der Prophítis Ilías Voriótis (372 m ü. d. M.) und der Prophítis Ilías Anomerítis (351 m ü. d. M.). Die Küste ist abwechslungsreich mit ihren vielen kleinen und großen Buchten. Im Süden erstrecken sich viele windgeschützte Sandstrände. Wegen der Bodenbeschaffenheit und des Nordwindes Meltemi – Mýkonos ist eines der windigsten Gebiete Griechenlands – hat die Insel nur spärliche Vegetation und fast keine Bäume.

Xerolithies

Zahlreiche, kunstvoll aufgeschichtete Trockenmauern (Xerolithies), die teilweise weiß gekalkt sind, durchziehen als Erosionsschutz die Landschaft. Die oberste Steinlage ist satteldachartig gestaltet, um das Regenwasser schneller abfließen zu lassen.

Mythos

Dem Mythos nach erhielt die Insel ihren Namen von Mýkonos, dem Sohn des Halbgottes Anios, der wiederum ein Sohn von Apollon und der Nymphe Roia ist. Einem anderen Mythos zufolge hat Herakles die Körper der besiegten Giganten über Mýkonos verstreut, wo sie versteinerten – eine Erklärung für die felsige Beschaffenheit der Insel.

Geschichte

Die ersten Bewohner der Insel waren vermutlich die Karer. Danach kamen die Ägypter, Phöniker, Kreter und schließlich die Ionier. Im Anschluß an die Perserkriege und die vernichtende Niederlage der Perser (478 v. Chr.) entstand der erste Attisch-Delische Seebund mit Sitz auf Délos, wo man auch die gemeinsame Bundeskasse aufbewahrte. Mýkonos wurde Mitglied des Bundes; sein Beitrag war niedrig – ein Hinweis auf die Armut der Insel. Es stand unter dem Einfluß von Délos, das als Zentrum des Apollon-Kults in der griechischen Antike eine wichtige Machtposition innehatte. Die Mykonioten verehrten auch andere Götter, so Dionysos, den Gott des Weins und der Fruchtbarkeit, Dimitra, die Göttin des Ackerbaus, und Poseidon, den Gott des Meeres. Alle drei sind Naturgottheiten, die die enge Verbindung der Menschen mit der Natur und deren Erzeugnissen zeigen. Im 2. Jh. v. Chr. übernahm das Römische Reich die Vorherrschaft im östlichen Mittelmeer und eroberte auch Mýkonos und Délos. Beide Inseln wurden zu Freihäfen erklärt und prosperierten. Nach der Zerstörung durch Mithridates 88 v. Chr. versank Mýkonos in Bedeutungslosigkeit und erlebte einen wirtschaftlichen Niedergang. Während der Herrschaft der Byzantiner gehörte es zunächst zur Provinz Achäa und wurde später Teil eines separaten Inselbezirks. Nach dem Sieg der Venezianer über Byzanz regierte von 1207 bis 1390 die venezianische Familie der Ghisi über die Insel. Anschließend unterstand Mýkonos direkt Venedig, bis es 1537 der osmanische General Chaireddin Barbarossa (→ Berühmte Persönlichkeiten) eroberte. Die Türken beherrschten die Insel schließlich drei Jahrhunderte lang, wobei sie aber weitgehende Autonomie bewahrte. So konnten sich die Mykonioten

Geschichte (Fortsetzung)

seit Beginn des 17. Jh.s einen eigenen Gemeinderat wählen, der Gerichtssitzungen abhielt, über die Wirtschaftslage beriet und Steuern für den Kapudan Pascha eintrieb, dem als oberster Gerichtsherr allerdings die letzte Entscheidung zustand. In jenen Jahren erfuhr Mykonos beachtlichen Aufschwung in der Schiffahrt und im Handel. So konnte sich die Insel 1821 am griechischen Freiheitskampf mit einem großen Flottenkontingent beteiligen. Die überragendste Freiheitskämpferin war Manto Mavrogénous (→ Berühmte Persönlichkeiten). Nachdem Mýkonos zum Königreich Griechenland gekommen war, erholte es sich rasch, indem es sich auf die traditionellen Stützpfeiler seiner Wirtschaft, den Handel sowie Schiffahrt und -bau, stützte. Die wirtschaftliche Blüte war allerdings nur von kurzer Dauer und wurde mit der Entwicklung der Dampfschiffahrt zunichte gemacht. Eine große Auswanderungswelle war die Folge. Die wenigen verbliebenen Mykonioten machten wieder von sich reden, als sie während des Zweiten Weltkriegs am Kampf gegen den Faschismus teilnahmen, indem sie Informations- und Kurierdienste leisteten.

Wirtschaft

Durch den Nordwind Meltemi, der in diesem Teil der Ägäis besonders stark weht, und den Wassermangel kann der Boden nur an wenigen Stellen der Insel kultiviert werden. Wegen dieser natürlichen Gegebenheiten arbeiteten die Bewohner früher in der Schiffahrt und -bau sowie in der Fischerei. Auch die Brotbäckerei hatte eine gewissen wirtschafltiche Bedeutung, wie auch die erhaltenen Windmühlen belegen.
Heute werden Wein angebaut und in geringem Umfang Obstbau betrieben. Die Ernte ist dementsprechend klein und reicht nicht zur Ernährung der Insel, so daß fast alle Frischprodukte eingeführt werden müssen. Wie früher werden Rinder und Schweine gezüchtet. In der Fischerei finden immer weniger Menschen Beschäftigung.
Die Insel verfügt über reiche Blei-, Silber- und Bariumsulfatvorkommen, die wirtschaftlich allerdings kaum genutzt werden.
Der aufblühende Tourismus hat in den letzten Jahrzehnten große Veränderungen mit sich gebracht. Die Bewohner sind nun überwiegend im Fremdenverkehr beschäftigt und betreiben Hotels, Restaurants und Reisebüros. Das Arbeitsplatzangebot ist so groß, daß sogar viele Auswanderer zurückkehren. Der Tourismus wurde zum wichtigsten Erwerbszeig der Insel und führte zu einem relativ hohen Lebensstandard. Alljährlich werden um die 700 000 Übernachtungen gezählt. Um die Bedürfnisse der vielen Gäste zu befriedigen, lebten auch die Landwirtschaft sowie der Wein- und Obstanbau wieder auf. Probleme bereitet der hohe Wasserverbrauch durch die Gäste; zur Deckung des Bedarfs wurde im Südwesten der Insel eine Meerwasserentsalzungsanlage gebaut. Die ehemals arme Insel war das erste weltweit bekannte Tourismuszentrum der Kykladen. Auch heute noch behauptet Mýkonos den ersten Platz unter den Ferieninseln der Ägäis.

Gastronomie

Auf Mýkonos gibt es eine große Anzahl von Tavernen und Restaurants in unterschiedlichen Preis- und Güteklassen. Keine andere Kykladeninsel bietet eine derart vielseitige Küche. Man findet internationale und griechische Gerichte mit insgesamt hohem Standard. Fast-Food-Lokale sind vor allem bei jungen Leuten beliebt.
Mýkonos ist besonders für seine schmackhaften hausgemachten Wurstwaren bekannt. Sie werden aus Schweinefleisch mit verschiedenen Gewürzen und einheimischen Kräutern hergestellt, z. B. 'louzes', luftgetrocknete, kräftig gewürzte Schweinswürste. 'Koanistí' ist ein einheimischer, weicher, leicht salziger Käse. Typisch für die Insel ist zudem das Mandelgebäck 'amygdalota'.

Mýkonos (Chóra)

**Altstadt

Mýkonos (6800 Einw.), ein typisches Beispiel für die Kykladenarchitektur, ist einer der schönsten Orte der Inselgruppe und gilt als Perle der Ägäis. Die weißen kubischen Häuser breiten sich um die Hafenbucht aus und zie-

Das im Kykladenstil erbaute Mýkonos ist eines der schönsten Dörfer der Inselgruppe.

Mýkonos (Chóra) Altstadt (Fortsetzung)

hen sich seitlich den Hügel hoch. Im südwestlichen Teil wird das Ortsbild von einigen alten Windmühlen geprägt.
Einen wunderschönen Anblick bieten die schmalen Gassen, mit weiß gefugten Natursteinplatten belegt, und die reizenden Häuser, deren Weiß mit dem kräftigen Blau und Rostrot der Fenster, Türen und Treppengeländer einen zauberhaften Konstrast bildet. Um diesen Anblick in Ruhe genießen zu können, sollte man morgens oder zur Siesta-Zeit den Ort besuchen, dann entdeckt man auch noch kleine, stille Winkel.
Am Abend ist die Chóra nämlich voller Leben und Treiben; sie ist mit einer unübersehbaren Zahl von Geschäften sowie Bars und Tavernen ganz auf den Tourismus eingestellt. Häufig legen hier Kreufahrtschiffe an, deren Teilnehmer ebenfalls einen Stadtbummel in der Chóra machen.

Der König von Mýkonos

Hier im Ortskern residiert seit vielen Jahren der König von Mýkonos, der Pelikan Petros II., mit seiner Gattin Irene, der Witwe des ersten Petros. Dieser segnete nach mehr als dreißigjähriger unumschränkter Herrschaft über den Hafen nach einem Autounfall das Zeitliche und kam natürlich in den Pelikanhimmel, während seine sterbliche Hülle in ausgestopftem Zustand von den Besuchern des Volkskundemuseums beehrt wird. Seine Majestät Petros II. verbittet sich übrigens jegliche Berührungen.

*Marinemuseum

Bei den Tría Pigádia, den 'drei Brunnen', die bis 1956 der Wasserversorgung dienten, befindet sich das sehr schöne Marinemuseum (geöffnet tgl. 10.30–13.00 und 18.30–21.00 Uhr), das 1985 in einem Kapitänshaus eingerichtet wurde. Es enthält detaillierte Schiffsmodelle von der minoischen Periode bis in die Neuzeit, alte Stiche, Landkarten und nautische Instrumente, zudem Gewichte und Münzen.
Sehr hübsch ist auch der angeschlossene gepflegte, üppig grüne Garten – eine ruhige Oase zwischen den Häusern. Hier wurde das ganze Leuchtwerk eines Leuchtturms aufgestellt, der 1890 am Kap Armenisti im Norden

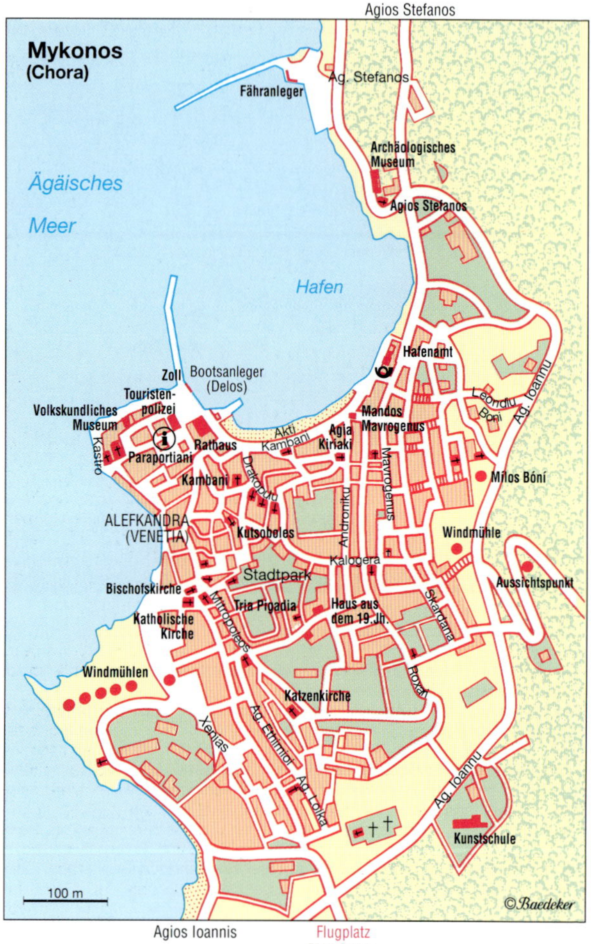

Mýkonos (Chóra)
Marinemuseum
(Fortsetzung)

der Insel errichtet worden war. Zudem sind Kopien von Seemannsgrabsteinen zu sehen.

Haus der Lena

Gleich nebenan steht das Haus der Lena (geöffnet Mo.–Sa. 18.00–21.00, So. 19.00–21.00 Uhr), ein einstöckiges Bürgerhaus des 19. Jh.s, möbliert und dekoriert im Stil der Epoche.

Hafenbereich

Im Zentrum des Orts liegt der Mánto-Mavroyenoús-Platz, benannt nach der Freiheitskämpferin Mánto Mavroyenoús (→ Berühmte Persönlichkeiten), für die hier eine Büste aufgestellt ist.
Folgt man der Hafenpromenade mit mehrstöckigen Gebäuden südwestlich, erkennt man das Rathaus, das sich durch sein rotes Ziegeldach von den anderen Gebäuden abhebt. Ein russischer Konsul ließ es Ende des 18. Jh.s errichten.

Eine ungewöhnliche asymmetrische Form hat die Paraportianí-Kirche.

Mýkonos (Chóra) (Fortsetzung)
Kastro

Auf der Halbinsel südlich der Hafenbucht liegt das Kastro, das älteste, noch bewohnte Viertel von Mýkonos, wo im Mittelalter das veneziansiche Kastell stand.

*Paraportianí

Die größte Sehenswürdigkeit hier ist die schneeweiße Kirche Paraportianí ('Bei der Pforte'), deren Name sich auf den Standort zwischen dem Meer und einer Pforte des ehemaligen Kastells bezieht. Ihre ungewöhnliche asymmetrische harmonische Form ist einmalig in Griechenland. Es handelt sich um einen Komplex von fünf Kirchen, die zu verschiedenen Zeiten neben- und übereinander entstanden. Der älteste Bau soll der Überlieferung nach um 1500 errichtet, aber die Kirche in ihrer heutigen Form erst im 17. Jh. fertiggestellt worden sein. Die zweigeschossige Anlage umfaßt im Erdgeschoß eine niedrige Kapelle mit drei tonnengewölbten Nebenkapellen sowie einigen anderen später hinzugefügten kleineren Anbauten und im Obergeschoß eine Kuppelhalle. Die Innenräume sind schlicht und weisen nur wenigen, aber eindrucksvollen Schmuck und ausdrucksstarke Ikonen auf.

Als Schutzpatronin der Insel wird die Muttergottes Paraportianí auf vielfältige Weise verehrt, so an Mariä Himmelfahrt im August und Mariä Verkündigung im November, an denen viele Wallfahrer hierherkommen.

Volkskundemuseum

Schräg gegenüber der Kirche befindet sich das Volkskundemuseum (geöffnet Mo.–Sa. 17.30–20.30, So. 18.30–20.30 Uhr) in einem alten Kapitänshaus, das eine Sammlung verschiedenster Ausstellungsstücke enthält. So sind alter Hausrat, z. B. eine Teller- und Schlüsselsammlung, Webwaren, Stickereien, Gegenstände aus Keramik, Votivplättchen und Bilder aller Art zu sehen. Beim Eingang befindet sich der ausgestopfte Pelikan Petros I., der über 30 Jahre als eine Art lebendes Wahrzeichen am Hafen von Mýkonos lebte. Zudem wurden in dem Museum eine traditionelle Küche sowie Schlaf- und Wohnraum eingerichtet.

Im Untergeschoß kann man mit akustischen Begleitung des von außen eindringenden Meeresrauschens Schiffe als Originale und Modelle, nautische Instrumente und Geschütze aus der Zeit der Freiheitskriege besichtigen.

Im malerischen Alefkándra-Viertel

Mýkonos (Chóra) (Fortsetzung)
*__Alefkándra/ 'Klein-Venedig'__

Südlich der Paraportianí-Kirche schließt sich das Alefkándra, 'Klein-Venedig' genannt, an, ein malerisches Viertel von eng aneinandergebauten, zwei- und dreistöckigen Häusern. Der Name Alefkándra geht auf das griechische Wort für 'Bleiche' zurück, denn früher haben die Frauen an dem kleinen Strand hier ihre Wäsche gebleicht. Die Häuser wurden seit der Mitte des 18. Jh.s von reichen Händlern und Kapitänen direkt ans felsige Ufer gebaut sowie mit Holzbalkonen und -erkern versehen, von denen die unteren mit Holzbalken gestützt sind. Sie sind mit dem Meer durch eine kleine Tür verbunden. Der Grund, warum die Kapitäne gerade hier und in dieser Art ihre Häuser gebaut haben, liegt wohl darin, daß sie sich an Piraterie beteiligten. Sie hatten damit direkten Zugang zum Meer und konnten ihr Raubgut heimlich durch die Tür an der Seeseite in ihre Keller schaffen.
'Klein-Venedig' ist ein sehr hübscher Platz, um den Sonnenuntergang zu genießen; allerdings schrecken die Cafés und Tavernen hier mit überzogenen Preisen ab. In dem Viertel befinden sich zwei wichtige Kirchen: die Kathedrale Theotókos Pigadiotissa und die Panagía I Rodarioú, die einzige katholische Kirche der Insel, die eine berühmte Ikone des 18. Jh.s venezianischer Herkunft besitzt.

Kato Myli

Auf dem Kato Myli, dem 'unteren Mühlenberg', stehen einige nicht mehr funktionsfähige Windmühlen - Wahrzeichen der Insel. Früher muß es auf Mýkonos 15 Windmühlen gegeben haben, die zum Mahlen von Getreide genutzt wurden. Dazu herrschen auf der Insel bei mehr als 200 Wind-Tagen im Jahr ideale Bedingungen. Da die Müller nicht mit Geld, sondern mit Ware bezahlt wurden, blieb ein Teil des Mehls auf der Insel und wurde in der Chóra zu Zwieback und Brot verbacken. So legten Boote und Schiffe auf der Insel an, um sich mit Backwaren zu versorgen – eine gute Erwerbsquelle für die Mykonioten zu Beginn des 19. Jh.s.

*Archäologisches Museum

Das Archäologische Museum (geöffnet Di.–So. 8.30–15.00 Uhr), das in einer neoklassizistischen Villa beim Fähranleger im Norden des Orts unter-

Mýkonos (Chóra) Archäologisches Museum (Fortsetzung)

gebracht ist, enthält bedeutende Funde aus der Nekropole von der Insel Rheneia, die den Deliern nach der ersten und zweiten Katharsis als Friedhof diente. Mittelpunkt und Prunkstück der Sammlung ist eine 1,34 m große reliefierte Halsamphore (7. Jh. v. Chr.) mit der Darstellung des Trojanischen Kriegs, darunter auch des Trojanischen Pferdes. Sie war ein Symbol für das Totenopfer, das die Angehörigen dem Verstorbenen zu einer festgelegten Zeit bringen mußten. Hervorzuheben sind außerdem Prunkvasen (6. Jh. v. Chr.) aus Mílos, reichverzierte Amphoren in geometrischem Stil (8. Jh. v. Chr.), weißgrundige attische Lekythoi (Ölkannen) aus dem 5. Jh. v. Chr., das Tertia-Horaria-Grabmonument (2. Jh. v. Chr.), das Lebes (bauchiges Vorratsgefäß) des Syriskos-Malers (5. Jh. v. Chr.), hellenistische Stelen und herrliche rot- und schwarzfigurige Keramikvasen aus der klassischen Zeit. Darüber hinaus werden Statuen, Grabplatten, Grabbeigaben, Inschriften, Bronzegefäße und -gerätschaften sowie hellenistische und römische Skulpturen gezeigt.

Strände auf Mýkonos*

Die zweite Hauptattraktion der Insel sind neben Mýkonos-Stadt die schönen Sandstrände.

Westküste

An der Westküste, die durch eine Asphaltstraße erschlossen ist, sind die Strände mit Hotels und Pensionen versehen.

Toúrlos-Bucht

Die Toúrlos-Bucht bietet einen langen Sandstrand. Hier ankern die Kreuzfahrtschiffe, die im Hafen von Mýkonos-Stadt wegen des Ansturms keinen Platz mehr finden.

Ágios Stéfanos

Weiter nördlich breitet sich der mehr als 200 lange Sandstrand von Ágios Stéfanos aus, wo verschiedene Arten von Wasserport möglich sind. Auch für das leibliche Wohl ist hier gesorgt.

Megáli Ámmos

Südlich von Mýkonos-Stadt – von hier zu Fuß in 15 Min. zu erreichen – liegt direkt an der Straße der helle Sandstrand Megáli Ámmos.

Ornós

Noch weiter südlich findet sich der 300 lange, grobsandige Ornós-Strand, an dem viele Hotels entstanden sind.

Ágios Ioánnis

Auf der sich westlich anschließenden Halbinsel kann man am hellen Sandstrand Ágios Ioánnis mit der gleichnamigen Kapelle baden.

Südküste

Platís Gialós

Ständiger Busverkehr besteht zwischen Mýkonos-Stadt und dem sehr gut erschlossenen Platís-Gialós-Strand mit mehreren Hotels und Tavernen. Liegen und Sonnenschirme gibt es gegen Gebühr. Da der Strand flach ins Meer abfällt, ist er besonders gut für Familien mit Kindern geeignet.

Psaróu

In der westlich angrenzenden Bucht liegt der 200 m lange hübsche Sandstrand Psaróu mit Hotels. Für Wassersportfreunde gibt es Tretbootverleih sowie Surf- und Tauchschule.

Parangá

Vom Platís-Gialós-Strand führt ein Fußweg etwas oberhalb der Küste in östlicher Richtung vorbei am Parangá- und Paradise-Strand zum Super-Paradise-Strand. An diesem Weg liegt zunächst der sehr hübsche, 200 m lange, von Felsen gerahmte Parangá-Sandstrand, eine ruhigere Alternative zum Platís-Gialós- und Paradise-Strand. Hier ist Klippenbaden möglich. Es gibt Liegen- und Sonnenschirmverleih und für das leibliche Wohl einige Tavernen. Zudem wurde ein Campingplatz eingerichtet.

Paradise

Zu dem weiter östlich gelegenen Paradise-Strand (Kalamopódi) besteht eine regelmäßige Busverbindung von Mýkonos-Stadt. Es ist ein 400 m langer, sehr stark besuchter Sandstrand, wo Möglichkeiten zum Wassersport geboten werden. In den Tavernen und Bars wird dem jungen Publikum entprechende Musik gespielt. Außerdem kann man hier einkaufen.

*Super Paradise/ Plindrí

Beim Super-Paradise-(Plindrí-)Strand handelt sich um eine sehr schöne, tief eingeschnittene Badebucht mit knapp 200 m langem Sandstrand. Hier gibt es einen Kanuverleih und Tavernen.

Elía

An der Südküste findet sich weiter östlich noch der 500 m lange, sehr schöne Sandstrand Elía, den man ebenfalls mit dem Bus von Mýkonos-Stadt erreichen kann. Liegen und Sonnenschirme werden angeboten. Zu den weiteren touristischen Einrichtungen gehören Tavernen.

Paradise ist ein bei jungen Leuten beliebter, stark besuchter Sandstrand.

Südostküste
Kaló Livádi

An der Südostküste liegt der Kaló Livádi, ein schöner heller Sandstrand, der allerdings wenig Schatten bietet.

Agía Ánna

Der 150 m lange Sand-/Kiesstrand Agía Ánna, weiter östlich im Windschatten des Dimasto-Kaps gelegen, bietet Liegen- und Sonnenschirmverleih und eignet sich gut zum Schnorcheln.

Kalafáti

Nördlich zieht sich der Kalafáti-Strand eine lange, geschwungene Bucht entlang. Man kann Liegen und Sonnenschirme sowie Kanus und Surfbretter mieten. Hier befindet sich die gepflegte Hotelanlage Afroditi Beach.

Nordküste
Panórmos,
Ftelía

An der Nordküste liegen in einer tief eingeschnittenen Bucht der Panórmos-Strand mit Dünen, ausgestattet mit einer Taverne, und der Sandstrand Ftelía, der ideale Surfbedingungen bietet.

Weitere Sehenswürdigkeiten auf Mýkonos

Áno Méra
(Άνω Μέρα)

6 km östlich der Stadt liegt die Streusiedlung Áno Méra ('Obere Gegenden'; 680 Einw.), wo an der Platía einige Tavernen, eine unter Eukalyptusbäumen, zum Verweilen einladen. Etwas unterhalb der Platía findet der Besucher das festungsartig wirkende Kloster Panagía Tourliani, dessen Glockenturm mit reliefierten Marmorplatten gleich ins Auge fällt. Es soll im 16. Jh. von Mönchen eines parischen Klosters gegründet worden sein; die heutige Gestalt erhielt es im Jahr 1767. In dem stillen Hof steht ein Marmorbrunnen. Die Kirche enthält eine schöne Ikonostase mit silberverkleideten Marienikonen und einen prächtig geschnitzten Bischofsstuhl.

Moní Paleókastro
(Μονή
Παλαιόκαστρου)

Vor dem westlichen Ortseingang von Áno Méra zweigt links ein Weg zum Frauenkloster Paléokastro (17. Jh.) ab, das mit seinen hohen Mauern und der Pechnase über dem Tor ebenfalls festungsartig wirkt. Nur noch eine Nonne lebt heute hier. Man vermutet, daß oberhalb des Klosters einer der antiken Inselorte gelegen hat.

Náxos

E - G 7 - 9

Νάξος

Neugriechisch

Fläche: 448 km²
Höhe: 0 – 1001 m ü. d. M.
Bewohnerzahl: 14 000
Hauptort: Náxos (Chóra)

Lage und Größe

Náxos, östlich von Páros gelegen, ist mit 448 km² die größte Kykladeninsel. Es weist eine Länge von 32 km und eine Breite von bis zu 23 km auf.

Paros

Náxos

*Landschaftsbild

Náxos ist neben Santorin, dessen Gestalt allerdings ganz anders ist, landschaftlich die reizvollste Kykladeninsel. Es ist eine sehr grüne, von Landwirtschaft geprägte Insel. Vor allem die vielen Weinterrassen setzen malerische Akzente ins Landschaftsbild. Unbedingt lohnend ist eine Inselfahrt von Náxos-Stadt über die grüne, fruchtbare Tragea-Hochebene zu dem Fischerort Apóllonas im Norden der Insel, weil man dabei wunderbare Landschaftseindrücke erhält.

Gestalt

Die Insel wird von Norden nach Süden von einem Gebirgsriegel durchzogen, der nach Osten hin steil abfällt, an seiner Westflanke hingegen in ein sanftes, fruchtbares Hügelland und wasserreiche Ebenen übergeht. Dieser Gebirgsriegel erhebt sich im Berg Zas, dem antiken Drios, bis auf 1001 m und wird von zwei Pässen durchschnitten.
Die vorherrschenden Gesteinsarten auf der Insel sind Granit, Schiefer, Marmor und Schmirgel.

Mythologie

Náxos spielt in der Mythologie eine wichtige Rolle. Der Göttervater Zeus wurde auf Kreta geboren, wuchs aber auf Náxos auf, von wo er begann, den heiligen Thron der Götter auf dem Olymp zu erobern.
Besondere Verehrung genoß der Wein- und Rauschgott Dionysos auf der 'Insel des Weins' (→ *Baedeker Special* S. 105).

Geschichte

Zahlreiche Funde belegen das Bestehen einer blühenden Kykladenkultur vom vierten bis zweiten vorchristlichen Jahrtausend. Die erste Besiedlung der Insel fand durch Thraker und Pelasgier statt. Später kamen die Karer mit ihrem Anführer Naxod, nach dem die Insel ihren Namen erhielt. Im ersten Jahrtausend v. Chr. folgten – von Attika kommend – ionische Griechen. Sie begründeten eine bedeutende Kultur und entwickelten sich zu einer wichtigen Seemacht in der Ägäis. Sie gründeten Kolonien, u. a. auf Sizilien, und unterhielten enge Beziehungen zu Santorín und Chalkís. Die Ionier weiteten im 6. Jh. v. Chr. ihre Herrschaft über Páros, Ándros und andere Nachbarinseln aus. Reichtum und Stärke von Náxos, aber auch die kulturelle Hochblüte, insbesondere in der Bildhauerkunst, dokumentierten sich in großzügigen Weihgeschenken für die heilige Insel Delos, so das Haus und die Stoa der Naxier sowie die berühmte Löwenterrasse.
Während des Ersten Attisch-Delischen Seebunds ab 479 v. Chr. mit Athen verbündet, geriet Náxos nach einer mißlungenen Erhebung in dessen Abhängigkeit. Nach der Niederlage der Athener im Peloponnesischen Krieg gegen die Spartaner kam die Insel unter deren Einfluß. Seit 376 v. Chr. gehörte sie dem Zweiten Seebund an. Aus dem Erbe der Makedonier kam die Insel an Ägypten, durch Mark Anton zeitweilig an Rhodos und 41 v. Chr. an das Römische Reich. Das Christentum verbreitete sich früh auf Náxos. Die Gemeinden unterstanden der Kirche von Rhodos, bis die Insel 1083 einen eigenen Bischofssitz bekam. Im Jahr 1207 besetzte der venezianische Edelmann Marco Sanudo die Insel und machte sie zum Mittelpunkt des Herzogtums der Zwölf Inseln des Ägäischen Meeres. Dieses Herzogtum Náxos stand bis 1383 unter der Herrschaft der Familie Sanudo und wurde von 1383 bis 1566 fast zweihundert Jahre lang von der Familie Crispi regiert, wobei es von 1494 bis 1500 und von 1511 bis 1517 in unmittelbarem Besitz von Venedig war. Das Herzogtum stieg zu beträchtlicher Macht und Blüte auf. Im Jahr 1579 kam Náxos nach einem Zwischenspiel unter der Herrschaft des Israeliten Joseph Nasi (1566–1579) zum Osmanischen Reich und geriet von 1770 bis 1774 in russische Verwaltung, konnte sich jedoch eine gewisse Autonomie bewahren. Seit 1821 nahm Náxos am Freiheitskampf der Griechen teil und schloß sich 1830 dem neugegründeten griechischen Königreich an.

Marmor

Schon in der Antike wurde auf Náxos Marmor gebrochen, in der Qualität kam er dem parischen Marmor sehr nahe. Es entwickelte sich hier eine bedeutende Bildhauerkunst.
Man verwendete den Marmor in großer Menge auf der heiligen Insel Délos und in Delphi, sowohl für den Bau von Tempeln und anderen Gebäuden als

Baedeker Special

Der Gott des Weins

Mit Weinlaub umkränztem Haar und süffigem Lächeln war Dionysos als dreizehnterr Gott im Olymp eine ungewöhnliche Erscheinung in der Riege der stattlichen griechischen Götter. Er war stets den sinnenfrohen Seiten des Lebens zugewandt als Herr des Weins und der wilden Liebe, des Rauschs und der Ekstase, umgeben von einem lärmenden Gefolge aus neckischen Satyrn und liebestollen Bacchantinnen. Für sein fröhliches Treiben suchte er sich auch die Insel Náxos aus, wo er den Isulanern beibrachte, wie man vorzüglichen Wein anbaut.
Seinen Aufstieg in den Götterhimmel verdankte Dionysos seinem Vater Zeus, der ihn mit Semele gezeugt hatte. Die eifersüchtige Hera war jeoch ihrem Gatten und seiner Liebschaft auf die Schliche gekommen, verkleidete sich als vertrauenswürdige Amme und redete Semele ein, von ihrem Geliebten zu verlangen, sich in seiner wahren Gestalt zu zeigen. Als Zeus nach langem Zögern ihrem Wunsch nachgab, wurde Semele von seinem strahlenden Glanz verzehrt. Daraufhin nähte der Göttervater den ungeborenen Dionysos in seinen Oberschenkel und trug ihn bis zur Geburt aus. Dann übergab er ihn den Nymphen am Berg Nysa, und später übernahm Silen seine Erziehung.
Zu den zahlreichen Abenteuern des Dionysos zählt auch seine Überfahrt nach Náxos, wobei er in die Hände von Seeräubern geriet. Als sie ihn fesseln wollten, verwandelte er kurzerhand Stricke und Masten in Weinranken und Rebstöcke. Die Piraten stürzten sich erschrocken ins Meer und wurden in Delphine verwandelt. Auf Náxos angekommen, nahm er Ariadne zur Frau, die der Minotauros-Töter Theseus auf der Rückfahrt von Kreta hier zurückgelassen hatte, nachdem sie ihm die Flucht aus dem Labyrinth mit Hilfe eines langen Fadens ermöglicht hatte.
In den antiken Überlieferung kommt Dionysos meist auf einem von Panthern gezogenem Wagen daher oder reitet auf dem Tier selbst, begleitet von gehörnten Silenen, bocksbeinigen Satyrn und spielenden Nymphen. Weitere Anhänger wie Mänaden, Thyaden und Bacchantinnen folgen ihm efeubegrenzt in Rausch und Ekstase durch die Bergwälder.

Die riesigen Phalli auf Délos sind Symbole für den Fruchtbarkeitskult um Dionysos.

Seine ungriechischen orgiastischen Riten trafen zunächst vielfach auf Ablehnung, erst allmählich konnte sich Dionysos Anerkennung verschaffen. Fruchtbarkeitsmythen und Erlösungsgedanken, der Kreislauf des ewigen Werdens und Vergehens, wurden schon früh mit dem Dionysos-Kult in Verbindung gebracht. Auf Náxos und Délos gab es besondere Kultfeiern, bei denen riesige Phalli eine Rolle spielten. Beim rauschhaften Frühlingsfest der Anthesterien fanden u. a. Weinweihen und Wettrinken statt. Die Naxier hatten ihren sinnenfrohen Gott besonders gern, weshalb sie heute noch sagen: "Trinke Wein aus Náxos und du fühlst dich wie ein Gott."

Marmor (Fortsetzung)

auch für die Herstellung von Skulpturen, z. B. für die berühmte Löwenterrasse und das Riesenstandbild des Apollon von Délos. Später zog man jedoch den pentelischen und parischen Marmor vor. Auch heute noch sind auf der Insel einige Marmorbrüche in Betrieb.

Wirtschaft

Náxos ist reich an Wasser; zahlreiche unterirdische Bäche versorgen die Quellen und Brunnen der Insel. Infolgedessen gibt es viel fruchtbaren Boden, vor allem in den Tälern der Westseite der Insel, die systematisch bewirtschaftet werden. Die meisten Naxier sind deshalb in der Landwirtschaft und Viehzucht beschäftigt. Zudem betreiben einige Bewohner Fischfang. Somit ist nicht nur die ausreichende Eigenversorgung mit landwirtschaftlichen Produkten sichergestellt, sondern diese können auch exportiert werden. Zu den Anbauprodukten gehören Kartoffeln, Getreide, Gemüse und Obst – die hiesigen Aprikosen sind besonders schmackhaft –, Oliven und Wein von den berühmten Weinbergen. Trotz dieser günstigen Bedingungen nimmt die Bevölkerungszahl ständig ab.
Außer den Marmorvorkommen (s. o.) befinden sich im Nordosten der Insel reiche Lagerstätten von Schmirgel, ein hartes Mineraliengemisch, das zum Schleifen verwendet wurde.
Eine große Tradition hat auf Náxos die Weberei. Die Naxierinnen stellten Wolldecken, Vorhänge, Tischdecken mit überlieferten Mustern und schönen Naturfarben her. Ebenfalls erwähnenswert sind Stickereien, Spitzenhäkelei und Strickwaren von sehr guter Qualität. Heute allerdings nutzen die Frauen ihre verschiedenen kunsthandwerklichen Fertigkeiten nur noch für den Eigenbedarf.
Der wichtigste Wirtschaftszweig der Insel ist heute der zunehmende Tourismus, in dessen Umfeld viele neue Arbeitsplätze entstanden sind. Dadurch ist der Lebensstandard der Naxier gestiegen.

Spezialitäten

Naxische lukullische Spezialitäten sind Oliven und Olivenöl, Wein und der Zitronenlikör Kitro, der herb und süß angeboten wird. Außerdem ist die naxische 'Marmelade' bekannt, in Sirup eingelegte, verschiedene Obststücke. Man kann den Likör und die Marmelade in dem Geschäft Promponas am Hafen von Náxos-Stadt kaufen. Ausgezeichnet schmecken auch die drei Käsesorten 'anthótiro', 'misítra' und 'kephalotíri'.

Náxos (Chóra)

*Ortsbild

Bei der Einfahrt in den Hafen von Náxos (5000 Einw.) bieten sich gleich einige markante Blickpunkte: links das Wahrzeichen der Insel, das imposante Tor des Apollontempels auf einer Halbinsel, rechts auf einer Insel die kleine Kirche Myrtidiótissa und schließlich das venezianische Kastro oberhalb des aus weißen, dicht aneinandergebauten Häusern bestehenden Orts. Der geschäftige Hafen ist durch den Tourismus von Reiseagenturen, Souvenirläden, Tavernen und Cafés geprägt.

Grotta

Im Norden der Stadt an der Küste liegt Grotta, der älteste Stadtteil der Chóra, benannt nach nahegelegenen Grotten. In diesem Viertel fand man Spuren frühkykladischer Besiedlung. In mykenischer Zeit lag hier wohl die wichtigste Stadt der Insel.

Orthodoxe Kathedrale

In diesem Viertel findet man die orthodoxe Kathedrale, die von 1780 bis 1790 entstand. Sehenswert ist im Innern die Marmorikonostase mit alten Ikonen.

*Burgos (s. Abb. S. 108)

Hinter dem Hafen breitet sich das malerische Burgos-Viertel aus, wo seit dem Mittelalter orthodoxe Griechen wohnten. Unbedingt zu empfehlen ist ein Bummel durch die engen, verwinkelten Gassen, wo man Tavernen und Geschäfte findet. Besonders hübsch ist die Marktgasse mit Lebensmittel- und Obstgeschäften. Das benachbarte Evraiki-Viertel war den Juden vorbehalten.

Náxos (Chóra) (Fortsetzung)
Kastro

Folgt man vom Hafen eine der kleinen Gassen aufwärts, erreicht man das venezianische Kastro, das Marco Sanudo 1207 errichten und mit einer dreitorigen Wehrmauer und zahlreichen Wachtürmen umgeben ließ. Innerhalb der Mauer bauten sich die katholischen Adligen ihre prächtigen Häuser, während die orthodoxen Griechen im Burgos-Viertel unterhalb des Kastro und die kretischen Flüchtlinge an der Ostseite des Burgbergs wohnten.
Im Kastro herrscht eine sehr ruhige, geradezu museale Stimmung, die durch die zum Großteil unbewohnten, manchmal auch verfallenen Häuser noch verstärkt wird. Den nördlichen Zugang des Viertels bildet die Trani Porta mit einem erhalten gebliebenen, mehr als 12 m hohen Rundturm und den südlichen die Paraporti. Man passiert steile Treppenwege und überwölbte Durchgänge, oft noch mit alten Holzbalkendecken, und trifft ab und zu auf einen wappengeschmückten Adelspalast.

Katholische Kathedrale

Am höchsten Punkt des Kastro, am abgeschiedenen Burgplatz steht die schlichte katholische Kathedrale mit Marmorfassade. Sie wurde von Marco Sanudo im 13. Jh. errichtet und erhielt im 17. Jh. ihre heutige Form.
Bemerkenswert im Innern sind die in den Boden eingelassenen wappenverzierten Grabplatten venezianischer Adelsfamilien und ein Marienbildnis am Altar (14. Jh.).

TAVERN
LABYRIN
ENOIKIAZETAI
Hotel
HOTEL DIONYSOS
Star Fruit
Star Fruit
Star Fruit
Star
MUSEUM

Hinter der Kathedrale befindet sich das sehr interessante Archäologische Museum, das beeindruckende Exponate von der prähistorischen Zeit bis in die frühbyzantinische Epoche enthält. Es besitzt nach Athen die bedeutendste Sammlung der Kykladenkultur. Die Ausstellungsstücke stammen von dem Stadtteil Grotta sowie aus den Gräbern von Aplómata (nordöstlich von Grotta) und Kamíni. Das Museum ist in einer ehemaligen, über der Stadtmauer erbauten Jesuitenschule untergebracht, zu dessen Schülern auch der berühmte kretische Dichter Níkos Kasantzákis gehörte.

Náxos (Chóra) (Fortsetzung)
* Archäologisches Museum

Von besonderem Wert ist die Sammlung zur Kykladen-Kultur, die in dem großen, dreigeteilten Raum im Untergeschoß zu sehen ist. Sie umfaßt Marmor- und Tongefäße, Schmuck, Geräte und vor allem die in ihrer Einfachheit großartigen Idole, darunter das wohl einzigartige Idol eines sich umarmenden Paars. Unter den Idolen von der Nachbarinsel Keros befindet sich mit 56 cm das größte. Auffallend ist die eigenartige tönerne 'Maske', die wohl kultischen Zwecken diente.

Auch die mykenische Sammlung enthält sehenswerte Stücke: kunstvolle Gefäße, Goldschmuck, Stempelsteine und kleinere Dekorgegenstände.

In den übrigen Räumen befinden sich Ausstellungsstücke des geometrischen, klassischen, hellenistischen und römischen Zeitalters.

Auf der Terrasse des Museums ist ein vielfarbiges Bodenmosaik aus spätantiker Zeit bemerkenswert, das die Entführung der phönikischen Prinzessin Europa durch Zeus in Gestalt eines Stiers zeigt.

* Tempeltor (s. Abb. S. 110)

Das knapp 6 m hohe marmorne Tempeltor, von den Einheimischen 'Portara' genannt, erhebt sich als grandioses Wahrzeichen von Náxos auf einer Halbinsel im Norden der Hafenbucht. Der Platz wird als 'Stó Paláti' ('Beim Palast') bezeichnet, weil der Überlieferung nach hier der Palast von Ariadne gestanden hat.

Das Portal bildete das Eingangstor zu einem Apollon-Tempel, erbaut im 6. Jh. v. Chr. von den naxischen Tyrannen Lygdamis als Symbol seiner Macht. Die Archäologen vermuten, daß der Tempel niemals vollendet worden war, sondern der Bau unterbrochen wurde, als ein Krieg zwischen Náxos und Samos ausbrach. Man nahm die Bauarbeiten nicht wieder auf, so daß der Tempel unvollendet blieb. Auf den Überresten wurde dann im 5. Jh. n. Chr., wie in jener Zeit üblich, eine Kirche errichtet. Während der Herrschaft der Venezianer verwendete man Teile des Tempels für das Kastro und die Stadtmauer.

Ein einzigartiges Erlebnis ist es, wenn die Abendsonne das Tor in weiches Licht taucht und dann die glutrote Scheibe der untergehenden Sonne im Meer versinkt.

Weitere Sehenswürdigkeiten auf Náxos

Moní Chrysostómos (Μονή Χρυσοστόμου)

Das festungsartige Kloster, 2 km östlich von Náxos markant am Berghang gelegen, geht auf das 17. Jh. zurück. Es wird heute nur noch von wenigen Nonnen bewohnt, die keinen Besuch wollen. Der Blick auf Náxos-Stadt und nach Páros lohnen allerdings den Weg dorthinauf.

Moní Faneroméni (Μονή Φανερωμένης)

Rund 10 km nordöstlich von Náxos liegt das weiße Kloster mit einer Kirche aus dem Jahr 1603.

Kouronochóri (Κουρουνοχώρι)

Am östlichen Ortseingang von Kouronochóri, 9 km östlich von Náxos-Stadt, findet man den Mavrogeni-Turm, einen venezianischen Wehrturm.

*Kouros von Flerió

Eine der Hauptsehenswürdigkeiten von Náxos sind die Kuroi. Einer davon ist der Kouros von Flerió aus der ersten Hälfte des 6. Jh.s v. Chr., der in einerm herrlichen, üppig grünen Obstgarten in ehemaligen Steinbrüchen, etwa 2 km östlich von Kouronochóri liegt. Von dem idyllischen, von schatti-

◀ *Sehr malerisch ist die Marktgasse mit ihren Lebensmittel- und Obstgeschäften im Burgos-Viertel von Náxos (Chóra)*

gen Bäumen bestandenen Platz, wo der Kouros seit zweieinhalb Jahrtausenden ruht, geht eine zauberhafte Stimmung aus. Kouros von Flerió (Fortsetzung)

Der mehr als 6 m großen Statue fehlt nur der linke Fuß, und das rechte Bein ist gebrochen. Dieser Bruch war vermutlich der Grund, warum die Statue nicht fertiggestellt wurde.

In dem hiesigen Kafeníon der Gartenbesitzerin kann sich der Besucher eine Erfrischung gönnen.

Ein zweiter allerdings schlecht erhaltener Kuros findet sich in 10 MInuten Entfernung, ist jedoch schwer zu finden.

Strände südlich von Náxos (Chóra)

Südlich von Náxos-Stadt erstrecken sich zahlreiche Sandstrände bis zu dem etwa 16 km entfernten Ort Pyrgáki. Von Náxos führt eine Küstenstraße bis zum Plaka-Strand. Alle Strände sind aber auch von der landeinwärts verlaufenden Hauptstraße, die zunächst durch eine fruchtbare, landwirtschaftlich intensiv genutze Ebene führt, über Stichstraßen zu erreichen.

Ágios Geórgios

Südlich der Stadt breitet sich der vielbesuchte Sandstrand Ágios Geórgios aus, der mit Tavernen, Hotels sowie Surfbrett- und Tretbootverleih voll erschlossen ist. Der südliche Teil des Strands wird zunehmend ruhiger.

Ágios Prokopiós

Der feinsandige, jedoch schattenlose Ágios-Prokopiós-Strand mit einem See liegt südlich der Halbinsel Stelidasen Strand. An touristischen Einrichtungen gibt es Tavernen und eine Diskothek sowie ein Surfbrettverleih.

Agía Anna

Am 7 km langen Agía-Anna-Strand, unmittelbar südlich vom Ágios-Prokopiós-Strand, bieten einige Bäume den Badenden Schatten. Für Übernachtung und Essen ist gesorgt.

Pláka

Südlich des Kaps mit der Agios-Nikólaos-Kapelle breitet sich der kilometerlange Strand mit grasbewachsenen Dünen aus (den Bewuchs bitte nicht zerstören!). Zum Übernachten stehen Tavernen mit Zimmervermietung und ein Campingplatz zur Verfügung.

Pathena, Sahara

Der Mikrí Vígla teilt sich in zwei Hauptstrände: in den mehr als 400 m langen Parthena-Strand, beliebt bei Windsurfern, mit einer Bungalowanlage, nördlich vom Kap und in den etwa 3 km langen geschützteren Sahara-Strand südlich vom Kap.

Angali

Im südlichen Bereich dieses Strandabschnitts erstreckt sich der knapp 3 km lange Angali-Strand, der wenige Tavernen und Unterkünfte besitzt. Hier herrscht noch relative Ruhe.

Fahrt von Náxos über die Tragea nach Apóllonas

* Tragea-Hochebene

Sehr beeindruckend ist die Fahrt über die Tragea Hochebene, deren schon in der Antike benutzter Name auf einen Beinamen Apollons zurückgehen könnte. Die von Bergketten begrenzte Landschaft, die von Olivenhainen Platanen und Eichen geprägt ist und wo Weinterrassen malerische Akzente setzen, strahlt eine herbe Schönheit aus.

Galanádo (Γαλανάδο)

Von Náxos-Stadt nimmt man die Hauptstraße ins Inselinnere Richtung Filóti und erreicht nach 5 km den kleinen Ort Galanádo (370 Einw.), hinter dem auf der rechten Seite der Straße der Pírgos Belonis steht.

Neben dem Turm wurde die Doppelkapelle Ioánnis gebaut, die dem katholischen und orthoxen Ritus diente.

◂ *Beeindruckend erhebt sich das imposante Tempeltor auf einer Halbinsel am Hafen von Náxos (Chóra).*

Ágios Mamas

Die Kirche liegt kurz nach dem Pírgos Belonis links unterhalb der Straße. Sie wurde im 9. Jh. aus Natursteinen in Form einer Kreuzkuppelkirche errichtet.

Ágios Nikólaos, Demetertempel

Südlich von Sangrí findet sich die Kapelle Ágios Nikólaos aus dem 10. bis 13. Jh. mit alten Fresken.
Noch weiter südlich des Orts liegt die umzäunte Ausgrabungsstätte des Demeter-Tempels aus dem 6. Jh. v. Chr., der für den Laien aber eher enttäuschend ist. Auf dem Gelände steht noch die Kapelle Ágios Ioánnis Girúlas.

Pírgos Timíos Stavrós, Kaloritissa

Auf einen weiteren Wehrturm, den Pírgos Timíos Stavrós, und zwar aus dem 17. Jh., trifft man, wenn man bei Sangrí von der Hauptstraße nach Süden abzweigt. Bergauf befindet sich die Höhlenkirche Kaloritissa.

Chalkí (Χαλκί)

Chalkí, das Zentrum der Region, weist klassizistische Wohnhäuser und eine kleine, intime Platía mit einem Kafeníon auf.
Sehenswert sind die Kirchen Panagía Protothróni aus dem 10. Jh. an der Durchgangsstraße mit schönen Fresken in monumentalem Stil und Ágios Geórgios Diasorítis, eine Kreuzkuppelkirche des 11. Jh.s mit Narthex und belichtetem Tambour, außerhalb des Orts.
Gleich hinter der Panagía-Protothróni-Kirche steht der Pírgos Grazia, ein wehrhafter Palastbau, der auch nach der Familie Barozzi genannt wird, deren Wappen über der Tür angebracht ist.

*Panagía Drossianí (Παναγία Δροσιανή)

Etwa 4 km nördlich von Chalkí, abseits der Hauptstraße, unterhalb des Orts Moní findet man in einem Friedhof die sehenswerte Panagía Drossianí ('Taufrische Muttergottes'; geöffnet 10.00 – 13.00 und 16.00 – 19.00 Uhr), die älteste Kirche der Insel, die bis auf das 6. Jh. zurückdatiert wird.
Auffallend ist der aus Bruchsteinen errichtete Baukomplex mit einigen ineinanderverschachtelten Kapellen, die später anbebaut wurden. Von besonderer historischer Bedeutung sind die Fresken, die teilweise noch aus der Erbauungszeit stammen und damit zu den ältesten byzantinischen

Panagía Drossianí, die älteste Kirche der Insel

Panagía Drossianí (Fortsetzung)

Wandmalereien überhaupt gehören. In der Hauptkuppel des Dreikonchenbaus ist das außergewöhnliche Doppelbildnis des Pantokrators zu sehen, das einerseits den jugendlichen Christus und andrerseits den bärtigen Gottvater zeigt. Beeindruckend ist auch das schöne Gesicht der Panagía in der nördlichen Konche.

Filóti (Φιλότι)

Zurückgekehrt auf die Hauptstraße, erreicht man nach 2 km den Ort Filóti (1500 Einw.), der sich durch eine schöne Lage am Hang, umgeben von Olivenbäumen und den Berg Zás im Hintergrund, auszeichnet. Er ist ein beliebter Zwischenstopp auf einer Inseltour, denn an der Durchgangsstraße gibt es einige Kafenía und Tavernen. Aber es lohnt sich, die weißen Treppengassen hinaufzusteigen. Dabei trifft man auf die Kirche Panagía Filotitissa mit verspielten Glockentürmen, die im Innern ein wertvolles Marmortemplon mit alten Ikonen und eine Marmorplatte aus dem 18. Jh. mit der Darstellung des Todes von Maria enthält. Auch ein laut Inschrift 1718 erbauter Pírgos der venezianischen Familie Barozzi ist in diesem Ortsteil noch zu sehen. Der Marmorbrunnen daneben stammt aus dem Jahr 1835.

Zás

Der Zás, benannt nach dem Göttervater Zeus, ist mit 1001 m der höchste Berg der Kykladen. Bei der Kapelle Agía Marina, die kurz nach der Abzweigung der Hauptstraße zu dem Ort Danákos an der Straße steht, beginnt der etwa 1 1/2stündige Aufstieg auf den Berg; er ist durch rote Punkte und Steinmännchen markiert. Auf dem Gipfel wird der Wanderer mit einem phantastischen Ausblick belohnt.

Spileo Aria (Σπιλαιο Αρια)

Am Nordwesthang des Zás liegt in 600 m Höhe die Zeus-Höhle (in der Regel geschl.), in der Zeus geboren sein soll. Den Anspruch die Geburtshöhle von Zeus zu besitzen erhebt auch Kreta. Man sollte die schwer zu findende glitschige, gut 150 m lange Höhle keinesfalls allein und ohne Licht aufsuchen. Im übrigen gibt es darin nichts Besonderes zu sehen.
In der Höhle gefundene Tonscherben und Obsidiangegenstände belegen, daß die Höhle schon in prähistorischer Zeit benutzt wurde.

Apeírados (Απείραδος)

Der nächste größere Ort auf der Route ist Apeírados (650 m ü. d. M.; rund 900 Einw.), wo sich im 17. Jh. viele Kreter ansiedelten, die ihre Sitten und Gebräuche aus der Heimat mitbrachten. Auch die Venezianer haben hier Spuren hinterlassen.
Schön ist die marmorgepflasterte Hauptgasse, an der auch drei Museen liegen. Allerdings verfallen schon einige Häuser aufgrund der Abwanderung. Geht man die Hauptgasse Richtung Ortsmitte, trifft man bald linkerhand auf das interessante Geologische Museum (geöffnet 10.00–19.00 Uhr).
Im weiteren Verlauf der Gasse folgt auf der rechten Seite das Archäologische Museum (geöffnet 10.00–13.00 Uhr). Hier sind vor allem Funde der frühen Kykladenkultur ausgestellt, die im Ostteil der Insel entdeckt wurden. Dazu gehören marmorne Idole und außergewöhnliche Steinplatten, auf denen Menschen, Jagdszenen und astronomische Zeichen dargestellt sind.
Schließlich findet sich an der kleinen, schattigen Platía das Volkskundemuseum (geöffnet 10.00–19.00 Uhr), in dem die Inneneinrichtung eines kykladischen Hauses - Küche, Wohn- und Schlafzimmer - des vorigen Jahrhunderts gezeigt wird. Zudem sind verschiedene Handwerksgeräte, z. B. ein Webrahmen, ausgestellt. Sehenswert im Ort ist außerdem der restaurierte Wohnturm der Familie Zefgoli, der öffentlich zugänglich ist.

Agía Kyriakí (Αγία Κυριακή)

Außergewöhnlich in der Agía-Kiriakí-Kapelle (8./9. Jh.), eine der ältesten Kirchen der Insel, nördlich von Apírados sind die Wandmalereien aus der Zeit des Ikonoklasmus. In der Apsis sind zwei Vögel im Flug sowie ein edelsteingeschmücktes Kreuz und stilisierte Pflanzendekors dargestellt.

Koronós (Κορωνός)

Folgt man der Hauptstraße weiter nach Norden, erreicht man den schön zwischen Weinterassen gelegenen Ort Kóronos. Im Ortskern findet sich ein malerisches Kafeníon. Außerdem bietet der Ort noch ein winziges Folkloremuseum, wo Mobiliar und Werkzeuge ausgestellt sind.

Náxos (Fts.)
Apóllonas
(Απόλλωνας)

*Kouros von Apóllonas

Den Endpunkt der Route bildet Apóllonas (800 Einw.), ein recht geruhsamer Ferienort in einer hübschen Bucht mit einem kleinen Sandstrand, an dem sich Tavernen und Bars entlangziehen.
Der Hauptanziehungspunkt des Orts ist oberhalb, in den antiken Marmorbrüchen der mehr als 10 m große, auf dem Rücken liegende sog. Kouros (6. Jh. v. Chr.). Er ist sehr beeindruckend in seiner enormen Größe und archaischen Schlichtheit. Archäologen vermuten, daß Materialfehler der Grund waren, warum die Kolossalstatue nicht vollendet wurde. Bart und Bekleidung lassen auf eine Dionysos-Figur schließen. Von hier oben hat man einen schönen Blick auf Apóllonas.

Der beeindruckende unvollendete Kouros von Apóllonas

Nissídes G/H 8-10

Lage

Die Nissídes ('Inselchen') oder Erimoníssia ('wüste' Inseln) sind eine Kette verstreuter, kleiner Inseln im Dreieck zwischen Náxos, Íos und Amorgós.

Páros F/G 6/7

Neugriechisch

Πάρος

Fläche: 186 km²
Höhe: 0–771 m ü. d. M.
Bewohnerzahl: 7900
Hauptort: Páros (Parikía)

Lage

Die Insel Páros liegt im Zentrum der Kykladen, ca. 8 km westlich von Náxos. Sie bildet den Kreuzungspunkt vieler Schiffahrtslinien und verfügt über einen Flugplatz, so daß sie gut zu erreichen ist.

Die Insel ist seit dem Alterum berühmt für ihren unvergleichlich weißen Mamor (→ *Baedeker Special* S. 116) und ihren guten Wein. Sie hat sich nach Mýkonos und Santorín zu dem meistbesuchten Ferienzielen der Kykladen entwickelt. Allgemeines

Hauptanziehungspunkte für die Urlauber, die sich auf den Hauptort Páros und den malerischen Fischerhafen Náoussa im Norden konzentrieren, sind die guten Strände. Das Inselinnere ist dagegen weitgehend unberührt geblieben.

Die Insel wird von einem mäßig gewellten Gebirgskamm mit dem Ágios Ilías (771 m ü. d. M.) als höchster Erhebung eingenommen. Zwei tiefe Buchten schneiden in die 120 km lange Küste ein: im Westen die windgeschützte Parikía-Bucht bei dem Inselhauptort und im Norden die Naoúsis-Bucht bei dem Fischerort Náoussa. Die Küsten sind größtenteils steil und felsig, werden aber von kleinen Sandbuchten unterbrochen. Nur auf der Ostseite der Insel gibt es große Sandstrände. Landschaftsbild

Die ganze Insel ist vorwiegend felsig und von einer mächtigen Decke grobkörnigen, kristallinen Kalks überzogen, in der reiche Bänke grauen und rein weißen Marmors ('parischer Marmor') eingelagert sind.

Die Vegetation ist relativ bescheiden. Sie beschränkt sich auf das wasserreichere Inselinnere. An der flachen fruchtbaren Südostküste liegt der landwirtschaftlich genutzte Teil.

Baedeker Special

Durchscheinender Stein

Nur das Beste war gut genug für die Götter und das galt erst recht für ihre steinernen Abbilder. Das edelste Material für die Götter- und Heldenstatuen lieferte seit altersher die Insel Páros, wo der außergewöhnlich helle, geradezu schneeweiße Marmor abgebaut wird. Aus diesem kostbarsten Stein der Welt schufen Bildhauer schon vor 5000 Jahren die geheimnisvollen Idole der Kykladenkultur, die Kuroi der archaischen Zeit und die berühmten Skulpturen der Klassik, die Hermesstatue des Praxiteles in Olympia, die Koren des Erechteions auf der Akropolis, die Venus von Milo sowie die zahlreichen Tempel mit ihrem herrlichen Giebelschmuck. Und selbst Napoleons Grabmal im Pariser Invalidendom sollte noch im 19. Jh. aus parischem Marmor sein.
Lychnitis, den 'Durchscheinenden', nannten die Inselbewohner das weißschimmernde Gestein, das sie seit vorgeschichtlicher Zeit in langen Stollen beim Schein der Öllampe in harter Arbeit untertags abbauten, vor allem in den Brüchen von Maráthi, um es in die ganze griechische Welt gewinnbringend zu exportieren. Aus 'marmoros', dem griechischen Wort für Felsblock und den sinnbezüglichen Wörtern 'marmaírein' ('glänzen') und 'marmareos' ('schimmernd') leitet sich unsere Vorstellung von Marmor ab. Der aus der Tiefe gewonnene parische Marmor, ein perfekt durchkristallisierter Kalkstein, ist der lichtdurchlässigste der Welt. In poliertem Zustand zeigt er einen strahlenden, warmen Oberflächenton, der dadurch entsteht, daß das Licht tief in den Stein eindringen kann und reflektiert wird. Diese ungeheure Transparenz zeichnet den parischen Marmor gegenüber den anderen bekannten und geschätzten Marmorarten aus, etwa dem naxischen Marmor von der Insel Náxos, dem pentelischen Marmor aus Pentelikon von der Halbinsel Attika oder dem carrarischen Marmor aus dem italienischen Carrara. Für die Insel Páros ist Marmor immer noch ein wichtiger Exportartikel, der heute jedoch im billigeren Tagebau gewonnen wird und mittlerweile zur einfachen Sorte zählt mit einem eher etwas gräulichem Schimmer. Schwere Laster transportieren täglich die Riesenblöcke, die als Baumaterial Verwendung finden, von den Marmorbrüchen in den Hafen Parikía. Lediglich in einem der finsteren stillgelegten antiken Stollen kann man noch im Schein der Taschenlampe etwas von der leuchtenden Eigenschaft jenes Steins ahnen, aus dem Künstler einst Götter und Heroen meißelten, die wir heute als großartige Kunstwerke bewundern.

Eingang zu den antiken Marmorbrüchen bei Maráthi, wo einst der weltberühmte Marmor gebrochen wurde

Geschichte

Grabungen auf dem Eiland Saliagos, das einst mit Páros verbunden war, haben Zeugnisse einer spätneolithischen Besiedlung (4. Jt. v. Chr.) zutage gebracht.
Auf Páros fand man aufschlußreiche Zeugnisse der Kykladenkultur (3. Jt. v. Chr.). Schon damals existierte eine Siedlung an der Stelle des heutigen Hauptorts Parikía. Minois, der ursprüngliche Name der Insel, weist darauf hin, daß sie im folgenden Jahrtausend von den Kretern abhängig bzw. besiedelt war. Später kamen die Arkadier unter der Führung von Páros, dem Namensgeber der Insel, hierher.
Die 800 v. Chr. zugewanderten Ionier machten die Insel zur Seemacht, die auf dem durch Handel mit Marmor begründeten Wohlstand basierte. Marmor wurde u. a. nach Délos, aber auch aufs Festland exportiert. Zudem betrieben die Bewohner Piraterie und Sklavenhandel. Sie gründeten im 7. Jh. v. Chr. u. a. eine Kolonie auf Thasos, das wegen seiner Goldvorkommen und als Handelsstützpunkt auf dem Weg zum Hellespont von Bedeutung war. So konnten die Parier schon früh Münzen prägen. Auch die berühmte parische Bildhauerschule entfaltete sich.
Nachdem sich die Parier auf die Seite der Perser geschlagen hatten und diese von den Athenern 480 v. Chr. besiegt worden waren, kam die Insel unter deren Einfluß. Dem Ersten Attisch-Delischen Seebund gehörten die Parier an; die ungewöhnliche Höhe ihrer Beiträge zeugt von dem Reichtum der Insel im fünften vorchristlichen Jahrhundert.
In hellenistische Zeit fällt die Entstehung des "Marmor Parium", ein in Marmor gemeißelter griechischer Geschichtsabriß, der sich heute im Museum von Oxford und ein Fragment davon im Archäologischen Museum von Parakía befinden.
Im 1. Jh. v. Chr. kam die Insel zum Römischen Reich. Das Christentum hat sich dann schon früh auf Páros etabliert, denn die Ursprünge der berühmten Kirche Ekatontapiliani gehen auf das 5. Jh. n. Chr. zurück. Es wird berichtet, daß die Insel im 9. Jh. durch brandschatzende Piratenhorden entvölkert wurde.
Von 1207 bis 1389 gehörte Páros zum Herzogtum Náxos unter Marco Sanudo und unterstand danach verschiedenen Inseldynasten (1389–1516 Sommaripa, 15164–1531 Venier, 1531–1537 Sagredi). Im Jahr 1537 fiel es durch Chaireddin Barbarossa in die Hände des Osmanischen Reiches, unterstand bis 1579 dem Israeliten Joseph Nasi und war von 1771 bis 1774 russisch besetzt.
Für den 1821 beginnenden Freiheitskampf der Griechen gegen die Türken stellte die Insel Schiffe und Männer zu Verfügung. 1830 kam sie schließlich an das neugegründete Königreich Griechenland.

Wirtschaft

Die Bewohner von Páros betreiben Landwirtschaft und Fischfang. Vor allem Wein und Gerste werden angebaut – sogar für den Export. Durch den Wasserreichtum der Insel können aber auch Obst und Gemüse gezogen werden. Náoussa gehört zu den größten Fischereizentren der Kykladen. Außerdem wird grauer Marmor im Tagebau abgebaut.
Der bedeutendste Wirtschaftsfaktor ist jedoch der Tourismus, in dem inzwischen viele Bewohner, auch nebenberuflich, beschäftigt sind. Tavernen, Bars, Zimmervermietung sowie Motorrad- und Autoverleih bieten neue Erwerbsmöglichkeiten.

Lokale Spezialitäten

Zu den Spezialitäten der Insel gehören Tintenfische, die vor allem in dem Fischerort Náoussa angeboten werden, und Kaninchenragout. Außerdem ist der milde Weichkäse Mizithra zu empfehlen.

Páros (Parikía)

*Ortsbild

Nähert man sich dem Inselhauptort Páros (3000 Einw.) mit dem Schiff, präsentiert er sich flach in einer weiten Bucht mit Hügeln im Hintergrund – ein eher nichtssagendes Ortsbild. Man entdeckt den Reiz dieses Ortes erst, wenn man durch die hinter dem Hafen gelegenen verwinkelten maleri-

Páros (Parkía)
Ortsbild
(Fortsetzung)

schen Gassen bummelt und sich Zeit nimmt, diesen Anblick auch zu genießen. Die Hauptstraße mit zahlreichen Geschäften, Bars und Tavernen, hübschen Kirchen, Marmorbrunnen und blumengeschmückten Hinterhöfen und Balkonen ist eine wahre Augenweide.

Kastro

Das Kastro-Viertel kann eine Besiedlung von 5000 Jahren nachweisen. Es nimmt die Stelle der frühesten Inselsiedlung aus dem 3. Jt. v. Chr. ein, später stand hier ein antikes Heiligtum. Im 13. Jh. errichteten die Venezianer in diesem Viertel eine Festung, von der noch ein 10 m hoher Turm und ein Stück Stadtmauer erhalten sind. Der Turm besteht aus antiken Säulentrommeln und Marmorplatten aus dem Demetertempel, was durchaus der lange üblichen Praxis entsprach, Teile alter Gebäude bei Neubauten zu verwenden.
Am höchsten Punkt des Kastros steht die Ágios-Konstantínos- und Eleni-Kirche, an die noch eine Kapelle, die eine schöne Vorhalle mit drei Rundbögen besitzt, angebaut ist. Unter der Nordwand läßt sich das Südfundament des einstigen Demetertempels lokalisieren. Im Innern besticht eine geschnitzte vergoldete Ikonostase mit nachbyzantinischen Ikonen.
Von der Kirchenterrasse hat man einen schönen Blick aufs Meer, vor allem bei Sonnenuntergang.

** Ekatontapiliani/
Katapoliani

Die Ekatontapiliani (geöffnet 8.00–13.00 und 16.00–21.00 Uhr), unweit des Hafens gelegen, ist eine der ältesten und schönsten Kirchen Griechenlands, deren Ursprünge man bis ins 4. Jh. zurückverfolgen kann. Der ursprüngliche Name Katapoliani bedeutet ‘unterhalb der Stadt’, während der heutige offizielle Name Ekatontapiliani aus dem 17. Jh. ‘100 Türen’ heißt. Die Kirche weist 99 Türen auf und wenn man, laut Überlieferung, die hunderste findet, wird Konstantinopel wieder zu Griechenland gehören.

Paros
Kathedrale Katapoliani

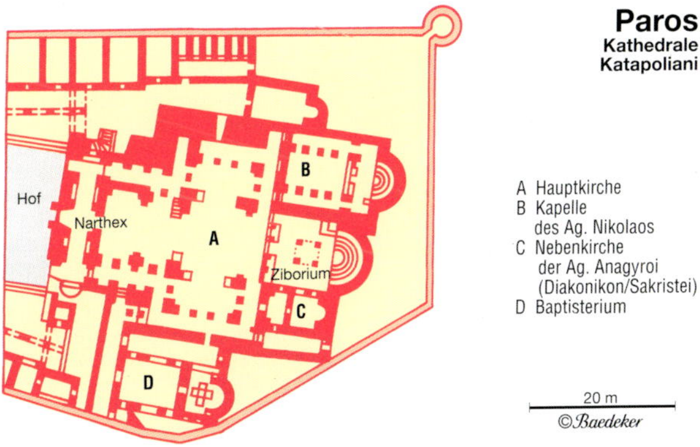

Viele Legenden sind mit der Gründung der Kirche verbunden. Die erste Überlieferung handelt von der hl. Helena, der Mutter von Kaiser Konstantin, die sich auf dem Weg nach Palästina befand, um nach dem Kreuz Christi zu forschen, und diese Reise in Páros unterbrach. In der Nähe der heutigen Kirche stand damals ein kleiner Tempel. Hier betete sie und legte folgendes Gelübde ab: wenn sie das Kreuz Christi finden würde, dann würde sie an diesem Ort eine große Kirche bauen. Sie machte das Kreuz schließlich ausfindig und verwirklichte ihr Gelübde, indem sie eine prächtige Kirche errichten ließ.
Untersuchungen ergaben jedenfalls, daß der heutige Bau zur Zeit des oströmischen Kaisers Justinian (527–565) entstand. Im Lauf der Jahrhunderte veränderte er sein Aussehen durch An- und Umbauten – vor allem nach den Verwüstungen durch das schwere Erdbeben 1773 – immer mehr.

◂ *Malerische Gasse in Páros*

Ekatontapiliani: eine der ältesten und schönsten Kirchen Griechenlands

Páros (Parikía) Ekatontapiliani / Katapoliani (Fortsetzung)

Bei Restaurierungsarbeiten von 1959 bis 1966 bekam die Kirche wieder ihre ursprüngliche Form und wurde von einem weißen Kalkanstrich befreit. Man kommt zunächst in einen stimmungsvollen Innenhof mit Blumen und Bäumen, der von zweistöckigen Seitenflügeln mit Klosterzellen umgeben ist. Hier befindet sich ein kleines byzantinisches Museum (geöffnet 9.00 – 13.00 und 17.00 – 21.00 Uhr), in dem Ikonen, liturgisches Gerät und Gewänder gezeigt werden. An einer Zypresse im Hof sind die Kirchenglocken aufgehängt. Im östlichen Teil des Hofs befindet sich neben anderen Gräbern auch das der Freiheitskämpferin Mánto Mavrogénous (→ Berühmte Persönlichkeiten).

Die im 6. Jh. entstandene Hauptkirche des beeindruckenden, sehr harmonischen Komplexes ist eine dreischiffige Kuppelbasilika mit umlaufenden Säulen und Galerien. An der marmornen Ikonostase sind drei große Ikonen angebracht, darunter auf der linken Seite die besonders verehrte Ikone der Ekatontapilianischen Madonna (17. Jh.). Von den Fresken ist u. a. der 24teilige Akathistos-Zyklus, ein Lobgesang für Maria, in der Apsis erhalten. Sehenswert sind hier noch das seltene marmorne Ziborium und ein mehrstufiges Synthronon mit einem marmornen Bischofsthron. Der älteste Teil der Kirche ist die im 4. Jh. auf den Überresten eines antiken Tempels erbaute Ágios-Nikólaos-Kapelle an der Nordseite der Apsis. Dorische Säulen trennen die beiden Seitenschiffe vom Hauptschiff ab. Ursprünglich war die Kapelle eine Basilika mit hölzernem Dachstuhl, der dann in junstinianischer Zeit durch Kuppel und Gewölbe aus Sandstein ersetzt wurde. An der Ikonostase befinden sich links die Ikone der Panagía Eleoussa von dem Maler Demetrios aus dem 18. Jh. und rechts die Ikone des Pantokrators (17. Jh.). Die Apsis weist ebenfalls ein Synthronon auf. Das südlich der Hauptkirche angebaute Baptisterium verfügt über ein in den Boden eingelassenes marmornes Taufbecken für Erwachsenentaufen.

Archäologisches Museum

Das Museum (Di. – So. 8.30 – 14.30 Uhr) zeigt interessante Funde von den Inseln Páros, Antíparos und Saliagos (7. bis 3. Jh. v. Chr.). Bemerkenswert ist das Fragment der berühmten Marmorplatte der 'Parischen Chronik' ('Marmor Parium'), auf der wichtige historische Ereignisse der griechischen Geschichte eingemeißelt sind. Beachten sollte man auch die Gewandfigur der Nike von Paros (470 v. Chr.). Zudem befinden sich im Museumsinnenhof Reste eines großen Mosaiks.

Páros (Parikía) Archäologisches Museum (Fortsetzung)

Darüber hinaus sind Inschriftensteine zu sehen, die sich auf den Dichter Archilochos (→ Berühmte Persönlichkeiten) beziehen. Auf einer Reliefplatte ist vermutlich der Dichter selbst, auf einer Kline liegend, dargestellt.

Weitere Sehenswürdigkeiten auf Páros

Dilion

Auf einem Hügel nördlich von Parikía finden sich spärliche Überreste eines Apollontempels (6. Jh. v. Chr.), der sich nur für archäologisch sehr Interessierte oder wegen des Rundblicks dort lohnt – bei klarem Wetter ist sogar Délos zu erkennen. Vom Strand von Livádia führt ein Fußweg in einer Stunde auf den Hügel.

Trís Ekklisíes (Τρείσ Εκκλησιές)

An der Straße nach Náoussa, 1 km nordöstlich von Parikía, liegen die Fundamente dreier Kirchen, unter denen noch Überreste einer frühchristlichen Basilika gefunden wurden. Wahrscheinlich befand sich hier auch das Grab des Dichters Archilochos (→ Berühmte Persönlichkeiten).

Moní Longovárdas (Μονή Λονγοβάρδας)

2 km nördlich von Trís Ekklisíes zweigt von der Hauptstraße eine Asphaltpiste zum Kloster ab, das 1638 gegründet wurde. Frauen ist der Zutritt verboten! Männer sollten beim Besuch angemessene Kleidung tragen (keine Shorts!).

Der Innenhof mit einer großen Zypresse wird von mehrstöckigen, weißgekalkten Gebäuden umschlossen. Die Klosterkirche ist mit Fresken aus dem 17. Jh. geschmückt.

*Náoussa (Νάουσα)

Im Norden der Insel, in einer weiten Bucht liegt der Fischerort Náoussa (1200 Einw.), der zweitgrößte Ort von Páros. Sein idyllischer kleiner Fischerhafen mit Tavernen – er gilt als der schönste der Kykladen – ist ein besonderer Anziehungspnkt. Der kykladische Stil von Náoussa wird allerdings leider zunehmend von eintönigen Hotel- und Appartementbauten verdrängt.

Am Hafen sieht man die Reste des von der venezianischen Adelsfamilie Somaripa erbauten Kastells und die Kapelle des hl. Nikolaus, des Schutzpatrons der Seeleute. Hier sollte man in einer der vielen gutbesuchten Tavernen die Inselpezialität gegrillter Tintenfisch (Oktapodi) probieren, der vor den Augen der Gäste zum Trocknen aufgehängt ist.

An dem malerischen Fischerhafen liegen die Boote dicht beieinander, und an der Mole stehen bunte Tavernentische. Man kann den Fischern bei der Arbeit zu sehen.

Bemerkenswert ist noch die Kirche Ágios Ioánnis mit Fresken aus dem 17. Jahrhundert.

Zahlreiche Strände sind von hier mit Badeboot oder Moped zu erreichen.

Ambelás (Αμπελάς)

Ambelás ist ein kleiner, ruhiger Fischerort, umgeben von Gemüsefeldern und Weingärten, 1 km südöstlich von Náoussa gelegen.

Der Ortsstrand ist zwar zum Baden weniger geeignet, aber in der Umgebung gibt es einige gute Strände.

Marmorbrüche von Maráthi

Etwa 5 km östlich von Parikía liegen die Marmorbrüche, wo einst der berühmte Marmor (→ *Baedeker Special* S. 116) abgebaut wurde. Von der Hauptstraßé nach Léfkes zweigt nach dem Ort Maráthi rechts ein Weg ab, beschildert zu den Quarry's Marathi. Nach etwa 300 m sieht man links einige Häuserruinen aus Marmorbruchsteinen, die im 19. Jh. Arbeitern als Quartier dienten. Am rechten Hang sind Reste von Werksgebäuden und größere Marmorbruchstellen aus dem 19. und 20. Jh. vorhanden. Links am Hang findet man hinter Buschwerk die antiken Stolleneingänge.

Marmorbrüche von Maráthi (Fortsetzung)

Für den steilen Einstieg in die Brüche, den man nicht allein unternehmen sollte, ist es unbedingt ratsam, rutschfeste Schuhe zu tragen sowie eine Taschenlampe und warme Sachen mitzunehmen. Der Abstieg dauert etwa 30 bis 40 Minuten.
Man nimmt den rechten Stolleneingang, wo gleich links ein Relief in den Marmor gemeißelt ist. Man steigt nun steil über Geröll 100 m bis zur Sohle hinunter, hält sich dann nach links und kommt durch einen engen und finsteren Gang zum Ausgang.

*Léfkes (Λεύκες)

Die alte Inselhauptstadt Léfkes ('Silberpappeln'; 500 Einw.), 6 km südlich der Marmorbrüche, gilt als der schönste Ort von Páros, der jedoch leider auch durch Abwanderung entvölkert ist. Er bietet einen sehr malerischen Ortskern mit schmalen, engen Gassen und idyllischen Winkeln. An der reizenden kleinen Platía kann man in dem hübschen Kafeníon die Atmosphäre dieses Orts in Ruhe genießen.
Am Rand des Ortskerns steht die große Kirche Agias Trias, die unter Verwendung von viel Marmor 1830 erbaut wurde.

Die zauberhafte kleine Platía in dem malerischen Ort Léfkes

Márpissa (Μάρπησσα)

Márpissa (500 Einw.), 4 km östlich von Léfkes, weist einige, teilweise verfallene Windmühlen an der Platía und ein paar interessante Kirchen auf.
Von der Platía führt ein Weg hinauf zum nahegelegenen Kefalos-Hügel mit den Überresten eines venezianischen Kastells und dem Kloster Ágios Antonios, wo allerdings kein Zutritt gestattet ist.

Píso Livádi (Πίσω Λιβάδι)

In dem Ferienort Píso Livádi, 1 km südöstlich von Márpissa, ist der hübsche kleine Sandstrand mit dem Fischerhafen von Unterkünften aller Art gesäumt. Beliebter Treffpunkt ist der Flotilla-Club an der Hafenmole.

Golden Beach

Bei dem 7 km südlich gelegenem Ort Driós breitet sich der recht schöne, 1 km lange Sandstrand mit Dünen aus, von dem man einen Blick auf die vorgelagerten Felseninseln hat. Ein Surf-Center steht hier zur Verfügung.

Páros (Fortsetzung)
Asklepeion

Nur wenige Überreste sind von dem südlich von Parikía gelegenen Asklepeion aus dem 4. Jh. v. Chr. erhalten. Hier entspringt eine ehemals heilige Quelle.

Moní Christoú Thássou (Μονή Χριστού Δάσου)

In dem Nonnenkloster, 7 km südlich von Parikía, auf dem Weg nach Petaloúdes gelegen, befindet sich das Grab des verehrten Inselheiligen Arsenios. Dieser wurde 1967 heiliggesprochen und ihm zu Ehren wird am 18. August ein großes Fest gefeiert. Von der Terrasse hier oben hat man einen schönen Ausblick.

*Petaloúdes (Πεταλούδες)

Folgt man der Straße zum Kloster weiter, kommt man bald zu dem üppig grünen, dicht mit Bäumen bestandenen 'Schmetterlingstal' (geöffnet 9.00–20.00 Uhr), wo von Juni bis September noch einige schöne orangerote Schmetterlinge der Art Callimorpha quadripunctaria mit braun-weißen Flügeln leben. Man sollte auf gar keinen Fall durch Händeklatschen, Pfeifen, Rufen oder Bäumeschütteln die Tiere aufschrecken, denn dadurch verbrauchen die nachtaktiven Tiere zuviel Energie, was für viele den sicheren Tod bedeutet.

Santorín · Thíra — K/L 8

Neugriechisich

Σαντορίνη / Θήρα

Fläche: 76 km^2
Höhe: 0–566 m ü. d. M.
Bewohnerzahl: 7000
Hauptort: Thira/Fíra

Lage und Allgemeines

Santorín ist die südlichste der größeren Kykladeninseln. Es ist zu einem der größten Anziehungspunkte von Griechenland geworden, vor allem wegen der Einmaligkeit seiner vulkanisch geprägten faszinierenden Landschaft und der unvergleichlich gelegenen wunderschönen Orte Thíra und Oía. Im Sommer kommen zahllose Besucher auf die Insel, neben den Feriengästen auch viele Passagiere von Kreuzfahrtschiffen, die in der Bucht unterhalb von Thíra anlegen.

Inselnamen

In der Antike trug die Insel den Namen 'Kalliste' ('Die Schönste') oder 'Strongyle' ('Die Runde'), später kam die Bezeichnung 'Thera' ('Die Wilde') auf, die im Griechischen bis heute offiziell besteht (neugriechisch 'Thíra'). Der heute im Ausland gängige und auch vor Ort parallel gebrauchte Name 'Santorín' (neugriechisch 'Santoríni') kam erst im 13. Jh. auf und leitet sich aus dem Italienischen von der Schutzheiligen Santa Irini ab.

**Landschaftsbild

Die Anfahrt zu Schiff nach Santorín ist der spektakulärste Anblick auf den Kykladen – ein einmaliges Erlebnis. Nach den sanften Außenhängen der Insel öffnet sich plötzlich die riesige, annähernd ringsum geschlossene Caldera. Man sieht die wunderschönen Orte in atemberaubender Lage auf dem steil abfallenen Kraterrand liegen, wobei das Weiß der Häuser einen beeindruckenden Kontrast zu den dunklen Lavahängen bildet.

Gestalt und Entstehung

Santorín mißt von Norden nach Süden 18 km, während die Breite zwischen 2 und 6 km schwankt. Die Küstenlänge beträgt 69 km.
Es ist mit seinen Nebeninseln Thirassía, Néa Kaméni ('Neue Verbrannte'), Paléa Kaméni ('Alte Verbrante') und Aspronísi Teil eines um 1628 v. Chr. im Meer versunkenen Vulkans (s. u.). Der aus dem Meer ragende Rand der Caldera bildet heute einen im Nordwesten und Südwesten offenen Ring um ein bis zu 400 m tiefes Seebecken, aus dessen Mitte später durch unterseeische Vulkantätigkeit die beiden Kaméni-Inseln emporgewachsen sind. Heiße Quellen und Gasausströmungen bezeugen dort fortdauernde vulkanische Tätigkeit.

Gestalt und Entstehung (Fortsetzung)

Die mächtigen vulkanischen Schichten liegen einem Gebirge aus Tonschiefer und Grauwacke auf, das von halbkristalliner Kalksteinmasse überlagert ist. Es bildet im Südosten als höchste Inselerhebung den Profítis Ilías (566 m ü. d. M.) und an der Nordspitze den Mávro Vounó (369 m ü. d. M.) aus. Der steile Kraterrand bricht zum inneren Becken hin in 200 bis 400 m hohen Felswänden aus grauschwarzer Lava ab, in denen Schichten von weißem Bimsstein und rötlichem Tuff sichtbar werden. Nach außen senkt er sich terrassenartig zum Meer hin und bildet mit seiner hohen Bimssteindecke ein fruchtbares Weinland. Baumbewuchs fehlt wegen des akuten Wassermangels.

Vulkanismus

Die Entstehung und heutige Gestalt Santoríns ist das Ergebnis einer über Jahrtausende anhaltenden vulkanischen Tätigkeit. Die Kalksteinmassive Profítis Ilías, Gavrilos und Monólithos bildeten als Gipfel eines versunkenen Gebirges Inseln, die aufgrund tektonischer und vulkanischer Bewegungen in der Erdkruste mit der Zeit durch sich verfestigende Lavamassen zusammenwuchsen und schließlich die 'runde Insel' Strongyle formten.
Nach neuesten Erkenntnissen wurde um 1628 v. Chr. und nicht wie früher angenommen um 1500 v. Chr. die Insel durch einen riesigen Vulkanausbruch zerstört. Seine Gewalt muß diejenige der weltbewegenden Krakatau-Explosion von 1883 um ein Vielfaches übertroffen haben. Mehr als die Hälfte der Insel barst buchstäblich in Stücke und versank mit ihrem Mittelteil bis zu einer Tiefe von 300 bis 400 m im Meer. Dabei wurden riesige Mengen von Bimsstein herausgeschleudert und bedeckten das Land mit einer bis zu 30 m dicken Schicht. Durch den Einsturz des Vulkanbeckens entstand die größte Caldera der Welt und füllte sich mit Meerwasser. Bei der Explosion wurden auch Teile von Kreta verwüstet. Die Katastrophe von Thera legt Spekulationen nahe, daß mit dem Vulkan das sagenumwobene Inselreich Atlantis im Meer versunken sei (→ *Baedeker Special*).

Vulkanismus (Fortsetzung)

Der Vulkanismus blieb auch in späteren Zeiten ein bestimmender Faktor in der Inselgeschichte. Insgesamt hat man seit dem zweiten vorchristlichen Jahrhundert 14 größere Vulkanausbrüche registriert, die in ganz unregelmäßigen Abständen – zwischen zwei und 666 Jahren – erfolgt sind. 197 v. Chr. entstand durch Eruptionen die kleine Insel Paléa Kaméni. Besonders heftig waren die Ausbrüche von 1650 (außerhalb der Caldera) und zwischen 1707 und 1712 (Entstehung und mehrfache Veränderung der Kaméni-Inseln). Die letzte Vulkantätigkeit wurde 1950 beobachtet, und 1956 erschütterte ein verheerendes Erdbeben die Inseln, das Oía zerstörte und einen großen Teil der Santoriner zwang, ihre Heimat zu verlassen.

Geschichte

Im dritten vorchristlichen Jahrtausend, zur Zeit der Kykladenkultur von Karern bewohnt, ließen sich um 1900 v. Chr. frühgriechische Achäer auf der Insel nieder. Die Ausgrabungen bei Akrotíri haben gezeigt, daß Santorín in der ersten Hälfte des 2. Jt.s v. Chr. eine hohe Blüte erlebte. Es war eine Welt, die in Verbindung mit dem minoischen Kreta stand und dennoch eine eigenständige theräische Kultur entwickelte. Es kann vermutet werden, daß wenigsten die Stadt Akrotíri nicht durch eine Zentralmacht regiert, sondern plutokratisch von Kaufleuten und Schiffseignern verwaltet wurde, die mit ihren Flotten bis nach Libyen kamen. Dies und vielleicht eine ethnische Beziehung zu Nordafrika läßt sich aus den künstlerisch hervorragenden, heute im Athener Nationalmuseum ausgestellten Wandmalereien ablesen. Das Goldene Zeitalter endete mit dem riesigen Vulkanausbruch (um 1628 v. Chr.). Dabei wurde auch Akrotíri zerstört.
Nach dem Vulkanausbruch blieb die Insel einige Jahrhunderte unbewohnt. Antiken Schriftstellern nach soll sie zuerst von Phönikern wiederbesiedelt worden sein. Feststeht, daß dorische Einwanderer kamen, die sich auf dem Kalksteinrücken südöstlich vom Berg Profítis Ilías niederließen und die Insel Thera nach einem mytholgischen Helden nannten. Ihr König Grinos gründete – laut Herodot nach Weisung des Delphischen Orakels –

Außergewöhnlicher Weinanbau, bei dem die Reben ein korbartiges Geflecht bilden, in dem die Trauben geschützt heranreifen.

Baedeker Special

Santorín – das legendäre Atlantis?

Ein gewaltiger Vulkanausbruch erschütterte 1628 v. Chr. die Inselwelt der Kykladen und ließ ein Großteil der Insel Thera (Santorín) im Meer versinken. Zugrunde ging dabei auch eine hoch entwickelte Zivilisation, die in Bruchstücken erst seit den 1960er Jahren durch die sensationellen Grabungsfunde von Akrotíri durch den Archäologen Spyridon Marinatos (1901–1974) wieder zum Vorschein kam. Marinatos blieb bis zu seinem Tod der festen Überzeugung, Santorín sei der legendäre, im Meer versunkene Inselstaat Atlantis, von dem der griechische Philosoph Platon (427– 347 v. Chr.) in seine Dialogen "Kritias" und "Timaios" einen eingehenden, allerdings unvollständigen Bericht geliefert hatte. Bis heute suchen Forscher mit unterschiedlichen Hypothesen nach der geographischen Lage der sagenhaften Inselwelt. Frühere Lokalisierungstheorien, ob Tartessos in Südspanien, die Nigermündung, der Tritonsee an der Kleinen Syrte, Amerika oder gar Helgoland gelten heute als ebenso widerlegt wie die Annahme von untergegangenen Inseln im Atlantik. Überhaupt sind nur wenige Forscher von der geschichtlichen Existenz des Inselstaats überzeugt. Sind also Platons Berichte nur dichterische Eingebung oder enthalten sie doch ein Stück Wahrheit? Der Archäologe Marinatos jedenfalls ließ sich von den antiken Schriften bei seiner Suche nach Atlantis leiten wie schon zuvor Heinrich Schliemann durch Homers "Ilias" auf die Fährte des antiken Troja kam. Lesen wir also zunächst Platons Bericht: "Denn vor der Mündung, die ihr in eurer Sprache Säulen des Herkules (heute Gibraltar) nennt, lag eine Insel, und diese Insel war größer als Libyen und Kleinasien zusammen. Von ihr gab es für die Reisenden damals einen Zugang zu den anderen Inseln, und von diesen auf das ganze Festland gegenüber rings um jenes Meer, das man wahrhaft so bezeichnen darf. Denn alles, was innerhalb der erwähnten Mündung liegt, erscheint wie eine Hafenbucht mit einer engen Einfahrt: jenes aber kann man wohl wirklich als ein Meer und das darum herum liegende Land in Tat und Wahrheit und in vollem Sinn des Wortes als ein Festland bezeichnen."
Platon kannte diese Inselwelt jedoch nicht aus eigener Anschauung, sondern erzählte weiter, was ägyptische Priester dem Athener Gesetzgeber Solon um 590 v. Chr. bei seinem Ägyptenaufenthalt

Santorín · Thíra
Geschichte
(Fortsetzung)

630 v. Chr. die nordafrikanische Kolonie Kyrene, die größte Kolonie der Griechen in Afrika. Im 5 Jh. v. Chr. wurde die Insel Mitglied im Attisch-Delischen Seebund. Zu Beginn des Peloponnesischen Kriegs mit Sparta verbunden, geriet Thera später in Abhängigkeit von Athen. Eine gewisse Blüte bestand unter den ägyptischen Ptolemäern, die wegen des strategisch besonders günstigen Inselbergs Méssa Vounó einen Militär- und Flottenstützpunkt unterhielten. Dann kam die Insel zum römischen Reich. Im vierten nachchristlichen Jahrhundert wurde Santorín Sitz eines Bischofs (Dioskuros, 342–344). Seit der Zeit des oströmischen Kaisers Justinian (527–565) gehörte das Bistum zur Diözese Rhodos. Die Insel gelangte im 13. Jh. unter die Herrschaft der Venezianer, wurde dem Herzogtum Náxos unter Marco Sanudo zugeschlagen und unterstand dann verschiedenen venezianischen Herrschergeschlechtern. Man nannte sie nun Santorín nach der Santa Irini, der hl. Irene. Im Jahr 1537 brachte der osmanische Admiral Chaireddin Barbarossa (→ Berühmte Persönlichkeiten) Santorín zwar in seine Gewalt, es unterstand aber weiterhin den Venezianern, bis es 1579

mitgeteilt hatten. Demnach ging die Anlage des Inselkontinents in Form konzentrischer Ringe sogar auf den Plan des Meergotts Poseidon zurück: “Er legte einen um den anderen herum ... recht eigentlich Radringe und aus Meerwasser an... als hätte er von der Mitte der Insel aus eine Töpferscheibe sich drehen lassen.” Außerdem gibt Platon auch zahlreiche Hinweise auf den vulkanischen Charakter der Inselwelt, spricht von warmen und kalten Quellen und verschiedenfarbigen Gesteinsarten.

Der Überlieferung nach hatten die Bewohner von Atlantis eine außerordentlich hohe Kultur entwickelt und ein Herrschaftssystem in Form einer parlamentarischen Oligarchie mit einer “Versammlung von zehn Königen, welche die gemeinsamen Angelegenheiten beraten ... und Recht sprechen.”

Die laut Platon einst tugendhafte, über großen Wohlstand, militärische Stärke und gute und gerechte Gesetze verfügenden Atlantiden begingen dann allerdings den Fehler herrschsüchtig zu werden, Eroberungskriege gegen Nachbarn, vor allem auch gegen Athen, zu führen und Moral und Sitten dem Verfall preiszugeben. Das Strafgericht der Götter war deshalb unausweichlich und führte zur Katastrophe: “Daraufhin geschahen heftige Erdbeben und Erdeinbrüche. Im Zeitraum eines Tages und einer Nacht voll Unheil versank die Menge der Krieger und des ganzen Volkes in der Erde, und die Insel Atlantis wurde vom Meer verschlungen.”

In der Tat ergeben sich im Vergleich der heutigen Gestalt Santoríns mit der Beschreibung von Platons Atlantis auf den ersten Blick zahlreiche Übereinstimmungen mit Ausnahme der geographischen Lage und Größe des Inselstaats. Doch hier mag dichterische Freiheit am Werk gewesen sein, angesichts der Tatsache, daß das Mittelmeer im vierten vorchristlichen Jahrhundert von den Griechen beherrscht wurde und das sagenhafte Atlantis bewußt außerhalb der bekannten Welt angesiedelt wurde. Auch die enorme Größe von Atlantis ließe sich erklären als Platons Vorstellung, daß nur ein übermächtiger Feind Athen besiegen konnte. In der ungewöhnlichen ringförmigen Anlage, der Durchfahrt für Schiffe, dem Inselchen in der Mitte, den Farben der Gesteinsformationen, der Morphologie mit Klippen und hohen Bergen sowie dem Vulkanismus gib es Berührungspunkte der Wirklichkeit Santoríns mit Platons Überlieferung von Atlantis. Der Archäologe Marinatos war sich deshalb sicher, Atlantis endlich gefunden zu haben. Was aber, wenn Platon das nur drei Segeltage von Athen entfernte Santorín besucht hat, um sich von der einmaligen Lage inspirieren zu lassen und seine Weisheit in Form eines Gleichnisses zu vermitteln. Der Philosoph wollte seinen Zeitgenossen in den Dialogen “Kritias” und “Timaios” mit dem erfundenen Atlantis einen Idealstaat schildern, für den Santorín eine eindrucksvolle Kulisse abgab. Wie so oft vermischen sich Dichtung und Wahrheit.

Nur eines ist sicher: die Suche nach Atlantis geht weiter.

Santorín · Thíra
Geschichte
(Fortsetzung)

endgültig an das Osmanische Reich fiel. Die Türken ließen sich allerdings nicht auf Santorín nieder. Sie zogen zwar Steuern ein, überließen es aber ‘Franken’ und Griechen, ihre Probleme selbst zu lösen. Die Katholiken hatten von Anfang an versucht, durch den Bau von Kirchen, Klöstern und Schulen ihre Herrschaft zu untermauern. Die griechisch-orthodoxe Kirche setzte sich dagegen zur Wehr, indem sie ihrerseits Kirchen und Schulen baute und die griechische Sprache und Kultur lebendig hielt. Lange Zeit von Piratenüberfällen heimgesucht, widmeten sich die Santoriner ab dem 18. Jh. allmählich mit Erfolg Handel und Seefahrt und konnten am griechischen Freiheitskampf 1821 mit einer großen Flotte teilnehmen. 1834 kam Santorín an das neugegründete Königreich Griechenland.

Wirtschaft

Seit langer Zeit stellen Abbau und Ausfuhr der sog. Santorín-Erde (Bimssteinsand) eine der Haupterwerbsquellen der Einwohner dar.

Der Teil der Insel, der vom Kraterrand sanft zum Meer hin abfällt, ist außerordentlich fruchtbar. Dies ist auf die Fähigkeit des aus weichem Bimsstein

Wirtschaft (Fortsetzung)

bestehenden Bodens zurückzuführen, Regenwasser und sogar Luftfeuchtigkeit zu binden. Angebaut werden hier Gemüse, Getreide und der berühmte Wein. Zum Schutz vor dem heftigen Nordwind Meltemi erfanden die Santoriner Weingärtner eine wohl einzigartige Anbaumethode, indem sie die Rebstöcke derart beschneiden, daß sie leicht vertieft im Boden mit ihren einzelnen Reben ein korbartiges Geflecht bilden, in dessen Mitte die Trauben heranreifen, geschützt durch ihr eigenes Laubwerk.
Der Tourismus ist jedoch in der letzten Zeit zur Haupteinnahmequelle der Insel geworden.

Lokale Spezialitäten

Lokale Spezialitäten werden in den Tavernen auf der Insel leider nicht mehr allzu oft angeboten. Bekannt ist Santorin für seinen Wein (Nichteri, Brusko, Vissanto), den man in verschiedenen Weingütern probieren kann, und seinen Bohnenbrei Fava.

Thíra / Fíra

**Ortsbild

Der wunderschöne Ort Thíra (1400 Einw.) zeichnet sich durch eine traumhafte Lage am Kraterrand aus. Besonders schön ist es, wenn in der Dämmerung die Lichter angehen, was dem Ort eine sehr stimmungsvolle Atmosphäre verleiht. Von Thíra bietet sich ein faszinierender Blick aufs Meer und die Lavainseln, was vor allem bei Sonnenuntergang ein unvergleichliches Erlebnis ist.
Thíra ist mit seinen weißen Gassen, Treppen und Terrassen, die sich gegen das Blau des Meeres abheben, von außergewöhnlichem ästhetischem Reiz. Die blauen Kuppeln der Kirchen setzen zudem malerische Akzente im Ortsbild. Diesen Anblick kann man am besten genießen, wenn man den Kraterrandweg von der Seilbahnstation nach Norden zu den Dörfern Firostefani und Imerovigli entlanggeht. Besonders beeindruckend ist der Spaziergang zur Zeit des Sonnenuntergangs.

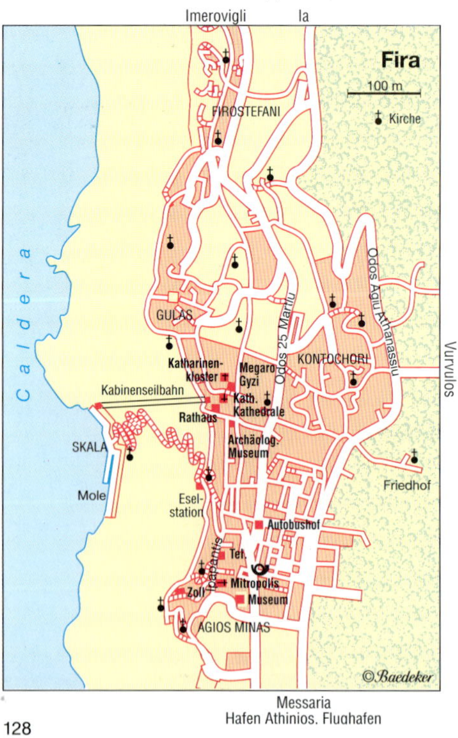

Der Ort bietet eine unübersehbare Zahl von Geschäften – auffallend sind die vielen Schmuckläden –, Souvenirläden sowie Tavernen und Bars. Die beliebteste Geschäftsstraße ist die Ipapántis, wo immer reges Leben herrscht. Von den Lokalen am Kraterrand kann man einen hinreißenden Blick auf die Caldera genießen.
Am Westrand des Ortszentrums führt ein Treppenweg hinunter zum Skála, dem Alten Hafen, den man am besten mit dem Maultier und der Seilbahn erreicht. Dort legen Ausflugsboote und Kreuzfahrtschiffe an. Die Kabinenseilbahn wurde der Insel zu Beginn der achtziger Jahre von zwei Reedern gestiftet. Die Gewinne aus dem Betrieb kommen hauptsächlich karitativen Zwecken zugute, aber auch die Maultiertreiber erhalten zur Sicherung ihrer Erwerbsgrundlage einen Anteil.

Mitropolis

Prachtvoll erhebt sich die Mitropolis, die orthodoxe Hauptkirche, am südlichen Rand des Ortszentrums. Der Arkadenbau mit hoher Kuppel wurde nach dem verheerenden Erdbeben 1956 errichtet. Auffallend im Innern sind die farbenfrohen Wandmalereien.

* Archäologisches Museum

Im Ortszentrum, an der Grenze zwischen dem katholischen und orthodoxen Viertel, liegt das Archäologische Museum (geöffnet Di. – So. 8.30 – 15.00 Uhr), das repräsentative Funde von der prähistorischen bis zur römischen Zeit von den Ausgrabungsstätten Akrotíri und Thera verwahrt.
Im Vorraum sieht man Gefäße und Marmoridole der frühkykladischen Epoche sowie Keramik von der Ausgrabungsstätte Akrotíri (1500 v. Chr.).
Im nördlichen Saal sind wundervolle geometrische und archaische Vasen, Gefäße und Idole ausgestellt. Bemerkenswert sind die Halsamphore mit Reliefschmuck und die Bruchstücke archaischer Statuen.
Im östlichen Saal findet der Besucher wunderschöne, schwarz- und rotfigurige attische Vasen, archaische Tonidole in Menschen- und Tiergestalt sowie Skulpturen aus hellenistischer Zeit.
Schließlich werden im kleinen Südsaal und im stimmungsvollen bepflanzten Atrium römische Skulpturen und Inschriften von der archaischen bis zur römischen Zeit präsentiert.

* Megaron Gyzi

Unweit nördlich befindet sich das sehr schöne Museum Megaron Gyzi (geöffnet Mo. – Sa. 10.30 – 13.30 und 17.00 – 20.00, So. 10.30 – 16.30 Uhr) in einem venezianischen Herrenhaus. Zu sehen sind Verträge, Urkunden und andere Schriften des 16. bis 19. Jh.s, zudem Landkarten und Stiche. Außerdem zeigt eine Fotodokumentation die Folgen des verheerenden Erdbebens von 1956. Die Gemäldesammlung bekannter griechischer Maler des 19. und 20. Jh.s auf der Galerie ist nicht sehr qualitätvoll.
Darüber hinaus ist im hinteren Teil des Museum noch ein Ikonen-Malstudio eingerichtet, wo man dem Malen nach alten Vorlagen zusehen und die Ikonen auch kaufen kann.

Katholischer Kirchenbezirk

Beim Museum liegt der katholische Kirchenbezirk, wo sich außer der Kathedrale noch das Katharinenkloster der Dominikanerinnen befindet. Außerdem gibt es hier eine Schule für Teppichknüpferei, in der man bei der Arbeit zusehen und die Teppiche auch erwerben kann .

Weitere Sehenswürdigkeiten auf Santorín

** Oía / Ía

Das an der Nordspitze der Insel gelegene Oía (600 Einw.), einer der schönsten Orte der Kykladen, zeichnet sich durch eine atemberaubende Lage am Kraterrand und an den Kraterhängen aus. Obwohl es erst in den letz-

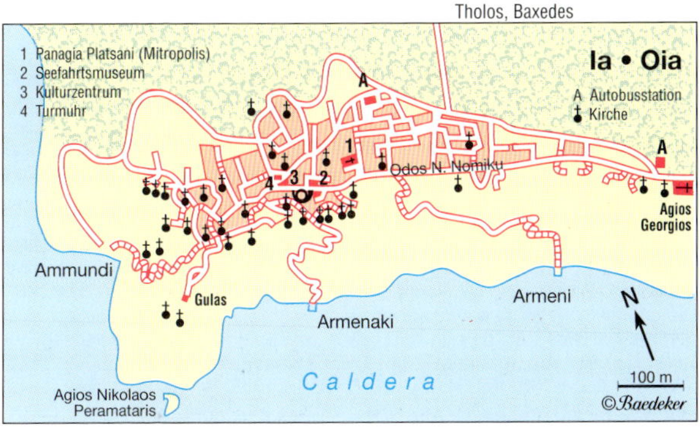

Das sehr schöne Oía beeindruckt durch seine grandiose Lage am Kraterrand.

Oía (Fortsetzung)

ten 30 Jahren nach den verheerenden Zerstörungen des Erdbebens von 1956 entstand, entspricht es mit seinen engen Gassen, weißen Häusern, teilweise mit den charakteristischen Tonnengewölben, und blauen Kirchenkuppeln – ein äußerst beliebtes Fotomotiv! – dem Bild eines typischen Kykladenorts. Zudem finden sich hier noch einige, auch alte Höhlenwohnungen. Die Einwohner leben überwiegend vom Tourismus.

Man sollte die hübsche, von zahlreichen Geschäften gesäumte Hauptgasse entlangbummeln bis zur Kastellruine am Ende, wo man den schönsten Blick auf den Ort hat. Hier ist auch ein idealer Platz, um den Sonnenuntergang zu genießen.

Das hiesige Seefahrtsmuseum (geöffnet Mo., Mi.–So. 10.00–13.00 und 17.00–20.00 Uhr), das in einem alten Herrenhaus untergebracht ist, dokumentiert die Geschichte der Seefahrt auf Santorín. Ausgestellt sind Schiffsinstrumente und -modelle sowie Fotografien.

Monólithos (Μονόλιθος)

Monólithos, benannt nach dem markanten Felsen hier, liegt 7 km südöstlich von Thíra, an der Ostküse der Insel, in unmittelbarer Nähe des Flughafens.

Der dunkle Sandstrand ist inzwischen gut besucht. Liegestühle und Sonnenschirme werden verliehen, und Tavernen sorgen für das leibliche Wohl der Badegäste.

Messariá (Μεσαριά)

Auf dem Weg nach Kamári empfiehlt sich 4 km nach Thíra ein Zwischenstopp in dem Ort Messariá, wo man zunächst an eine große Kreuzung mit Tavernen kommt. Wenige Schritte oberhalb liegt der Ortskern, in dem noch einige Herrschaftshäuser zu sehen sind.

*Archontiko Argyrou

Sehr sehenswert ist das wunderschön restaurierte, neoklassizistische Archontiko Argyrou (geöffnet Apr.–Okt., Führungen: 11.00, 12.00, 13.00, 16.00, 17.00, 18.00, 19.00 Uhr), eine Villa, die 1888 der Weinhändler George Argyros auf einem traditionellen Haus erbauen ließ und die bei dem Erdbe-

Das wunderschön restaurierte Archontiko Argyrou wurde in ein Museum umgewandelt.

ben 1956 teilweise zerstört wurde. Das Haus bietet einen authentischen und anschaulichen Einblick in das bürgerliche Leben des 19. Jh.s. Angeschlossen ist ein Gästehaus.

Messariá, Archontiko Argyrou (Fortsetzung)

Die alte Inselhauptstadt Pírgos (500 Einw.) liegt 6 km südlich von Thíra auf einem kegelförmigen Hügel, an dessen Hängen sich stattliche, blendend weiße Häuser entlangziehen; weithin leuchten die blauen Kirchenkuppeln. Viele steile Treppengäßchen führen in das verwinkelte Dorf. In venezianischer Zeit wurde hier ein Kastell erbaut, wo eine kleine Kirche aus dem 10. Jh. steht.

Pírgos (Πύργος)

Der Gipfel des Profítis Ilías (4 km südlich von Pírgos), des mit 566 m höchsten Bergs der Insel, ist durch eine militärische Radaranlage und Rundfunkübertragungsanlagen verschandelt. Das hiesige gleichnamige Kloster mit dem interessanten Volkskundemuseum wurde leider wegen häufiger Diebstähle geschlossen. Allerdings hat man von dem Gipfel eine großartige Aussicht.

Profítis Ilías (Προφίτις Ηλίας)

Der Ort Méssa Goniá, knapp 2 km östlich von Pírgos, ist das Zentrum des Weinanbaus auf der Insel. Hier und in dem höhergelegenen Ort Éxo Goniá kann der Besucher in Weingütern Wein probieren und kaufen.

Méssa Goniá (Μέσσα Γωνιά)

Kamári, der wichtigste Badeort der Insel, liegt an der Ostküste, nördlich des steil aufragenden Kaps Messa Vounó. Es bietet einen schönen sehr dunklen kilometerlangen Kiesstrand. An der hübschen, von Tamarisken beschatteten Uferpromenade findet man viele Hotels, Bars und Tavernen.

Kamári (Καμάρι)i

Périssa, wie Kamári an der Ostküste gelegen, ist ebenfalls ein beliebter Badeort, der fast mit Empório zusammengewachsen ist. Es weist eine ausgeprägte touristische Infrastruktur auf. Sehenswert ist die Timíos Stavrós-Kirche (19. Jh.).

Périssa (Πέρισσα)

*Thera

Öffnungszeiten
Di. – Sa.
8.45 – 14.30

Die Ausgrabungsstätte von Thera befindet sich in grandioser Lage 3 km südwestlich von Kamári, auf dem nach drei Seiten steil abfallenden Felsrücken Mésa Vounó (369 m ü. d. M.). Eine windungsreiche, gepflasterte Fahrstraße führt hinauf.

Geschichte

Die strategisch günstige Lage des Felsmassivs Messa Vounó im Südosten der Insel erregte die Aufmerksamkeit der dorischen Kolonisten, die hier etwa 1000 v. Chr. ihre Stadt gründeten. Diese Siedlung, die bis zur Ausbreitung des Christentums das einzige städtische Zentrum von Thera blieb, spielte eine bedeutende Rolle in der Ägäis.
Freiherr Hiller von Gaertringen beschränkte sich bei seinen Ausgrabungen Ende des 19. Jh.s lediglich auf bestimmte Punkte der Stadt, namentlich solche mit öffentlichen Gebäuden. Deshalb ist das Bild, das man von der antiken Stadt und ihrer Organisation hat, nicht vollständig. Die städtebauliche Anlage, wie sie heute zu sehen ist, stammt aus hellenistischer Zeit, eine bedeutende Periode in der Geschichte der Insel. Aufgrund der natürlichen Gegebenheiten ist jedoch davon auszugehen, daß die Stadt immer die gleiche bauliche Anlage gehabt haben muß: auf dem langgestreckten Bergrücken lagen die Wohnhäuser und öffentlichen Gebäude und auf dem Bergsattel zum Profítis Ilías die Friedhöfe. Als Häfen dienten die nördlich bzw. südlich gelegenen Strände Kamári und Périssa.

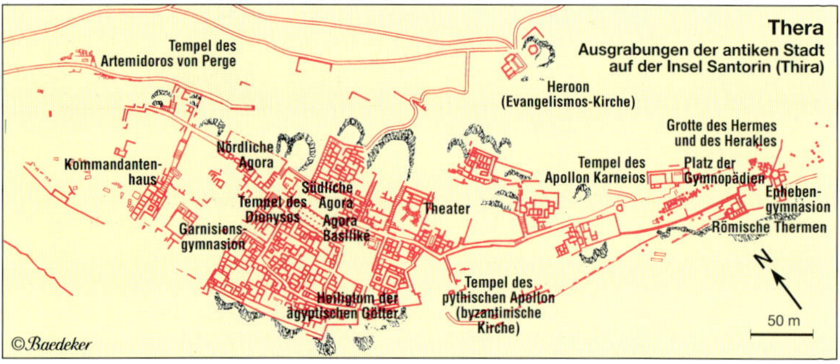

Rundgang

Am Beginn des gut beschilderten Rundgangs trifft der Besucher zunächst auf den Tempel des Artemidoros von Perge (4./3. Jh. v. Chr.), eines Admirals der Ptolemäer. In den Felsen geschnitten sind Reliefs eines Löwen, eines Adlers und eines Delphins als Symbole der Götter Apollon, Zeus und Poseidon, zudem das Relief von Artemidoros.
Von der Hauptstraße zweigt rechts ein Stufenweg ab zum sog. Kommandantenhaus der ptolemäischen Garnison, das sich mit einem rechteckigen, von Zimmern umgebenen Hof nicht von Privathäusern unterscheidet.
Etwas weiter südlich befindet sich das Garnisonsgymnasion ebenfalls mit einem rechteckigen Hof und zwei geschlossenen Räumen.
Folgt man der Hauptstraße weiter, trifft man auf die Agora, um die rings Wohnviertel, öffentliche Bauten und Heiligtümer lagen. An sie schließt sich die Stoa Basilike (1. Jh. n. Chr.), die königliche Säulenhalle, an, die den Mittelpunkt des öffentlichen Lebens der Stadt bildete. Die Innenhalle wird in der Längsachse durch eine dorische Säulenreihe geteilt. Der kleine Tempel des Dionysos erhob sich an der Nordwestecke der Stoa, auf einer eigenen Terrasse. Geht man die Hauptstraße weiter, sieht man links am Berghang ein Theater aus ptolemäischer Zeit, das in der römischen Periode umgebaut wurde.
Beim Theaterportal zweigt von der Hauptstraße ein Weg ab aufwärts zum Felsenheiligtum der ägyptischen Götter Isis, Serapis und Anubis.

Vor dem Tempel des Artemidoros sind noch in den Felsen geschnittene Reliefs erhalten.

Thera (Fortsetzung)

Am südöstlichen Ende der Stadt liegt auf einer durch Aufschüttung vergrößerten Terrasse der heilige Platz der Gymnopädien, wo seit dem 7. Jh. v. Chr. kultische Feiern zu Ehren von Apollon Karneios stattfanden. Dies bezeugen die zahlreichen archaischen Inschriften mit erotischem Inhalt, die in den Felsen gemeißelt sind.

Der Platz wird nördlich begrenzt von dem Heiligtum des Apollon Karneios (6. Jh. v. Chr.). Der eigentliche Tempel besteht aus Pronaos und Cella mit zwei angebauten, über Stufen zugänglichen Räumen, die vielleicht als Schatzkammern dienten.

Das Gymnasion der Epheben am Südostende der Stadt, bei der Grotte des Hermes und Herakles wird auf das 2. Jh. v. Chr. datiert. Daran wurden in römischer Zeit Thermen gebaut.

Etwa 140 m nordöstlich des Heiligtums von Apollon Karneios steht ein recht gut erhaltenes Heroon (2. Jh. v. Chr.), an das eine Evangelismós-Kapelle angebaut wurde.

*Akrotíri

Öffnungszeiten
Di. – So.
8.30 – 15.00

Unterhalb der Ortschaft Akrotíri legte der griechische Archäologe Spyridon Marinatos von 1967 bis zu seinem Tod 1974 größere Teile einer bedeutenden, durch die Vulkanexplosion von 1628 v. Chr. zerstörten Stadt frei. Die Gebäude stammen aus dem 17. Jh. v. Chr. und zeigen Spuren von der Katastrophe vorangegangener Erdbebenschäden – z. B. schräg stehende Mauern, die dann vom alles überdeckenden Bimssand in dieser Lage festgehalten wurden. Daraus und aus der Mehrstöckigkeit der Gebäude ergaben sich für die Ausgräber schwierige Probleme der Konservierung. Marinatos kam bei den Ausgrabungen um und ist in einem Haus gegenüber der Unglücksstelle beigesetzt. Seine Tochter, die Archäologin Nanno Marinatos, führt die Forschungen fort.

Akrotíri (Fortsetzung)

Mit den Ausgrabungen wurde ein bedeutendes Kapitel in der Erforschung der Vorgeschichte der Ägäis aufgeschlagen. Außergewöhnlich ist der gute Erhaltungszustand der Häuser. Die Einmaligkeit der Ruinen macht jedoch vor allem die Fülle der Wandmalereien und ihr hervorragender Erhaltungszustand aus. Sie befinden sich jedoch leider nicht vor Ort, sondern im Archäologischen Nationalmuseum in Athen.

Geschichte

Die Zivilisation, die in den Ruinen ans Licht kam, scheint eine Mischung aus der alten kulturellen Überliefung der Kykladen mit den Neuerungen der minoischen Kultur darzustellen. Die in die spätminosiche Phase gehörende Stadt Akrotíri, eine der bedeutendsten der Insel, war auf den Ruinen einer mittelkykladischen Siedlung erbaut, von der sich eine ganze Anzahl architektonischer Reste und reiche Keramikfunde erhalten haben. Es existieren jedoch auch aus der vorangegangenen frühkykladischen Periode keramische Zeugnisse.

Das beweist, daß die strategische Lage von Akrotíri schon seit dem 3. Jt. v. Chr. erkannt worden war. In dieses stets blühende Städtchen kamen schon früh minoische Kreter.

Das minoische Element beeinflußte wesentlich die kulturelle, soziale und wirtschaftiche, möglicherweise auch die politische Entwicklung der Gesellschaft auf der Insel Thera und verwandelte Akrotíri bald zu einem bedeutenden Handelshafen. Der Reichtum von Akrotíri, der die Künste begünstigte, läßt darauf schließen, daß die gut organisierte Gesellschaft aus See- und Handelsleuten bestand.

Als sich der große Vulkanausbruch 1628 v. Chr. durch Erdbeben ankündigte, flohen die Bewohner und nahmen ihre Wertsachen mit. Das Erdbeben zerstörte dann viele Häuser. Nach einer Ruhephase kehrten die Bewohner zurück und begannen, die Häuser wiederaufzubauen. Von Rauch oder Gasen gewarnt, flohen die Menschen erneut. Was aus ihren geworden ist, bleibt unbekannt.

Blick in das von einer Halle umgebene Ausgrabungsgelände von Akrotíri

Die Wandmalereien geben einen guten Einblick in das Alltagsleben der damaligen Zeit.

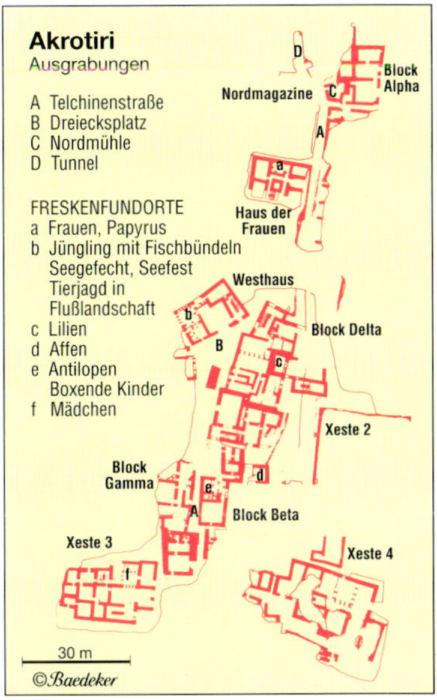

Ausgrabungsplan der durch einen Vulkanausbruch zerstörten Stadt

Akrotíri (Fortsetzung) Architektur

Die Stadt war von engen Gassen mit Steinpflaster durchzogen. Unter diesem verlief das Kanalisationsnetz, das direkt mit den Abwasserleitungen der Häuser verbunden war.
Die Häuser zu beiden Seiten der Straßen wiesen zwei, drei, vielleicht sogar vier Stockwerke auf. Stein- und Holztreppen verbinden die Stockwerke miteinander.
Kleine Fenster in den Erdgeschossen und größere in den Obergeschossen sorgten für die notwendige Belüftung und Beleuchtung.
Die Räume in den Erdgeschossen wurden als Lager oder Werkstätten genutzt, während sich in den Obergeschossen die Wohnung befand.

Wandmalereien (sie befinden sich nicht vor Ort, sondern im Archäologischen Nationalmuseum in Athen)

Die bedeutenden Wandmalereien, die deutlich minoischen Einfluß verraten, liefern wichtige Erkenntnisse über das damalige Leben. Es gibt fast kein Haus, in dem nicht wenigstens ein Raum im Obergeschoß mit ihnen geschmückt war.
Der Künstler hat auf den geglätteten Verputz, mit dem die Innenwände der Räume versehen waren, gemalt, unabhängig davon, ob dieser Verputz trocken oder feucht war. Es wurden ausschließlich Mineralfarben verwendet, und zwar rot, schwarz, blau, orange und weiß. Themen der Wandmalereien sind geometrische und abstrakte Motive sowie Landschaften und Alltagsszenen.

Rundgang

Das zum Schutz vor Witterung mit einer Halle umgebene Ausgrabungsgelände kann nur zum Teil besichtigt werden. Zudem ist das Zentrum der Ausgrabung, die Telchinenstraße, sowie die Häuser nicht zugänglich. Darüber hinaus wirkt die Fabrikhallenkonstruktion im Gesamteindruck optisch störend. Insgesamt wird der Besucher wohl von der mäßigen Quantität und Qualität der Präsentation der kulturhistorisch bedeutsamen Ruinen etwas enttäuscht sein.

Akrotíri (Fortsetzung)

Man betritt die Halle von Süden her und sieht links ein stattliches, zwei- oder dreistöckiges Gebäude (Xeste 3) mit einer eindrucksvollen Vorderfront aus behauenen ('xestes') Steinen, das mit vielen Wandmalereien geschmückt war, z.B. den Krokuspflügerinnen. Der Rundweg führt nun mehr nach rechts, vorbei an Block Beta, wo u.a. das Fresko 'Boxende Kinder' gefunden wurde. Weiter nördlich folgt linkerhand Block Delta mit dem hier entdeckten zauberhaften Lilien-Fresko.
Nach kurzer Zeit erreicht der Besucher einen dreieckigen Platz, dessen Nordwestseite von dem zwei- oder dreistöckigem Westhaus beherrscht wird. Hier befanden sich die Wandmalereien des Fischers und der Priesterin sowie Miniaturmalereien. Vom Platz führen einige Stufen zum Ausgang an der Westseite der Halle.

*Red Beach

Vom Ausgrabungsgelände führt ein Fußweg in südlicher Richtung zum Red Beach, einer der schönsten Strände Santoríns, der von imposanten farbigen Felswänden eingefaßt wird.

Nachbarinseln

Vom alten Hafen Skála in Thíra und vom Fährhafen Athiniós starten Ausflugsboote zu den Vulkaninseln in der Caldera.

Néa Kaméni (Νέα Καμένι), Paléa Kaméni (Παλέα Καμένι)

Die erst 1707 bei einem Vulkanausbruch entstandene Insel Néa Kaméni ist mit ihren schwarzen Steinwüsten von beeindruckender Bizarrheit. In etwa 25 Minuten erreicht man den Georgskrater, der schwefelhaltige Dämpfe ausströmt.
An der Nordwestküste von Paléa Kaméni kann der Besucher in warmem, eisen- und schwefelhaltigem Wasser baden.
Bei dem Ausflug auf die beiden Inseln sollte man wegen der scharfkantigen Lavabrocken feste Schuhe tragen.

Lohnend ist ein Ausflug zu den schwarzen Vulkaninseln Kaméni.

Santorín · Thíra (Fortsetzung)

Thirassía (Θηρασία)

Die Insel Thirassía (9 km²; 0–295 m ü. d. M.), die die Caldera nach Westen abschließt, entspricht dem geologischen Aufbau von Santorín. Die steile Abbruchkante im Osten steigt nach Süden bis auf 295 m an und fällt nach Westen sanft ab. Die Insel wird nur noch von etwa 300 Menschen bewohnt, die Gemüse und Wein anbauen.
Der hoch über der Ostküste gelegene Hauptort Thirassía oder Manólas, zu dem von der Anlegestelle ein Treppenweg hinaufführt, zieht sich an der Abbruchkante entlang. Der einzige Badestrand befindet sich in der Millo-Bucht im Norden der Insel.

Aspronísi (Ασπρονήσι)

Die unbewohnte, 2 km² große Felseninsel Aspronísi liegt südlich von Thirassía, etwa in der Mitte der nach Südwesten offenen Caldera. Sie ist mit einer dicken Bimssteinschicht bedeckt.

Schinoússa **G 9**

Neugriechisch

Σχινούσσα

Fläche: 10 km²
Höhe: 0–134 m ü. d. M.
Bewohnerzahl: 100
Hauptort: Schinoússa

Lage und Allgemeines

Schinoússa gehört zur Inselgruppe Nissídes, die im Dreieck zwischen Náxos, Íos und Amorgós liegt.
Die Bewohner leben hauptsächlich von Ackerbau und Viehzucht, allerdings zunehmend auch vom Tourismus. Außer dem Hafen und dem Hauptort Schinoússa, der wegen seiner Kirche auch Panagía genannt wird, gibt es nur noch die Siedlung Messaría, in der viele Häuser verfallen sind.
Die relativ flache, mit Frygana bewachsene Insel eignet sich recht gut zum Wandern.

Sehenswertes

Sehenswert auf der Insel ist vor allem der Hauptort Schinoússa, der mit schönem Blick oberhalb des Meers liegt. Die hiesige prächtige Panagía-Kirche enthält eine wertvolle Marienikone.
Außerdem bietet die Insel einige hübsche, wenig besuchte Sandstrände wie z. B. den schönen Psilí Ámmos ('Feiner Sand') östlich von Messaría.

Sérifos **E/F 2/3**

Neugriechisch

Σέριφος

Fläche: 73 km²
Höhe: 0–587 m ü. d. M.
Bewohner: 1200
Hauptort: Sérifos (Chóra)

Lage und Allgemeines

Sérifos, dessen Ausdehnung in Länge und Breite 9 bis 10 km beträgt, liegt in der westlichen Außenreihe der Kykladen, zwischen Sífnos im Südosten und Kýthnos im Norden.
Die Insel kann einige sehr schöne Strände aufweisen. Der Tourismus konzentriert sich fast ausschließlich auf den Hafenort Livádi, während die anderen Inselorte noch ruhig und ursprünglich sind.

*Anfahrt zu Schiff

Schon bei der Schiffsanfahrt in den Hafenort Livádi zeigt sich die ganze Schönheit der Insel: eine tiefe Bucht mit einem herrlichen, von Tamarisken beschatteten Strand, darüber erhebt sich auf einem steilen Felsberg die malerische Chora – ein beeindruckender Anblick.

Landschaftsbild

Die kahle, von Schluchten zerfurchte Felsinsel steigt im zentralen Troúllos bis auf 587 m an. Ihre Grundform ist annähernd rund, die Küstenlinie jedoch buchtenreich gegliedert, im Süden gar zerlappt.

Mythos

Sérifos ist der Sage nach der Ort, wo Danaë mit ihrem Kind Perseus Zuflucht fand, nachdem sie von ihrem Vater Akrisios auf dem Meer ausgesetzt worden war. Zeus hatte die aus Sicherheitsgründen in einem Turm eingesperrte Königstochter mittels Goldregen begattet, und der aus dieser Verbindung hervorgegangene Sohn sollte dem Orakel zufolge einst seinen Großvater erschlagen. Perseus wurde später von König Polydektes von Sérifos ausgesandt, um das Haupt der Medusa zu holen. Es gelang ihm mit Hilfe der Götter, das Ungeheuer mit Schlangenhaaren, dessen Blick versteinerte, zu töten. Auf dem Rückweg befreite er Andromeda von einem Seeungeheuer, heiratete sie und kehrte mit ihr nach Sérifos zurück. Hier versteinerte er Polydektes, der das Leben seiner Mutter bedrohte, durch den Anblick des Medusenhaupts.

Geschichte

Ursprünglich von Aiolern aus Thessalien und später von Ioniern aus Attika besiedelt, teilte die Insel im wesentlichen die Geschicke der anderen Kykladen, wobei Fremdbeherrschung das bestimmende Element war. Sie wurde im 5. Jh. v. Chr. Mitglied im Attisch-Delischen Seebund. Die Fremdherrschaften begannen mit den Makedoniern, dann folgten die Ptolemäer, Römer und Byzantiner. Ab 1207 unterstand Sérifos verwickelten Teilherrschaften italienischer Inselfürsten (Ghisi, Giustianiani, Michiele, Bragadini, Adoldi, Premarini u. a.) und wurde 1537 dem Osmanischen Reich zugeschlagen. Nach den griechischen Befreiungskämpfen kam die Insel an das neugegründete Königreich Griechenland.

Wirtschaft

Neben bescheidener Landwirtschaft auf den kargen Böden hatte seit dem Altertum der Abbau von Eisenerz und Kupfer Bedeutung; er wurde erst in unserem Jahrhundert aufgegeben. Im Südwesten der Insel, bei Mégalo Livádi sind noch verlassene Bergwerksanlagen zu sehen.
Einahmequellen der Bevölkerung von Sérifos sind heute Landwirtschaft und Fischerei. Inzwischen hat sich zudem Tourismus entwickelt, der sich allerdings auf den Hafenort Livádi konzentriert. Die Bewohner sind nämlich nicht besonders an der weiteren Entwicklung des Fremdenverkehrs interessiert. In der Chora gibt es deshalb praktisch keine Unterkünfte.

Sehenswertes auf Sérifos

Livádi (Λιβάδι)

Der in der gleichnamigen tiefen Bucht gelegene Hafenort Livádi, wo die Inselfähren anlegen, ist das touristische Zentrum der Insel. So gibt es hier etliche Tavernen, Bars und Geschäfte.

Strände

Im Umkreis des Orts finden Badefreunde sehr schöne Strände, von denen vor allem der wunderschöne Sandstrand Psilí Ámmos mit Dünen zu nennen ist.

*Sérifos (Chóra)

Von Livádi führt außer der Fahrstraße (5 km) noch ein alter kürzerer Weg zur Chóra hinauf, den man zu Fuß gehen kann. Der Hauptort besticht durch seine beeindruckende Lage auf einem steilen Felsen, wobei ein Großteil der Häuser gar nicht vom Hafen zu sehen ist. Übernachtungsmög-

Sérifos (Chóra) (Fortsetzung)

lichkeiten gibt es hier nur für Festlandsgriechen, die die alten Häuser als Feriendomizile herrichten.
Der Ort ist in Káto Chóra ('Untere Stadt') mit der beherrschenden Evangelístria-Kirche und Ano Chóra ('Obere Stadt') unterteilt. Die Kirche von 1907 fällt durch ihre vielfarbige Gestaltung ins Auge.
Vom Windmühlenplatz (Bushalteplatz) in Ano Chóra führt eine Gasse (Odós Kyklópon) zum ehemaligen Burgberg hinauf, wo einst eine venezianische Burg stand und sich heute die Ágios-Konstantinos-Kapelle befindet. Von hier kann man eine herrliche Aussicht auf die Hafenbucht und die Insel genießen – einer der schönsten Plätze der Kykladen. Unterhalb steht die Kuppelkirche Christós-Agía-Sophía.
Steigt man auf der gegenüberliegenden Seite des Burgbergs hinunter, kommt man zu der Erzengel-Kirche, die teilweise in den Felsen gebaut ist. Der Eingang ist mit dem Marmorrelief eines Segelschiffs geschmückt. Vor der Kirche liegen Marmorbruchstücke.

Beeindruckend ist die Lage von Sérifos auf einem steilen Felsen.

Auf dem Rückweg zum Windmühlenplatz kommt der Besucher an der dem Ágios Athansíos geweihten Mitrópolis vorbei. Die Kirche (Anfang 19. Jh.) verfügt über ein schönes holzgeschnitztes Templon und eine wertvolle Marienikone, beide aus dem 17. Jahrhundert.
Daneben befindet sich das alte Rathaus, in dem ein kleines Archäologisches Museum (geöffnet Di. – So. 8.30 – 12.30 Uhr) untergebracht ist, das Funde aus römischer Zeit zeigt.

Wanderung

Von der Chóra empfiehlt sich eine 20 km lange Rundwanderung über das Dorf Panagía mit der ältesten Kirche der Insel zum festungsartigen Kloster Taxiárchis und über den malerischen Ort Kéntarchos zurück.

Panagía (Παναγία)

In Panagía, 6 km nördlich der Chóra, auf einem Vorberg des Troúlos gelegen, befindet sich die älteste Kirche von Sérifos, nach der der Ort benannt ist. Im Innern des zwischen 950 und 1000 gegründeten Gotteshauses tren-

Sérifos Panagía (Fortsetzung)

nen zwei Marmorsäulen die drei Schiffe voneinander ab. Zu sehen sind noch einige erhaltene Wandmalereien (um 1300) und Ikonen aus dem 18. und 19. Jahrhundert. Am 15. August findet hier zu Ehren der Muttergottes ein Fest statt.

***Moní Taxiarchón (Μονή Ταξιαρχών)**

Das 5 km weiter nördlich, hoch über dem Meer gelegene Kloster, den Erzengeln Michael und Gabriel geweiht, ist die Hauptsehenswürdigkeit der Insel. Es wirkt mit seinen weißen Mauern, die nur über winzige Fenster verfügen, und der Pechnase über der Tür wie eine Festung.

Der Gründungslegende zufolge landeten zypriotische Seefahrer, die eine Erzengel-Ikone an Bord hatten, um 1600 in der Kéntarchos-Bucht. Die Ikone wies ihnen eine Stelle, wo sie eine Kirche bauten, die später zu einem Kloster erweitert wurde.

Das Innere der Kreuzkuppelkirche, die am Türstock die Jahreszahl 1447 trägt, beeindruckt durch seine reiche Ausstattung. Der byzantinische Doppeladler (1690) ist in den marmornen Fußboden eingelassen und die Ikonostase aus Marmor und kunstvoll geschnitztem Holz mit wertvollen Ikonen geschmückt. Die Fresken wurden um 1700 von dem Maler Emanouil Skordílis angefertigt. Die schöne goldene Stickerei stammt aus Ägypten. Wertvoll sind auch die durchbrochenen Silberleuchter. Außerdem sollte man die marmornen Ziborien über dem Altar und Sakrament beachten.

Am 8. November findet das Klosterfest statt, zu dem viele Pilger hierherkommen.

Sífnos F/G 3/4

Neugriechisch

Σίφνος

Fläche: 73 km²
Höhe: 0 – 680 m ü. d. M.
Bewohnerzahl: 1800
Hauptort: Apollonía

Lage und Allgemeines

Sífnos ('leer'), eine der südlichen Kykladeninseln, liegt etwa in der Mitte des Dreiecks von Mílos, Sérifos und Páros.

Das wichtigste Siedlungsgebiet des landschaftlich reizvollen Sífnos, die Insel der Töpfer, liegt im Inselinnern um den Hauptort Apollonía. Im Sommer ist Sífnos stark von Touristen besucht. Stille Landstriche erreicht man zu Fuß auf den vielen Pfaden der Insel, die diese zu einem guten Wanderziel machen.

Landschaftsbild

Sífnos wird – keilförmig von Südosten nach Nordwesten gestreckt – im Norden und Nordwesten von kargen, kahlen Gebirgszügen, im Osten und Süden von sanfteren Hügeln eingenommen. Auf den Spitzen der Hügel stehen als markante Blickpunkte viele Kapellen und Klöster – ein für die Kykladen typisches Bild. Die Küste ist stark gegliedert und besonders im Osten vielfach steil abfallend, im Süden und Westen mit Ingressionsbuchten, die von Kies- und Sandstränden gesäumt sind.

Geschichte

Auf der Insel hat man Spuren einer prähistorischen Siedlung aus dem 4. Jt. v. Chr. entdeckt. Im 3. Jt. v. Chr. wurde sie wahrscheinlich von Karern aus Kleinasien, Phönikern, die hier Handelsniederlassungen gründeten, und Minoern besiedelt. Damals hieß die Insel Akis bzw. Meropia. Nachdem die Ionier um 1000 v. Chr. nach Sífnos gekommen waren, gelangte es im klassischen Altertum durch den Abbau von Blei, Silber und Gold zu so großem Reichtum, daß es in Delphi ein Schatzhaus bauen ließ. Um 500 v. Chr. setzte der wirtschaftliche Niedergang ein, bedingt einerseits dadurch, daß die Bergwerke im Meer versanken und andrerseits durch einen verheerenden Überfall der Insel Samos. Die Insel verlor ihre Bedeutung. An der Seeschlacht bei Salamis (480 v. Chr.) kämpfte sie auf Seiten der Athener. Nach der Herrschaft der Römer und Byzantiner gehörte Sífnos ab 1207 zum venezianischen Herzogtum Náxos und war im Besitz der Familie Gosadini, die nach der Eroberung der Insel durch den osmanischen Admiral Chaireddin Barbarossa (→ Berühmte Persönlichkeiten) 1537 den Osmanen tributpflichtig war. Schließlich wurde es 1617 ganz dem Osmanischen Reich einverleibt. Von 1770 bis 1774 stand die Insel unter russischer Besatzung. Nach der Teilnahme an den griechischen Befreiungskämpfen 1821 kam sie 1834 an das neugegründete Königreich Griechenland.

Wirtschaft

Die Haupterwerbsquelle der Bevölkerung ist neben der Landwirtschaft mit großer Olivenproduktion die Viehzucht. Auch das Töpferhandwerk ernährt noch einige Menschen. Von zunehmender wirtschaftlicher Bedeutung ist jedoch der Tourismus.

Sehenswertes auf Sífnos

Kamáres (Καμάρες)

In dem Hafenort Kamáres (200 Einw.) an der Westküste, wo die Fährschiffe und Ausflugsboote anlegen, herrscht im Sommer lebhafter Tourismus. Hier reihen sich Geschäfte und Reisebüros aneinander; einladend sind die Bars und Tavernen unter schattenspendenden Tamarisken.
Empfehlenswert ist der nahegelegene, schöne Sandstrand mit einigen Tamarisken. Von Kamáres werden zudem Bootsausflüge zu den anderen Stränden der Insel angeboten.
Auf der gegenüberliegenden Hangseite der Bucht steht die Kapelle Agía Marína. Darüber sieht man die beiden Gipfelkirchen Profítis Ilías und Ágios Simeon.

Apollonía (Απολλωνία)

Zentrum des für Autos gesperrten Hauptorts Apollonía (1000 Einw.), 6 km südöstlich von Kamáres, ist die Platía Heroon, wo sich auch die Busstation befindet.
Hier gibt es ein Volkskunde- und Volkskunstmuseum (geöffnet tgl. 9.30–13.30 und 18.30–22.30 Uhr), das Stickereien, alte Gewänder, Waffen und Literatur zu Sífnos zeigt. Ferner sind traditionelle Keramik wie Schmortöpfe und Stamnes, Wasserkannen, zu sehen.
Die schmale, ansteigende Hauptgasse Prokou ist von Boutiquen, Tavernen und Kafenía gesäumt.
Wenn man von dem Kafeníon Lákis an der Platía dem Treppenweg folgt, kommt man zu der sehenswerten Kirche Panagía Ouranophora, die auf den Fundamenten eines antiken Tempels stehen soll. Geht der Besucher den Weg weiter, trifft er noch auf die große dem hl. Johannes geweihte Mitrópolis.

Artemónas (Αρτεμώνας)

2 km nördlich von Apollonía liegt der Ort Artemónas (800 Einw.), dessen Ortsbild von einigen Windmühlen und vielen Kirchen mitgeprägt wird. Hier gibt es neben den typischen kleinen kubischen Häusern auch stattliche Villen.

* Kástro (Κάστρο)

Von Apollonía empfiehlt sich ein Spaziergang über Kato Petáli zu dem gut erhaltenen mittelalterlichem Ort Kástro, der 1975 unter Denkmalschutz gestellt wurde. Er war von der Antike bis in türkische Zeit Inselhauptstadt.

Kástro
(Fortsetzung)

Im 14. Jh. wurde er von dem Spanier Antonio da Coronia erobert. Das Ortsbild ist stark von der venezianischen Herrscherfamilie Gosadini geprägt. Kástro ist wegen fehlender Erwerbsquellen von Abwanderung bedroht.
Der äußere Mauerring der Stadt wird von den Außenwänden der Häuser gebildet. Im Innern, in das man durch ein 12 m tiefes Tor gelangt, sind die Häuser mit Außentreppen, Veranden und Balkonen versehen und mit Wappen geschmückt.

Der mittelalterliche, unter Denkmalschutz stehende Ort Kástro

In einem Gebäude befindet sich ein kleines Archäologisches Museum (geöffnet meistens Mo.–Sa. 9.00–15.00 Uhr).
Sehenswert sind die Kirche Theokepastí aus dem Jahr 1631 mit schönen Ikonen und die Panagía-Eleoúsa-Kirche, die auf den Resten eines alten Vorgängerbaus steht und in der alte Priestergewänder zu sehen sind.
Sehr beeindruckend ist die Lage der Eftá-Martíres-Kapelle, die direkt auf eine Felsspitze gebaut ist.
Vom Kástro gelangt man auf einem kurzen Spaziergang hinunter zum Hafen Serália mit Fischerhäuschen und Bootsschuppen sowie einem kleinen Kiesstrand.

Profítis Ilías
(Προφίτις Ηλίας)

Auf dem höchsten Inselberg, dem 680 m hohen Profítis Ilías, westlich von Apollonía, erhebt sich das gleichnamige unbewohnte Kloster. Von Apollonía ist der Berg in einer 1 1/2- bis 2stündigen Wanderung zu erreichen.
Die Gründung des an der Stelle eines antiken Turms stehenden Klosters geht vielleicht auf das 8. oder 9. Jh. zurück; in Stein gemeißelt findet sich die älteste Jahreszahl 1145. Die letzten Mönche haben das Kloster 1873 verlassen. Die Anlage umfaßt eine restaurierte dreischiffige Kreuzkuppelkirche, Zellen und Wirtschaftsgebäude. Im Kircheninnern befinden sich drei Ikonostasen. Von hier hat man einen schönen Rundblick auf die Insel und das Meer.

Der Süden der Insel

Auf dem Berg Ágios Andreás entdeckte man eine prähistorische Siedlung. Die Doppelmauer hier stammt wahrscheinlich aus mykenischer Zeit, und die Wohnhäuser gehen auf die klassische Periode zurück. Innerhalb der Mauer standen acht Türme. Keramikfunde belegen jedoch bereits eine Besiedlung mindestens seit dem 2. Jt. vor Christus.

Ágios Andreas (Άγιος Αδρέας)

Gut 3 km südlich von Apollonía, oberhalb der Hauptstraße findet sich das noch bewohnte Kloster Vríssis aus dem Jahr 1654. Ein Tordurchgang führt in den Innenhof. Die Ikonostase im Kircheninnern stammt von 1750. Das kleine Museum zeigt sakrale Kunst. Das Kirchweihfest wird am 8. September gefeiert.

Moní Vríssis (Μονή Βρίσις)

Der freundliche Fischerort liegt in einer tiefen, geschützten Bucht an der Südostküste der Insel. Der Badefreund findet hier zwei Sandstrände. Als Unterkunft stehen Privatzimmer und zum Essen Tavernen zur Verfügung.

Fáros (Φάρος)

Das um 1650 gegründete Kloster steht auf einem Felsvorsprung, an dem Küstenabschnitt zwischen Fáros und Platís Gialós. Der Felsen ist gespalten und wird von einer Brücke überspannt. Der Legende nach wurde er von der Muttergottes abgesprengt, um drei Frauen zu retten, die von Piraten verfolgt wurden.

Moní Chrissopigí (Μονή Χρυσοσπηγή)

Das Kloster Chrissopigí liegt auf einem abgespalteten Felsvorsprung.

Das Kloster verwahrt eine legendenumwobene Ikone, die von Fischern im Meer gefunden worden sein soll. Sie 'wandert' zeitweise bei den Gläubigen von Haus zu Haus, wo sie besondere Verehrung genießt. Im Sommer werden im Kloster Zimmer an Besucher vermietet.
Bei dem Kloster breitet sich der 200 m lange Sandstrand Apokoftó mit Tamarisken aus.

Sífnos (Fortsetzung) Platís Gialós (Πλατύς Γιαλός)

Der Ort Platís Gialós, in der gleichnamigen Bucht an der Südostküste gelegen, ist mit vielen Geschäften und Tavernen ganz auf Tourismus eingestellt. Hauptanziehungspunkt ist der fast 2 km lange Sandstrand.

Moní Panagía tou Vounoú

Vom Strand führt ein Weg hinauf zum Kloster, von wo man einen schönen Blick auf die Bucht hat. Es besitzt die Ikone der Panagía Macheroússa.

Áspro Pírgos

Oberhalb der Platís-Gialós-Bucht steht der Áspro Pírgos, einer der zahlreichen Wachtürme der Insel. Er ist mit 13 m Durchmesser recht gut erhalten.

Vathí (Βαδύ)

Die Vathí-Bucht an der Südwestküste, die nur per Boot oder über einen Pfad erreichbar ist, verfügt über einen schönen Sandstrand sowie Tavernen und Privatzimmer. Hier findet man das Kloster Taxiarchís, das aus dem 16. Jh. stammt.

Síkinos H/I 6/7

Neugriechisch

Σίκινος

Fläche: 41 km²
Höhe: 0–553 m ü. d. M.
Bewohnerzahl: 320
Hauptort: Síkinos (Chóra)

Lage und Allgemeines

Síkinos, mit 15 km Länge und bis zu 5 km Breite eine der kleineren südlichen Kykladen, liegt nur 6 km westlich von Íos.

Es ist eine sehr ruhige, kaum vom Tourismus berührte Insel, die nur wenige Strände aufweist. Wer also vornehmlich Ruhe sucht, für den ist hier der richtige Platz. Außer der Verbindung zwischen dem Hafenort Aloprónia und dem Hauptort wird Síkinos nur von Maultierpfaden erschlossen.

Landschaftsbild

Die kahlfelsige, aus Marmor und Schiefer bestehende Insel, die zum Großteil mit Frygana bewachsen ist, hat die Form eines langgestreckten Ovals. Sie besitzt eine überaus steile Kliffküste und rauhes Gebirge – im Troúllos bis auf 553 m ü. d. M. aufsteigend – im Norden und Nordwesten sowie Terrassenkulturen (Gemüse, Wein, Getreide) im sanfteren Südosten.

Geschichte

Die kulturelle und politische Bedeutung der Insel war infolge ihrer Unwirtlichkeit und des Fehlens geschützter Hafenplätze stets gering. Sie wurde von Ioniern besiedelt, die ihre Hauptstadt im Südwesten der Insel errichteten; auch im Nordosten fand man antike Siedlungsspuren. Síkinos war Mitglied des Attisch-Delischen Seebunds, zu dem es allerdings nur einen relativ geringen Beitrag leistete, und diente während der römischen Zeit (146 v. Chr. – 395 n. Chr.) als Verbannungsort. Im Mittelalter waren die Geschikke der Insel eng mit denen von Náxos verbunden, das sie Anfang des 13. Jh.s in sein Herzogtum eingliederte. Später konnten die Byzantiner Síkinos noch einmal zurückerobern. 1307 kam es unter die Herrschaft des spanischen Dynasten Antonio da Coronia und 1464 der venezianischen Familie Gosadini. Diese ließ hoch über der Nordküste ihr Kastro bauen, deren Reste im Zweiten Weltkrieg von den Italienern abgerissen wurden. Im Zug der Eroberungen des osmanischen Admirals Chaireddin Barbarossa (→ Berühmte Persönlichkeiten) kam auch Síkinos 1537 unter die dann jahrhundertelang dauernde Türkenherrschaft, die nur durch eine russische Besatzungszeit von 1770 bis 1774 unterbrochen war. Nach dem griechischen Befreiungskampf wurde die Insel im Jahr 1834 dem neugegründeten Königreich Griechenland angeschlossen. Viele Bewohner sind nach dem Zweiten Weltkrieg ausgewandert, vor allem nach Australien und in die USA. Geschichte (Fortsetzung)

Wirtschaft

Die Bewohner von Síkinos leben von Ackerbau und Viehzucht, zudem von Weinanbau und in bescheidenem Umfang von Fischerei. Angebaut werden Oliven, Getreide und Gemüse; auch Honig wird gewonnen.

Sehenswertes auf Síkinos

Aloprónia (Αλοπρόνοια)

Der Hafenort an der Ostküste, wo die Fähren anlegen, besteht zum Großteil aus Häusern, die nur im Sommer genutzt werden. Auch die Tavernen hier sind nur in der Saison geöffnet. Für den Urlauber werden Privatzimmer angeboten. Ein kleiner Sand- / Kiesstrand ist vorhanden.

Hafenort Aloprónia: Anlegestelle für die Fähren

Chóra / Chorió

Eine ca. 4 km lange Betonpiste führt von Aloprónia zu dem Hauptort Síkinos, der aus der Chóra ('Stadt') und dem Chorió ('Dorf') besteht.
An der Platía stehen die weiße Tímios-Stavrós-('Heilig-Kreuz')-Kirche von 1787, die eine prächtige Ikonostase mit wertvollen Ikonen aufweist, und zwei alte Herrenhäuser. Früher war hier das venezianische Kastro, das im Zweiten Weltkrieg von den Italienern abgerissen und an dessen Stelle von ihnen die Platía erbaut wurde.
Oberhalb der Chóra, auf einem 300 m hohen, steil abfallenden Grat liegt das 1834 verlassene Nonnenkloster Zoodóchou Pigís ('Lebensspendender Quell'). Von hier kann man einen herrlichen Weitblick aufs Meer genießen.
In dem 300 m entfernten Chorió, dem neueren Ortsteil, sind einige Häuser vom Verfall bedroht.

Heroon: Grabmal im Stil eines antiken griechischen Tempels

Síkinos (Fortsetzung)
Episkopí (Επισκοπή)
Heroon

Von der Chóra kann man in gut einer Stunde nach Südwesten zum Heroon wandern (der Weg beginnt bei der Volksschule).
Das Heroon wurde von einem reichen Bewohner im 3. Jh. im Stil eines antiken griechischen Tempels errichtet. Dies veranlaßte Archäologen zunächst zu glauben, daß es sich um einen Tempel handle. In den sechziger Jahren wies man dann nach, daß es sich um ein Grabmal handelt.
In frühbyzantinischer Zeit wandelte man das Heroon in eine Kirche um und bezog es im 17. Jh. nach einigen baulichen Veränderungen in ein Kloster mit ein, das den Namen Episkopí erhielt.

Sýros C/D 5

Neugriechisch

Σύρος

Fläche: 86 km^2
Höhe: 0–442 m ü. d. M.
Bewohnerzahl: 20000
Hauptort: Ermoúpolis

Lage und Allgemeines

Sýros liegt im Mittelbereich der nördlichen Kykladen, wo sich einige Schifffahrtslinien kreuzen.
Die Insel ist Verwaltungs- und Wirtschaftszentrum der Kykladen und Ermoúpolis Hauptstadt der Inselgruppe. Der Tourismus spielt hier eine zunehmende Rolle, wobei Sýros meistens nur Zwischenstation auf einer Inseltour ist. Ein Hauptanziehungspunkt von Sýros ist die Hauptstadt Ermoúpolis, die so gar nicht einem typischen kykladischen Ort entspricht. Im Südteil der Insel, der gut durch Straßen erreichbar ist, gibt es einige Strände und damit auch einigen Tourismus, während der Nordteil weitgehend unerschlossen und ursprünglich ist.

Landschaftsbild

Die hügelige bis bergige Insel weist eine insgesamt reich gegliederte Küste auf, die im südlichen Teil eine Reihe von Badebuchten besitzt. Hauptgesteinsart ist Schiefer.

Geschichte

Archäologische Funde in Chalandrianí, im Norden der Insel zeugen von Besiedlung und Befestigungen in prähistorischer Zeit (3. Jt. v. Chr.; frühe Kykladenkultur). Der Name des Orts Fínikas im Südwesten läßt auf Zuwanderung von Phönikern schließen, die die Insel Usyra oder Sur (Tyrus) nannten. Um 1000 v. Chr. von Ioniern besiedelt, gelangte Sýros im 5. Jh. v. Chr. unter persische Oberhoheit, schloß sich aber nach der Seeschlacht bei Salamis (480 v. Chr.) dem Attisch-Delischen Seebund an. Später wurde es von den Makedoniern und den ägyptischen Ptolemäern beherrscht, kam gegen Ende des 1. Jh.s v. Chr. unter römische Herrschaft und versank zur byzantinischen Zeit in Bedeutungslosigkeit. Erst nach dem Vierten Kreuzzug, infolgedessen die Venezianer ab 1207 die Kykladen eroberten, rückte Sýros wieder in das Blickfeld der Geschichte. Es wurde dem Herzogtum Náxos angegliedert, und der italienische Adel brachte den Katholizismus auf die später als 'Papstinsel' apostrophierte Insel. In Áno Sýros bauten die Venezianer ihre Burgsiedlung. Während der Herrschaft des Osmanischen Reiches ab 1537 standen die Katholiken unter dem Schutz der mit den Türken verbündeten französischen Könige. Orden wie die einflußreichen Kapuziner und Jesuiten ließen sich auf der Insel nieder; Klöster und Schulen wurden gegründet. So trat fast die gesamte Bevölkerung zum römisch-

Geschichte (Fortsetzung)

katholischen Glauben über. Im griechischen Freiheitskampf ab 1821 blieb die Insel neutral, weshalb viele Flüchtlinge aus allen Teilen Griechenlands hierherkamen. Vor allem die dem Massaker von Chíos und Psará Entronnenen ließen sich auf der Insel nieder. Sie gründeten die Stadt Ermoúpolis und nannten sie nach Hermes, dem Gott des Handels und Verkehrs. Sýros erlebte eine große wirtschaftliche und kulturelle Blüte, und 1834 wurde Ermoúpolis Hauptstadt der Kykladen. Es entwickelte sich zum größten griechischen Hafen, bis es nach der Fertigstellung des Kanals von Korinth 1893 von Piräus überflügelt wurde. Die Werften wanderten nach Piräus ab und mit ihnen ein Teil der Syrioten. Trotz des wirtschaftlichen Niedergangs blieb Sýros bis heute eine wohlhabende Insel.

Wirtschaft

Der Haupterwerbszweig der Bewohner von Sýros ist die Landwirtschaft. In Hunderten von Treibhäusern wird Frühgemüse angebaut, das auch ausgeführt wird. Eine weitere Erwerbsquelle ist die Viehzucht; die Produkte - z. B. Milch und Käse - werden zu einem gewissen Teil ebenfalls exportiert.
Die Insel besitzt durch die Neórion-Werft die einzigen Industriearbeitsplätze der Kykladen. Daneben gibt es noch kleinere Betriebe der Textilverarbeitung und zur Herstellung der beiden Inselspezialitäten Loukoúmia und Chalvadópitta (s. u.). Dadurch daß Ermoúpolis Verwaltungshauptstadt der Kykladen ist, sind auch Justiz und Verwaltung wichtige Arbeitgeber für die Syrioten. Aufgrund dieser Erwerbsmöglichkeiten ist die Abwanderung der Bevölkerung nicht so stark wie auf anderen Kykladeninseln.

Lokale Spezialitäten

Sýros ist vor allem für zwei Spezialitäten bekannt: Loukoúmia, mit Puderzucker bestäubte Fruchtgeleestücke in verschiedenen Geschmacksrichtungen, und Chalvadópitta, Oblaten mit Honig und Mandeln.

Ermoúpolis

Ortsbild

Bei der Einfahrt in den Hafen von Ermoúpolis (14 000 Einw.) bietet sich ein markantes Ortsbild: die Häuser der beiden zusammengewachsenen Orte Áno Sýros und Ermoúpolis ziehen sich vor kahlen Bergflanken zwei Hügel hinauf, wobei der linke von der katholischen Bischofskirche und der rechte von der orthodoxen Bischofskirche bekrönt wird.
Ermoúpolis, das nach Hermes, dem Gott des Handels benannt ist, besitzt mit seinen klassizistischen Villen und seiner großen, marmorgepflasterten Platía mit dem repräsentativen Rathaus und schönen Cafés ein ausgesprochen städtisches Flair.
An der langen Uferstraße, der Paralía, herrscht geschäftiges Treiben. Geschäfte, Agenturen, Werkstätten, Hotels und Kafenía reihen sich hier aneinander.

*Platía Miaoúlis

Sehr elegant ist die große, mit Palmen bestandene Platía Miaoúlis, die von prächtigen Gebäuden gesäumt wird. Das ganze Ensemble spiegelt die einstige Bedeutung und den Wohlstand der Stadt wider. Sie ist benannt nach dem Freiheitskämpfer Andreas Miaoúlis aus Hydra, dessen Standbild hier steht. Er war während des griechischen Freiheitskampfs maßgeblich an den entscheidenden Seeschlachten 1822 und 1825 gegen die türkisch-ägyptische Flotte beteiligt. Mit den schönen Cafés lädt die Platía zum Verweilen ein.
Platzbeherrschend ist das neoklassizistische Rathaus, das in den Jahren 1876 bis 1881 von dem deutschen Architekten Ernst Ziller entworfen wurde. Den Mittelteil, zu dem eine majestätische Marmortreppe hinaufführt, bildet ein zweistöckiger, mit Säulen geschmückter Portikus.
Auf der rechten Seite des Rathauses befindet sich der Club Hellas, der ehemalige Versammlungsraum der Reeder, der heute als Stadtbibliothek genutzt wird.

Die elegante Platía Miaoúlis wird von dem neoklassizistischen Rathaus beherrscht.

Ermoúpolis (Fortsetzung)
Archäologisches Museum

Auf der linken Seite des Rathauses liegt der Eingang zum Archäologischen Museum (geöffnet tgl. 8.00 – 15.00 Uhr), das Fundstücke von Sýros, Amorgós und anderen Kykladeninseln von der kykladischen bis zur römischen Zeit zeigt. Ausgestellt sind Kykladenidole, Vasen, Marmorgefäße, Bronzegegenstände und Grabreliefs.

Apollon-Theater

Oberhalb der Platía in nordöstlicher Richtung findet man das Theater, das als Nachbildung der Mailänder Scala nach einem Entwurf des französischen Architekten Chableau 1864 eröffnet wurde. Da seit 1955 keine Aufführungen mehr stattfanden, verfiel es allmählich. In den letzten Jahren fanden umfangreiche Restaurierungsarbeiten statt.

Ágios Nikólaos

Weiter bergan kommt man zu der prächtigen Ágios-Nikólaos-Kirche im neoklassizistischen Stil, die im 19. Jh. von reichen Bürgern der Stadt gestiftet wurde. Sie ist mit zwei hochaufragenden Glockentürmen und einer kunstvoll geschmückten blauen Kuppel versehen.
Hier liegt das vornehme Vaporia-('Dampfschiff'-)Viertel, wo sich vor allem reiche Reeder ihre Villen erbauten.

Anástasis

Am höchsten Punkt, der Stadt, in 150 m Höhe erhebt sich die orthodoxe Anástasis-('Auferstehungs'-)Kirche.

Áno Síros
(Άνω Σύρος)

Das Dorf ist entweder über die 4 km lange Asphaltstraße per Bus oder Taxi oder auf einem kürzeren Treppenweg zu Fuß zu erreichen. Das autofreie Áno Síros (1300 Einw.), das in seiner Geschichte stark durch die venezianische Zeit geprägt wurde, bietet mit seinen engen, verwinkelten, steilen Gassen und weißgekalkten Häusern mit blauen Türen das Bild eines typischen Kykladenorts.
Auf der 180 m hohen Hügelspitze erhebt sich die katholische Bischofskirche Ágios Geórgios aus dem Jahr 1834, deren Ursprung aufs 12. Jh. zurückgeht. Ungewöhnlich für Griechenland ist die Innenausstattung mit Kirchengestühl und Heiligenstatuen.
Von der venezianischen Burg, die einst hier stand, ist nichts mehr erhalten. Die beiden Klöster der Kapuziner und Jesuiten sind allerdings noch vorhanden.

Rundfahrt in den Süden

Episkopeío
(Επισκοπείο)

Fährt man von Ermoúpolis die kurvenreiche Straße nach Westen ins Inselinnere, führt nach 3 km eine Abzweigung zu dem inmitten von Pinien und Obstbäumen gelegenem Dorf Episkopeío, das als Feriensitz reicher Syrioten sehr geschätzt ist.

Moní Agías Varváras
(Μονή Αγίας Βαρβάρας)

Der Hauptstraße weiter folgend, wird das Nonnenkloster Agías Varváras erreicht. Das um die Jahrhundertwende entstandene Kloster ist heute ein Waisenhaus, wo die Kinder das Weben lernen. Die Webarbeiten stehen zum Verkauf.

Kiní
(Κινί)

An der Westküste liegt der Fischerort Kiní (250 Einw.), der gern von den Einheimischen aufgesucht wird. Man kann hier gut Fisch essen.
Der Ortsstrand ist recht steinig; hier sorgen einige Tavernen für das leibliche Wohl. Hinter den linken Felsen kann man ebenfalls baden, jedoch wächst hier viel Schilf.

Gallissás
(Γαλησσάς)

Die Hauptstraße führt nun sechs Kilometer nach Süden zu dem stark besuchten Ferienort Gallissás (300 Einw.), zu dem von Ermoúpolis regelmäßige Busverbindungen bestehen. Er wird zusehends vom Tourismus geprägt, was entprechende Einrichtungen wie Campingplätze, Auto- und Motorradverleih und eine Diskothek verdeutlichen. Der Hauptanziehungspunkt von Gallissás ist der schöne lange Sandstrand, der von Tamarisken beschattet wird.

Im Nonnenkloster Agías Varváras werden Webwaren hergestellt.

Foínikas (Φοίνικας)

Die Route passiert nun landwirtschaflich genutztes Gebiet mit von Schilf eingefriedeten Anbauflächen und Treibhäusern bis zum 3 km weiter südlich gelegenen Fischerhafen Foínikas (300 Einw.) – auch Phoinix geschrieben –, wo vor allem Griechen die Ferien verbringen. Im Sommer belebt sich dann die große asphaltierte Platía, wenn die dortigen Tavernen das Essen im Freien servieren.
Der Ortssandstrand mit Tamarisken ist nur schmal, in der Umgebung gibt es allerdings weitere Sandbuchten und Klippenküste.

Poseidonía (Ποσειδωνία)

Der nächste Ort an der Küstenstraße ist Poseidonía (400 Einw.), der auch unter dem italienischen Namen Della Grazia bekannt ist. Er war bereits zur Blütezeit der Insel im 19. Jh. beliebte Sommerfrische wohlhabender Syrioten, die hier ihre Villen bauen ließen. Auch heute noch ist er ein beliebter Ferienort bei den Einheimischen. Einige archäologische Funde deuten darauf hin, daß an dieser Stelle die zweite antike Stadt von Sýros gelegen hat.
Die Halbinsel hier ist militärisches Sperrgebiet! Empfehlenswert ist vor allem der schmale Sandstrand an ihrer Südküste.

Vári (Βάρη)

Weiter der Küstenstraße folgend, kommt man zu dem Ferienort Vári (700 Einw.), oberhalb der Bucht gelegen. Geschätzt wird er wegen seiner beiden Sandstrände.

Weitere Sehenswürdigkeiten auf Sýros

Chalandrianí (Καλνδριανη)

Im Norden der Insel liegt die Ausgrabungsstätte, die nur zu Fuß zu erreichen ist. Zu sehen bleibt heute nichts mehr, weil die Gräber völlig überwachsen sind.
Die 1898 begonnenen Ausgrabungen, bei denen ein frühbronzezeitliches Gräberfeld mit 500 Gräbern entdeckt wurde, haben wesentliche Erkennt-

Sýros Chalandrianí (Fortsetzung)

nisse bei der Erforschung der prähistorischen Kykladenkultur erbracht. Die Toten wurden vornehmlich in Kistengräbern bestattet. Man fand zahlreiche Grabbeigaben: Marmoridole, die wegen ihrer charakteristischen Form als Chalandrianí-Art bezeichnet werden, Kupfer- und Bronzegegenstände sowie Keramik, die neben geometrischen Mustern auch Schiffsmotive aufweist. Die Funde werden im Museum von Ermoúpolis aufbewahrt.

Kastrí (Καστρί)

Nördlich der Ausgrabungsstätte befinden sich auf einem Berg die geringen Mauerreste einer befestigten Siedlung, die aus dem 3. Jt. v. Chr. stammt.

Tínos B/C 5-7

Neugriechisch

Τήνος

Fläche: 194 km²
Höhe: 0–729 m ü. d. M.
Bewohnerzahl: 8000
Hauptort: Tínos

Lage und Allgemeines

Die bis 30 km lange und 15 km breite Insel Tínos, eine der nördlichen und nach Náxos und Ándros die drittgrößte der Kykladen, bildet die südöstlichste Fortsetzung des von Euböa über Ándros reichenden Gebirgsmassivs. Sie ist vor allem eine Wallfahrtsinsel, die als 'griechisches Lourdes' bezeichnet wird. An Mariä Himmelfahrt am 15. August, aber auch an Mariä Verkündigung am 25. März strömen etwa 25 000 Gläubige hierher – mehr als das Dreifache der gesamten Bevölkerung. Jährlich kommen eine halbe Million Pilger auf die 'Heilige Insel'. Sie belegen nicht nur alle Hotels und Privatzimmer, sondern campieren auch in den Innenhöfen der Kirchen.
Die Strände der Insel sind bisher noch wenig besucht, so daß sie Urlaubern zu empfehlen sind, die eher Ruhe und Erholung suchen. Interessant für den Besucher ist der Bildhauerort Pýrgos im Nordwesten der Insel.

Landschaftsbild

Von herber Schönheit ist die Landschaft der Insel, wo die Hügelhänge von Terrassen modelliert werden. Markante Blickpunkte im Landschaftsbild sind die bekannten, sehr schönen Taubenhäuser; weitere Akzente setzen die zahllosen Kapellen.

Für Tínos typisch sind die allenthalben auf der Insel anzutreffenden bezaubernden, turmartigen Taubenhäuser (etwa 800), die auf die Venezianer zurückgehen. Besonders schöne Exemplare sieht man bei Kámpos und Tarampádos, nördlich von Tínos-Stadt. Einige Bauten sind im Verfall begriffen, andere wurden renoviert. Die Türme dienten der Taubenzucht; zum einen war das zarte Taubenfleisch und andrerseits der Taubenmist als Dünger sehr geschätzt. Bei den Türmen befanden sich im Erdgeschoß Abstell- und Vorratsräume und im Obergeschoß der Taubenschlag. Dieser ist nach drei Seiten hin offen, und die Fluglöcher sind mit Schieferplatten in Form von Rosetten, Dreiecken und geometrischen Schmuckbändern sehr kunstvoll verziert. Einige Taubentürme haben noch ihre ursprüngliche Funktion als Taubenschlag.

*Taubenhäuser

Geschichte

Tínos wurde Ende des 2. Jt.s v. Chr. von Ioniern besiedelt, Keramikfunde lassen allerdings auf eine wesentlich frühere Besiedlung schließen. Die Ionier gründeten eine Siedlung am Fuß des Steilfelsens Exómburgo. Im 8. Jh. v. Chr. stand die Insel unter der Herrschaft der Eretrier von Euböa. Während der Perserkriege kämpfte sie in der Seeschlacht von Salamis (480 v. Chr.) auf Seiten der Athener und trat danach dem Attisch-Delischen Seebund bei. In der Folgezeit gehörte Tínos zum Herrschaftsbereich der Makedonier, der Ptolemäer und der Römer. In den anschließenden Jahrhunderten wurde es oft von arabischen Piraten überfallen. Im Jahr 1207 eroberte die venezanische Familie Ghisi die Insel und ließ am Exómburgo ein Kastell errichten. 1390 wurde sie Venedig einverleibt, das die Befestigung weiter verstärkte. So konnte Tínos länger als alle anderen Kykladeninseln den türkischen Angriffen standhalten. Erst 1715 unterlag es der türkischen Übermacht.

Religiöses Zentrum

So wie im Altertum – seit dem dritten vorchristlichen Jahrhundert – das Heiligtum von Poseidon und Amphitrite auf Tínos ein weithin bekannter religiöser Mittelpunkt war, ist die Insel seit dem frühen 19. Jh. ein Zentrum der griechischen Orthodoxie und allgriechisches Wallfahrtsziel. Tínos erlebte die längste ‘Frankenzeit’ von ganz Griechenland. Durch die Mischehen zwischen Venezianern und Tinioten hat es bis heute einen beträchtlichen katholischen Bevölkerungsanteil. Der Aufschwung der orthodoxen Bewohner setzte ein, als 1823 – während des Freiheitskampfes der Griechen gegen die Türken – die Nonne Pelagía in einer Vision eine wundertätig geglaubte Marienikone fand, die man als ein von Gott gesandtes Symbol des griechischen Freiheitswillens ansah. Die Ikone wurde bald zum Ziel alljährlicher Wallfahrten zu den Marienfesten am 25. März und 15. August, so daß sich Tínos zu einem ‘griechischen Lourdes’ entwickelte. Die zugleich kirchliche wie nationale Bedeutung verstärkte sich, als ein italienisches U-Boot am 15. August 1940 – zwei Monate vor Mussolinis Kriegserklärung – den anläßlich des Marienfests vor dem Hafen liegenden griechischen Kreuzer Elli torpedierte.

Wirtschaft

Eine der Erwerbsquellen der Tinioten ist der Abbau von grünem und weißem Marmor. Die 500 000 Pilger, die jährlich zur Wallfahrt hierherkommen, sind eine weitere Einnahmequelle. Wirtschaftliche Standbeine der Insel sind zudem die Landwirtschaft, vor allem der Gemüseanbau, und die Viehhaltung. Tínos ist dennoch von Abwanderung der Bevölkerung, die zu einem relativ hohen Anteil noch römisch-katholisch ist, betroffen.

Lokale Spezialitäten

Auf Tínos werden zwei von der Nachbarinsel Sýros stammende Spezialitäten angeboten: Loukoúmia, mit Puderzucker bestäubte Fruchtgeleestückchen, und Chalvadópitta, Oblaten mit Honig und Mandeln.

Tínos

Ortsbild

Schon wenn man mit dem Schiff auf Tínos (3000 Einw.) zufährt, wird einem die große Bedeutung der Wallfahrtskirche Evangelistrías für die Insel deutlich vor Augen geführt: Stadtbildbeherrschend und zentral steht sie auf einem Hügel, und die breite Wallfahrtsstraße führt geradewegs auf sie zu.

Tínos Geschichte

Tínos entwickelte sich nach der Zerstörung der Festung Exómbourgo aus dem 13. Jh. durch die Türken zu Beginn des 18. Jh.s aus einer kleinen Küstensiedlung zum Hauptort und Hafenplatz der Insel. Die heutige Stadt nimmt die Stelle der antiken Hauptsiedlung Asty (5. Jh. v. Chr.) ein.

Die Basarstraße mit Devotionalien aller Art

Allgemeines

Am Hafen von Tínos herrscht immer viel Betrieb, vor allem abends, wenn die vielen Tavernen und Cafés mit Menschen gefüllt sind. von hier zieht sich schnurgerade die Wallfahrtsstraße Leofóros Megalóchoris zur großen Wallfahrtskirche Evangelistrías hinauf. Diese Strecke legen Pilger bei den Marienfesten auf Knieen rutschend zurück.
In der parallel zur Wallfahrtsstraße verlaufenden Basarstraße gibt es eine große Anzahl von Geschäften, die verschiedene Devotionalien wie Ikonen, Weihwasserflaschen und Wallfahrtskerzen für die vielen Pilger anbieten.

***Panagía Evangelistría**

Die einem Palast ähnelnde Verkündigungskirche (geöffnet tgl. 7.00 – 20.00 Uhr; Museen meistens ab 8.30 Uhr, öfters Änderungen) ist die größte und prächtigste Kirche Griechenlands.
Der Vorplatz ist durch ein großes Kieselmosaik geschmückt, und im von Zypressen bestandenen marmorgepflasterten Innenhof führt eine große, mit einem roten Teppich belegte Freitreppe zur Kirche hinauf. Von deren drei Geschossen sind Erd- und Mittelgeschoß mit einem Arkadengang geschmückt. Überragt wird die Kirche von einem dreistöckigen, sich nach oben verjüngenden Glockenturm mit umlaufenden Arkaden auf schlanken Säulen.
Im prächtig ausgestatteten Innenraum hängen an Ketten silberne Öllampen und zahllose silberne und goldene Votivgaben, die mit ihren Darstellungen wie Schiffen, Wiegen, Vögel, Häuser und einzelnen Körperteilen die Sorgen, Wünsche und Bitten der Gläubigen widerspiegeln. Links vom Eingang befindet sich die verehrte heilige Ikone (→ *Baedeker Special*) unter einem von vier kannelierten Säulen getragenen und mit einem Ornamentfries geschmückten Marmorbaldachin mit Giebel und Kuppel. Sie ist mit Gold und Edelsteinen sowie mit Blumen fast ganz zugehängt.

Marienikone

1823 erschien der Nonne Pelagía aus dem Kloster Kechrovounío im Traum die Muttergottes, die sie aufforderte an einer genau bezeichneten Stelle in einem Acker nach der Ikone zu graben. Bei den Ausgrabungen stieß man zunächst auf die Ruinen einer alten Kirche und schließlich nach langem vergeblichem Suchen auf eine mehr als 800 Jahre alte Marienikone. Dieses frühchristliche Bildwerk hatte sich in der alten Johannes-Kirche befunden und wurde bei deren Brand in dem Acker versteckt. Es soll vom Apostel Lukas selbst gemalt worden sein. In der Entdeckungszeit, der Periode der griechischen Befreiungskriege, erhielt die Ikone eine ganz besondere Bedeutung; sie wurde zum Symbol für den baldigen Sieg und damit für die

Panagía Evangelistría: die größte und prächtigste Kirche Griechenlands

Tínos
Panagía
Evangelistría
(Fortsetzung)

Befreiung von der türkischen Herrschaft. Nach dem Auffinden des Bildwerks wurde mit Spendengeldern eine große Kirche gebaut, wobei Bauteile vom nahegelegenen Poseidon-Tempel und von den antiken Gebäuden von Délos verwendet wurden. Die Kirche mit der wundertätig geglaubten Ikone entwickelte sich bald zum vielbesuchten Wallfahrtsziel. 1971 wurde die Nonne vom Patriarchat in Konstantinopel heiliggesprochen. Im selben Jahr erklärte man Tínos zur Heiligen Insel.
Unter der Kirche befinden sich drei niedrige, tonnengewölbte Räume, wo die Ikone gefunden wurde und das heilige Wasser seit dem Bau der Kirche fließt. Pilger nehmen sich in Flaschen das Wasser mit. In den Nebenräumen stehen Taufbecken, wo häufig Taufen stattfinden.
Die umliegenden Gebäuden dienen als Pilgerherbergen, Museen und Verwaltungsräume. In der Pinakothek sind Originale und Kopien griechischer und europäischer Maler zu sehen. Zudem gibt es ein Museum Tiniotischer Künstler. In der Sakristei wird der Kirchenschatz aufbewahrt.
Die Kirche besitzt durch die Spenden der Gläubigen ein großes Vermögen, das sie für soziale und kulturelle Belange verwendet.

Archäologisches
Museum

Das Museum (geöffnet Mo., Mi.–So. 8.30–15.00 Uhr) in der Wallfahrtsstraße umfaßt Ausstellungsstücke von Tínos, vor allem von den beiden großen Heiligtümern der Insel: dem bei Tripótamos gelegenen Weihbezirk der Demeter aus dem 7. Jh. v. Chr. und dem hellenistischen Heiligtum von Poseidon und Amphitrite bei Kiónia.
Gleich am Anfang des Museums findet man eine interessante Sonnenuhr (1. Jh. v. Chr.).
Besondere Bedeutung unter den Funden aus dem Demeterheiligtum hat eine Reihe beeindruckender riesiger reliefverzierter Halsamphoren des 7. Jh.s v. Chr. (Saal 1) mit Darstellungen der Geburt der Götter, des Kranichtanzes, den Theseus auf Délos getanzt hat, und der Eroberung Trojas.
In den Vitrinen im Saal 2 befinden sich Grabgefäße aus der geometrischen Zeit (10.–8. Jh. v. Chr.) und Keramikgeschirr (6.–2. Jh. v. Chr.). Verschie-

Baedeker Special

Heilige Bilder

Die transportablen Kultbilder mit den Darstellungen von Heiligen und biblischen Szenen nennt man in der orthodoxen Kirche Ikonen ('Bilder'). Auch heute noch sind sie neben der Heiligen Schrift ein Grundpfeiler der orthodoxen Glaubenswelt.
Man findet die heiligen Bilder außer in Kirchen auch in vielen Privatwohnungen und Fahrzeugen. Sie werden mit Edelmetallen und -steinen, Ringen und Uhren sowie kostbaren Vorhängen geschmückt, auf Reisen mitgenommen und sind das Ziel von Wallfahrten. Ikonen bringen den Gläubigen die Heiligen nahe, weshalb sie große Verehrung genießen. Diese Verehrung gilt jedoch nicht der Abbildung, sondern dem Heiligen, der der Ikone gleichgesetzt wird.
In Kirchen sind Ikonen nach einem bestimmten Schema angebracht an der Ikonostase, einer hohen, meist hölzernen Wand, die den Altarraum vom Gemeinderaum trennt. Auf dem Pult in der Mitte wird jeweils die Ikone des Tagesheiligen oder -festes ausgelegt.
Die Ikonenmalerei gilt als liturgische Handlung, die ursprünglich nur von Priestern ausgeführt werden durfte. Sie ist hinsichtlich Komposition und Farbgebung sowie der Materialien genau festgelegt, so daß der Maler kaum Freiheit bei der Gestaltung des Bildwerks hat und keinen eigenen Stil entwickeln kann. Der Künstler darf in die Bilder keinen persönlichen Ausdruck bringen und bleibt namenlos. Seine Aufgabe ist die Erhaltung der Tradition. Deshalb gleichen sich viele Ikonen, unabhängig von dem Jahrhundert, aus dem sie stammen. Für die Darstellungsweise ist charakteristisch, daß Natur und Architektur durch Abstrahierung in den Hintergund treten, um die zeitlose Heiligkeit der Figuren hervorzuheben. Anziehend für den Betrachter ist die einzigartige Farbigkeit der Bilder, die in einem komplizierten Herstellungsprozeß erreicht wird. Der Farbauftrag erfolgt meist auf Holz mit Mineralfarben und wird mit einer Schicht aus gekochtem Leinöl überzogen. Dies garantiert die erstaunliche Haltbarkeit, zumal die Ikonen nicht nur betrachtet, sondern auch geküßt und berührt werden.

Um die verehrten Marienikonen ranken sich oft zahlreiche Legenden.

Es gibt zahlreiche Legenden über wundertätige Ikonen. So wurde die Marienikone von Tínos gefunden, nachdem eine Nonne Visionen hatte, in denen die Mutter Gottes sie anwies, an einer bestimmten Stelle in einem Acker zu graben. Das Bildwerk war mehr als 800 Jahre alt und auf unerklärliche Weise in den Acker gelangt. Man baute dann an dieser Stelle die größte Kirche Griechenlands. Seither ist die Ikone, der wundersame Heilungen zugeschrieben werden, zu einem allgriechischen Wallfahrtsziel geworden, das jährlich von Hunderttausenden von Menschen aufgesucht wird.

dene Marmorskulpturen, vor allem Köpfe hellenistischer Bildwerke, vervollständigen die Ausstellung.
Der letzte Raum, Saal 3, umfaßt hauptsächlich Grabreliefs. Besonders bemerkenswert ist ein Relief des 5. Jh.s v. Chr. mit der Darstellung eines Mannes im Profil. Die Vorhalle führt in das Atrium, in dem Skulpturen und Bauteile aus dem Heiligtum von Poseidon und Amphitrite ausgestellt sind.

Tínos
Archäologisches
Museum
(Fortsetzung)

Sehenswertes in der Umgebung von Tínos

Kiónia
(Κιόνια)
Poseidon-
Heiligtum

Zu dem 3 km westlich der Stadt gelegenen Überresten des Poseidon-Amphitrite-Heiligtums, das Anfang unseres Jh.s ausgegraben wurde, kann man einen schönen Spaziergang unternehmen. Dabei kommt man an einer Kapelle vorbei, die am antiken Hafen liegt. Gegen Ende der Straße breitet sich ein langer Kiesstrand aus, hinter dem das große Tinos-Beach-Hotel liegt. Kurz vor dem Hotel befindet sich auf der rechten Seite das Heiligtum (geöffnet Di. – Fr., So. 8.30 – 15.00, Sa. 8.30 – 11.00 Uhr).
Markant unter den geringen Überresten, die vor allem aus hellenistischer Zeit stammen, ist eine Exedra. Freigelegt wurden ferner der Stufenunterbau des Poseidon-Amphitrite-Tempels, Fundamente eines kleines Tempels, Marmorplatten der Propyläen, Teile eines großen, viereckigen Opferaltars, Reste eines Pilgerhauses und eines Badehauses und Teile der Kassettendecke eines Brunnenhauses mit Sonnenmuster.
Der Poseidon-Kult geht auf Tínos bis ins 7. Jh. v. Chr. zurück. Der Meeresgott soll eine Schlangenplage auf der Insel bekämpft haben. Poseidon wurde dann auf der Insel als Gott der Heilkunst verehrt, der Plagen und Krankheiten von den Menschen fernhalten konnte. Zahlreiche kranke Pilger kamen zu dem Heiligtum; sie opferten dem Gott und unterzogen sich rituellen Waschungen. Die Heilpriester behandelten die Kranken vor allem mit Suggestion. Auch nach der Errichtung des Apollon-Tempels auf Délos bliebt das Heiligtum ein wichtiges Pilgerziel. Im 3. Jh. v. Chr. kam noch der Kult von Amphitrite, der Frau von Poseidon, hinzu, die man als Heilerin von Frauenkrankheiten verehrte. Erst unter dem Einfluß des Christentums im 4. Jh. wurde der Kult aufgegeben. Allerdings läßt sich eine Verbindungslinie vom Heilkult des Poseidon bis zu dem der Marienikone in der Evangelistrías-Kirche in Tínos ziehen.

Ktikádos
(Κτικάδος)

Empfehlenswert ist ein Spaziergang von etwa 1 Std. Dauer von der Stadt zum Dorf Ktikádos auf einem schönen Fußweg. In dem Dorf mit weißen Häusern, engen Gassen und Treppenwegen hält allmählich der Tourismus Einzug.

Moní Agía Triáda
(Μονή Αγία
Τριάδα)

Wenige Kilometer östlich der Stadt liegt das Kloster, das von einem Aufseherpaar bewohnt wird. Hier ist ein kleines Museum untergebracht, in dem eine Sammlung von marmornen Platten als Oberlichter zu sehen ist, die eine Besonderheit von Tínos sind. Diese halbkreisförmigen, luftdurchlässigen Oberlichter, die über dem Fenster- oder Türsturz angebracht waren, schmückte man mit phantasievollem Gitterwerk.
Im Kloster befindet sich noch eine Geheimschule, wo Kinder während der türkischen Herrschaftszeit unterrichtet wurden.

Weitere Sehenswürdigkeiten auf Tínos

* Moní
Kechrovounío
(Μονή
Κεχροβουνίου)

In dem auf das 10. Jh. zurückgehenden Kloster Kechrovounío hoch oben am Hang, 9 km nördlich von Tínos (von hier Busverbindung) lebte die Nonne Pelagía, die Visionen hatte (s. Tínos, Panagía Evangelistría). Es ist eines der wenigen Klöster der Kykladen, das noch voll in Betrieb ist; 50 Nonnen leben und arbeiten hier.
Die sehr schöne, liebevoll gepflegte Klosteranlage ähnelt einem Kykladendorf: Blendend weiß gestrichene Häuser, schmale Gassen, Treppen und Durchgänge, geschmückt mit Blumen.

Sehr stimmungsvoll ist das im Stil eines Kykladendorfs erbaute Kloster Kechrovounío.

Moní Kechrovounío (Fortsetzung)

Die einfache Zelle der Nonne Pelagía liegt ganz oben im Kloster (Weg ausgeschildert). Sie ist als Erinnerungsstätte hergerichtet – ein weltentrückter, ehrfurchtgebietender Platz. Von hier oben kann man einen grandiosen Ausblick genießen.

Exómbourgo (Εξόμπουργο)

Sehr lohnend ist die Besteigung des 540 m hohen, markanten Steilfelsens Exómbourgo wegen des sehr schönen Weitblicks. Der Berg war von der prähistorischen bis zur Neuzeit wegen seiner ausgezeichneten Wehrlage bevorzugtes Siedlungsgebiet der Insel. Die Venezianer erbauten hier im 13. Jh. ein starkes Kastell mit doppelten Wehrmauern, in das im Fall eines Angriffs viele Schutzsuchende flüchteten. Erst 1714 konnte es von den Türken erobert werden. Überreste der Festung sind heute noch zu sehen.

Órmos Kolimbíthra (Όρμος Κολυμπήδρα)

Die Bucht liegt an der Nordküste, 21 km nördlich von Tínos und ist von dem Dorf Kómi über eine Asphaltstraße, die durch ein großes Anbaugebiet führt, zu erreichen. Hier findet der Badefreund einen recht hübschen Sandstrand, hinter dem sich ein mit dichtem Schilf bewachsener Lagunensee ausbreitet. Auf der anderen Seite des Kaps gibt es noch eine Sandbucht mit kleinen Fischerhäuschen und Booten. Selbst in der Saison sind die Strände wenig besucht.

Von Tínos über Pírgos zum Órmos Panórmou

Kámpos, Tarampádos

Die Hauptstraße führt von Tínos zunächst nach Norden über Kámpos mit einer Kirche aus dem 18. Jh. und Tarampádos; in der Umgebung beider Dörfer gibt es besonders schöne Exemplare von Taubenhäusern (s. o.).

Kardianí (Καρδιανή)

Der Straße weiter nach Nordwesten folgend, wird das 'Mamordorf' Kardianí erreicht, das unterhalb der Straße inmitten von Grün liegt. Es ist zum Großteil aus Marmor erbaut. Unterhalb der katholischen Kirche sprudelt eine Quelle hervor.

Istérnia (Ιστέρνια)

Man sollte auch einen Bummel durch das 4 km weiter nordwestlich gelegene hübsche Bergdorf Istérnia machen. Eine schmale marmorgepflasterte Straße schlängelt sich durch die verwinkelten Gassen. Von dem Ort bietet sich ein weiter Ausblick.

***Pírgos / Panórmos (Πύργος)**

Nach einigen Kilometern auf der Hauptstraße kommt man zu dem Bilderbuchdorf Pírgos (500 Einw.), dem zweitgrößten Ort der Insel, der auch Panórmos genannt wird. Er ist als Dorf der Bildhauer – es gibt eine Bildhauerschule – und Maler bekannt.
Man sollte unbedingt einen Bummel machen durch die sehr gepflegten Gassen mit weißen kubischen Häusern, deren lindgrüne und tiefblaue Türen und Fensterläden einen reizvollen Farbkontrast bilden. Bougainvillea und Oleander sowie Topfblumen vervollständigen das malerische Ortsbild. Ganz besonders bezaubernd ist die kleine Platía mit einer mächtigen Platane, wo man sich eine Ruhepause gönnen sollte.
Geht man von dem Platz die breiteste Gasse hinauf, kommt man rechts zu einer großen Marmorwerkstatt, wo man den Schülern bei der Arbeit zusehen kann.

Museen

An der reizvollen kleinen Gasse, die von der Bushaltestelle ins Zentrum führt, liegen zwei Museen nebeneinander (beide geöffnet tgl. 11.00 – 13.30 und 17.30 – 19.00 Uhr).
Das Museum tiniotischer Künstler stellt Werke einheimischer Bildhauer des 19. und 20. Jh.s aus. Zu sehen sind hier Porträtköpfe, Reliefs und Gipsmodelle für Marmorstatuen vom Naturalismus bis zum Expressionismus.
Das ehemalige Wohnhaus des in Pírgos geborenen Gianoulis Chalepa (1851 – 1938), des berühmtesten Bildhauers der Insel, wurde in ein Museum umgewandelt. Chalepa studierte Bildhauerei in Athen und München und arbeitete einige Jahre in der griechischen Hauptstadt. Nach einem jahrelangen Sanatoriumsaufenthalt auf Korfu wegen psychischer Probleme kehrte er in sein Heimatdorf zurück. 1927 erhielt Chalepa den Kunstpreis der Akademie von Athen, wo er dann wieder bis zu seinem Tod lebte.

Pánormos (Πάνορμος)

In Pánormos an der Nordküste, dem Zielpunkt der Route, wurde früher Marmor der nahegelegenen Steinbrüche verschifft. Es ist ein schmuckes beschauliches Fischerdorf, wo am unschön betonierten Kai Tavernen unter schattigen Bäumen zu finden sind.
Der kleine steinige Ortsstrand mit Tamarisken und einem Ententeich ist nicht sehr einladend. Alternativen sind zum einen der Strand in der südöstlich benachbarten Bucht, in ca. 10 Min. zu Fuß zu erreichen, und zum andern nördlich zwei kleine Badebuchten. Die Strände sind jedoch durch die Nordlage bei starkem Wind durch angeschwemmten Müll verschmutzt.

Praktische Informationen von A bis Z

Praktische Informationen von A bis Z

Anreise

Mit dem Flugzeug
Charterflug

Der direkte Charterflug ist dem Linienflug vorzuziehen, da aus dem Ausland kommende Linienflugmaschinen die Kykladen nicht direkt anfliegen; Umsteigen in Athen ist erforderlich, stundenlange Wartezeiten bei der Abfertigung sind in der Hochsaison einzukalkulieren. Über direkte Charterflugverbindungen nach Mýkonos und Santorín informieren Reisebüros.

Linienflug

Täglicher Linienflugverkehr besteht aus Deutschland, z. B. ab Frankfurt am Main und München nach Athen, aus Österreich ab Wien nach Athen, aus der Schweiz ab Genf und Zürich nach Athen.
Vom Athener Flughafen Ellinikon existieren tägliche Non-Stop-Verbindungen mit der nationalen Fluggesellschaft Olympic Airways zu den Inseln Mílos, Sýros, Náxos, Páros, Mýkonos und Santorín.
Man kann natürlich auch ab Athen den →Schiffsverkehr zu den Kykladen wählen.

Mit dem Auto
Balkan-Autobahn (Autoput)

Die kürzeste Strecke nach Griechenland ist die Fahrt auf der Balkan-Autobahn (Autoput; Gebühr) durch Slowenien, Kroatien, Serbien und Makedonien. Ein Transitvisum ist bei der diplomatischen Vertretung von Jugoslawien (Serbien und Montenegro) in Bonn, Tel. (02 28) 34 40 51, erhältlich. Deutsche Staatsbürger benötigen für die Durchreise durch Slowenien, Kroatien und Makedonien kein Visum, müssen sich aber mit dem Reisepaß ausweisen. Treibstoffmangel gibt es nicht. Detaillierte Auskünfte erteilen u. a. die ADAC-Geschäftsstellen.

Autobahngebühr in Griechenland

Von Evzoni bis nach Athen wird nur eine geringfügige Autobahngebühr erhoben.

Autobahnvignette für Österreich

Seit 1. Januar 1997 ist in Österreich der Erwerb einer Autobahnvignette erforderlich; am günstigsten ist die für zwei Monate gültige Autobahnvignette. Informationen erteilen u. a. die Vertretungen der Österreich Werbung (in Frankfurt am Main, Tel. 0 69/24 24 25–21).

Grenzübergänge

Die Grenzübergänge von und nach Griechenland sind rund um die Uhr besetzt. Möglichkeiten für den Übergang:
Von Mazedonien über Gevgeli/Evzoni, 551 km von Athen, oder über Bitola/Niki, 609 km von Athen
von Bulgarien über Kula/Promachon, rund 660 km von Athen
von der Türkei über Edirne/Kastanea, rund 1000 km von Athen, oder über Ipsala/Kipi, 910 km von Athen.

Fährverkehr

Eine Alternative zur Fahrt über den Autoput ist die Anreise über Italien und die zahlreichen Autofähren →Fähren. Rechtzeitige Buchung der Fähre (Reisebüro) ist absolut notwendig.

◄ *S. 160/161: Der sehr schöne Super-Paradise-Strand auf Mýkonos*

Über Verbindungen mit Touringbussen (Europabussen) nach Griechenland informiert die Deutsche Touring GmbH, Am Römerhof 17, D-60486 Frankfurt am Main, Tel. (0 69) 79 03-50, Fax 7 90 32 19.

Anreise (Fts.)
Mit dem Europabus

Die Deutsche Bahn bietet derzeit keine Verbindungen von München über Saloniki nach Athen an. Von der DB übernommen hat Optima-Tours, Karlstr. 56 – 60, D-80333 München, Tel. (0 89) 59 86 49, die Bedienung der Route nach Saloniki, und zwar ab Lébenéy/Ungarn mit dem Autoreisezug Optima Express (OE) Chalkidiki.

Mit der Eisenbahn

Im Rahmen von Kreuzfahrten ab (und bis) Venedig (Italien) lassen sich Bordleben und Besichtigungen beispielsweise der Inseln Santorín und Mýkonos kombinieren; detaillierte Auskünfte erteilen Reisebüros. Kreuzfahrten ab Athen → Kreuzfahrten.

Mit dem Kreuzfahrtschiff

Antiquitäten

Die Ausfuhr antiker Gegenstände und Kunstwerke (z. B. Ikonen) ist unter Androhung hoher Strafen verboten. Über Ausnahmen entscheidet das Ministry of Culture and Sciences, Odós Aristidu 14, GR–105 59 Athens, Tel. (01) 3 23 16 93.

Ausfuhr von Originalen verboten!

Unproblematisch sind Erwerb und Ausfuhr von Kopien antiker Museumsstücke (u. a. Fresken, Ikonen, Schmuck), die aus allen Museen Griechenlands stammen.

Kopien

Apotheken

Man erkennt die Apotheken an dem runden weißen Schild mit rotem Kreuz über dem Eingang sowie an der Aufschrift ΦΑΠΜΑΚΕΙΟΝ.

Allgemeines

Mo. – Fr. 8.30 – 14.30 und 16.00 (oder etwas später) bis 19.30 Uhr, Sa. 8.30 – 16.00 Uhr

Öffnungszeiten

An jeder Apotheke findet man Hinweise auf die nächste Apotheke, die Notdienst bzw. Nacht-, Sonn- oder Feiertagsdienst hat.

Notdienst

Tel. 100 (Polizei, die den Notruf weiterleitet)

Apothekennotruf

Ärztliche Hilfe

Tel. 1 00
Die Polizei (astinomía) leitet alle Hilferufe an die entsprechenden Stellen weiter.

Polizeinotruf

Tel. 1 66
(nur auf Sýros; Ambulanz auf den anderen Kykladen s. Telefonbuch)

Unfallrettung

Ein Krankenhaus (nosokomío) gibt es nur auf Sýros, Tel. 2 22 22; dennoch ist die ärztliche Versorgung (Arzt = yatrós) auch auf den anderen Kykladeninseln durch die Health Centres (Gesundheitszentren) bzw. durch Arztpraxen gewährleistet.

Ärztliche Versorgung

Griechenland hat die Europäische Konvention unterzeichnet, in der Regelungen über medizinische Behandlungen und deren Kosten festgehalten sind. Vor einem Aufenthalt auf den Kykladen empfiehlt es sich, die neues-

Kostenregelung

Ärztliche Hilfe Kostenregelung (Fortsetzung)

ten Bestimmungen bei der zuständigen Krankenkasse zu erfragen und einen Auslandskrankenschein (Berechtigungsschein E 111; Merkblatt GR 93 T) zu erbitten. Nützlich ist auch ein bei vielen Krankenkassen erhältlicher Patienten-Paß, eine Verständigungshilfe (in mehreren Sprachen, darunter auch in Griechisch) für den Krankheitsfall; gewünschte Arzneimittel oder zutreffende Krankheiten müssen nur angekreuzt werden.

Auslandsreisekrankenversicherung

Der zusätzliche Abschluß einer Auslandsreisekrankenversicherung (gültig für bis zu sechs Wochen) ist immer ratsam; sie übernimmt bei Krankheit und Unfall u. a. die Kosten für Arzt, Krankenhaus, Medikamente und Rückreise. Es ist darauf zu achten, daß Rückholschutz enthalten ist (wobei die Kostenübernahme uneingeschränkt sein sollte), denn der Rücktransport kann u. U. sehr teuer werden.

Auskunft

Ellinikós Organismós Turismú · EOT Griechische Zentrale für Fremdenverkehr · GZF Auslandsvertretungen

Deutschland

Direktion für Deutschland:
Neue Mainzer Straße 22, D-60311 Frankfurt am Main
Tel. (0 69) 23 77 35, 23 65 61–3, Fax 23 65 76

Weitere Büros in Deutschland:
Wittenbergplatz 3A, D-10789 Berlin
Tel. (0 30) 2 17 62 62–3, Fax 2 17 79 65

Abteistraße 33, D-20149 Hamburg
Tel. (0 40) 45 44 98

Pacellistraße 5, D-80333 München
Tel. (0 89) 22 20 35/6, Fax 29 70 58

Österreich

Opernring 8, A-1010 Wien
Tel. (01) 5 12 53 17/8, Fax 5 13 91 89

Schweiz

Löwenstrasse 25, CH-8001 Zürich
Tel. (01) 2 21 01 05, Fax 2 12 05 16

Lokale Informationsstellen

Auf Amorgós: Gemeindebüro in Katápola, GR-840 08 Amorgós Tel. (02 85) 7 12 46
Auf Ándros: Rathaus in Gávrion, GR-845 00 Ándros, Tel. (02 82) 2 22 75
Auf Folégandros: Gemeindebüro, GR-840 11 Folégandros Tel./Fax (02 86) 4 12 85
Auf Íos: Gemeindebüro Íos, GR-840 01 Íos, Tel. 9 12 28
Touristenbüro der Gemeinde (Mai – Sept.), Tel. 9 10 22
Auf Kéa: Tourist Information in Korissía, GR-840 02 Joúlis – Kéa Tel. (02 88) 3 12 56
Auf Ký́thnos: Gemeindebüro, GR-840 06 Ký́thnos: Tel. (02 81) 3 12 77
Auf Mílos: Rathaus, GR-848 01 Adámas – Mílos, Tel. (02 87) 2 13 70
Auf Mý́konos: Städtisches Auskunftsbüro, GR-846 00 Mý́konos Tel. 2 39 90; Infos über →Veranstaltungen erhält man auch beim Gemeinde-Unternehmen von Mý́konos, Tel. (02 89) 2 71 90
Auf Náxos: Gemeindebüro, GR-843 00 Náxos, Tel. (02 85) 2 27 17, Fax 2 35 70 (Informationen auch über Veranstaltungen)
Auf Páros: Rathaus Páros (Parikía), GR-844 00 Páros, Tel. (02 84) 2 12 22

Auskunft Lokale Informationsstellen (Fortsetzung)

Auf Santorín: Gemeindebüro, GR-847 00 Santorín: Tel. (02 86) 2 22 31
Auf Sérifos: Gemeindebüro, GR-840 05 Sérifos, Tel. (02 81) 5 12 38
Auf Sífnos: Gemeindebüro in Apollonía, GR-840 03 Sífnos, Tel. (02 84) 3 13 45
Auf Sýros: EOT in Ermoúpolis, Lakis Kiriarchia Platz, GR-841 00 Sýros Tel. (02 81) 8 67 25, Fax 8 23 75
Auf Tínos: Tourist Information, GR-842 00 Tínos, Tel. (02 83) 2 37 33; Infos über Veranstaltungen auch bei der Gemeinde: Tel. (02 83) 2 22 34

Weitere Auskunftsstellen

Zimmerreservierungen

Die Informationsbüros der Griechischen Fremdenverkehrszentralen nehmen keine Hotelzimmerreservierungen vor. Schriftliche Reservierungen von Unterkünften sind zu richten an
Xenodochiako Epimelitirio · XENEPEL
Stadiu 24, GR-105 64 Athen
Tel. (01) 3 23 71 93 und 3 22 99 12, Fax 3 22 54 49 und 3 23 69 62

Touristenpolizei (astinomía allodapon)

Auskünfte erteilt auch die Touristenpolizei (→ Notdienste). Befindet sich keine Touristenpolizei am Ort, wende man sich an eine Polizeiwache.

Auskunftsstelle für Archäologie

Deutsche Archäologische Gesellschaft und
Deutsches Archäologisches Institut
Podbielskiallee 69 – 71, D-14195 Berlin
Tel. (0 30) 8 30 08-0, Fax 83 00 81 90
Außenstelle in Griechenland: Fidiu 1, GR-10678 Athen
Tel. (01) 3 82 02 70, Fax 3 81 47 62

Deutsch-Griechische Gesellschaften

Vereinigung der Deutsch-Griechischen Gesellschaften
Dürenstr. 24, D-53173 Bonn
Tel. (02 28) 35 95 02

Spezialbüro für Griechenland-Reisende

Jassu, Spezialbüro für Griechenland-Reisende
Cäsariusstr. 79A, D-53639 Königswinter
Tel. (0 22 23) 2 52 50, Fax 2 52 05

Automobilklubs

Deutschsprachige Notrufstation des ADAC

In Athen (ganzjährig): Tel. (01) 9 60 12 66
Im Fall einer Autopanne auf den Kykladen wendet man sich am besten an die o. a. deutschsprachige, vom ADAC und dem griechischen Automobilklub ELPA gemeinsam betreute Notrufstation in Athen. Ersatzteilversand ist möglich. Auskünfte erteilen außerdem die Verkehrs- bzw. Gemeindebüros vor Ort. Weitere Notrufe → Notdienste.

OVELPA (Straßenhilfsdienst der ELPA)

Pannenhilfe leistet ansonsten in Griechenland der ELPA-Verkehrsdienst mit Streifenwagen (OVELPA); es sind gelbe Wagen mit der Aufschrift ASSISTANCE ROUTIERE.

Notsignal für OVELPA

Durch Offenhalten der Motorhaube oder Anbringen eines gelben Tuches an einer auffallenden Stelle sollte man im Fall einer Panne o. ä. auf sich aufmerksam machen.

OVELPA-Zentralen

Alle OVELPA-Zentralen haben die einheitliche Telefonnummer 1 04 (rund um die Uhr erreichbar).

Gebühren

Die Hilfe ist kostenpflichtig; ADAC-Mitglieder erhalten Sondertarife. Für Inhaber des ADAC-Euro-Schutzbriefes ist die Pannenhilfe vor Ort und das Abschleppen bis zur nächstgelegenen Werkstatt kostenlos.

Badestrände

Allgemeines

Meerwasserqualität und Sauberkeit der Kykladenstrände zählen im allgemeinen zu den besten in Europa.

Naturstrände

An den freien bzw. öffentlichen Stränden, die für jedermann zugänglich sind, für die sich aber nicht immer jemand verantwortlich fühlt, fehlen Einrichtungen wie Gefahrenschilder, Grenzbojen und Netze.

Hotelstrände

Da die Hotelstrände verstärkt staatlichen Kontrollen unterliegen, ist ihre Pflege- und Serviceleistung recht gut.

Gefahren

Mit Gefahren durch gefährliche Strömungen bei starkem Wind und durch Quallen und Seeigeln ist zu rechnen. In jedem Falle sollten Badeschuhe im Reisegepäck nicht fehlen.

Ausgewählte Strände
auf Amorgós

Der längste Badestrand (Sand) der Insel Amórgos, am besten vom Meer her erreichbar, liegt im Nordosten der Insel, in der Bucht von Aigiáli.

auf Ándros

Zwischen Batsí und Gávrion an der Westküste von Ándros erstrecken sich wunderschöne, z. T. über Treppen erreichbare Sandstrände und Badebuchten.

auf Íos

Den feinsten Sandstrand der Kykladen findet man an der Westküste von Íos in der tief eingeschnittenen Bucht Órmos Íu bzw. in der Mylopótamos-Bucht. In der Hochsaison ist mit überfüllten Stränden zu rechnen.

auf Kéa

Auch die Insel Kéa verfügt über kleine, schöne Sandstrände.

auf Mílos

Beim hübschen Hafenort Apollónia auf Mílos erstreckt sich ebenfalls ein Sandstrand.

auf Mýkonos

Die herrlichen Sandstrände und Badebuchten auf Mýkonos zählen zu den schönsten der Ägäis. Im Süden der Insel liegt der schöne Sandstrand von Platís Gialós; von hier verkehren auch Fischerboote zu anderen schönen Stränden der Insel, darunter Parangá, Paradise, Super-Paradise, Agrari und Elía.

auf Náxos

Zwei der schönsten und längsten Strände der Insel mit herrlichem breiten, hellen, flachabfallenden, grobkörnigen Sandstrand - vor allem für Familien mit Kindern ideal - liegen an der Westküste der Insel: 4,5 km südlich von Naxos-Stadt der 1 km lange Strand von Ágios Prokopiós und der daran anschließende 7 km lange und bis zu 20 m breite Strand von Agía Anna.

auf Páros

Schöne, goldgelbe Sandstrände und von pittoresken Granitfelsen eingerahmte Badebuchten sind von Náoussa aus zu Fuß oder mit kleinen Booten zu erreichen.
Auf naturbelassenen Sandstrand stößt man am Golden Beach an der Ostküste. Von Póunta auf Páros verkehren Motorboote zu den schönsten Sandstränden der Nachbarinsel Antíparos.

auf Santorín

Um Kamári und Périssa an der Ostküste Santoríns erstrecken sich sanft abfallende, kilometerlange, schwarze Lavastrände (Sand/Kies).

Sífnos

In der Bucht von Platís Gialós liegt der schönste Strand (Kies und Strand) der Insel Sífnos.

auf Sýros

An der Westküste von Sýros, in der Bucht von Galissás, findet man schönen, flachabfallenden Sandstrand; eine hübsche Sandbucht liegt auch bei Vári im Südosten der Insel.

Der kilometerlange schwarze Lavastrand Kamári auf Santorín

Auch die Insel Tínos verfügt über attraktive Strände und versteckte Badebuchten; die besten liegen östlich von Tínos-Stadt.

Badestrände (Fortsetzung) auf Tínos

Behindertenhilfe

Die Broschüre "Camping in Greece" (→ Camping) enthält Hinweise über sanitäre Einrichtungen für Behinderte.

Camping

Da auch der offizielle Hotelführer der griechischen Hotelkammer keine Hinweise auf behindertengerechte Unterkünfte erteilt, sollten die ausgewählten Hotels – vorzugsweise der besseren Kategorien – direkt angeschrieben und nach speziellen Einrichtungen befragt werden.

Hotels

Botschaften

→ Diplomatische Vertretungen

Busverkehr

Während in der Vor- und in der Nachsaison mit eingeschränktem Autobusverkehr zu rechnen ist, sind in der Hochsaison auf den stärker frequentierten Kykladeninseln genügend Busse im Einsatz, die vor allem die Touristen zu den Stränden fahren. Mýkonos verfügt über ein ausgesprochen gut ausgebautes Netz öffentlicher Busverbindungen. Bushaltestellen befinden sich meist am Hafen oder in Hafennähe; einige Inselorte verfügen über

Busverkehr (Fortsetzung)

Busbahnhöfe. Tickets verkauft der Busfahrer. Über Busverbindungen informieren u. a. die lokalen Informationsstellen (→ Auskunft).

Organisierte Busausflüge

Ausflüge mit dem Bus zu den Sehenswürdigkeiten der Inseln organisieren Reisebüros. Empfehlungen für Ausflugsmöglichkeiten sind auch bei den Fremdenverkehrsstellen vor Ort (→ Auskunft) oder an Hotelrezeptionen erhältlich.

Camping

Campingplätze

Campingplätze existieren auf mehreren Inseln, so auf Ándros, Antíparos, Folégandros, Íos, Kéa, Mýkonos, Náxos, Páros, Santorín, Sérifos, Sífnos, Sýros, Tínos. Auf einigen Plätzen werden auch Bungalows vermietet.

Beliebte Plätze

Insbesondere bei Surfern beliebt ist der in Santa Maria auf Páros (3 km östlich von Náoussa) gelegene Campingplatz "Camping Surfing Beach", auf dem u. a. eine Windsurfingschule existiert.
In Agía Anna auf Náxos liegt der Platz Camping Maragas, direkt an einem der längsten und schönsten Sandstrände der Kykladen mit Selbstbedienungsrestaurants, Snackbar und Supermarkt u. v. a.; Zelte und Schlafsäkke sind gegen Leihgebühr erhältlich. Viel besucht wird auch der Campingplatz Paradise Beach auf Mýkonos mit zahlreichen nützlichen Einrichtungen für Camper.

Freies Campen

Das Übernachten außerhalb lizenzierter Campingplätze ist in Griechenland bzw. auf den Kykladen verboten; Zuwiderhandlungen werden empfindlich bestraft.

Campingführer

Detaillierte Hinweise über Campingplätze auf den Kykladen enthält der alljährlich neu erscheinende "ADAC Camping-Führer, Band I: Südeuropa", erhältlich in jeder ADAC-Geschäftsstelle.
Die Broschüre "Camping in Greece" der Greek Camping Association ist in den Büros der Griechischen Zentrale für Fremdenverkehr (→ Auskunft) zu bekommen.

Diplomatische Vertretungen

Griechische Botschaften

In Deutschland

An der Marienkapelle 10, D-53177 Bonn, Tel. (02 28) 83 01-0

In Österreich

Argentinierstr. 14, A-1040 Wien, Tel. (01) 5 05 57 91-0

In der Schweiz

Jungfrauenstrasse 3, CH-3005 Bern, Tel. (0 31) 3 52 16 37/8

Vertretungen in Griechenland

Auf den Kykladen gibt es keine Vertretungen; man wende sich an die entsprechenden Botschaften in Athen:

Bundesrepublik Deutschland

Odós Karaóli und Dimitríou 3, GR-106 75 Athen-Kolonáki
Tel. (01) 7 28 51 11, Fax 7 25 12 05

Österreich

Leofóros Aléxandras 26, GR-106 83 Athen 148
Tel. 8 21 10 36, Fax 8 21 98 23

Schweiz

Odós Iassíou 2, GR-115 21 Athen
Tel. (01) 7 23 03 65, Fax 7 24 92 09

Einkaufen

Angebot
Goldschmuck, Lederwaren, Windmühlen

Insbesondere Goldschmuck, Lederwaren sowie Volkskunsterzeugnisse – darunter Windmühlen in allen erdenklichen Arten – werden in großer Vielfalt angeboten.

Webstoffe

Schöne Webstoffe findet man außer auf Mýkonos auch auf Náxos.

Keramik

Keramik wird in allen Preislagen verkauft, von schlechten Nachahmungen antiker Vasen über gute Kopien bis zu den schönsten Produkten der Insel Páros; charakteristische Ware findet man auch auf der Insel Sífnos. Bei den Töpferwaren ist Vorsicht geboten; die meisten sind nur bedingt abwaschbar, da die Farben meist nicht eingebrannt werden.

Silberschmuck

Bekannt für seinen eleganten Silberschmuck ist Náoussa auf Páros.

Wein, Likör, Käse

Zu den wohlschmeckenden Souvenirs zählen u. a. die Weine (→ Essen und Trinken) von den Inseln Mílos und Náxos; besondere Beachtung verdient der Kraterwein von Santorín. Aus Früchten und Blättern von Orangen und Zitronen wird der Kitro-Likör, eine Spezialität der Insel Náxos, hergestellt. Zu den beliebten Käsesorten zählen neben dem Kopanisti von Mýkonos auch der Graviera, Kefalotiri, Anthotiro und Misithra von Náxos.

Honig, Olivenöl, Pistazien, Lokoúmia, Chalvadópitta

Außer für ihre Weine ist die Insel Mílos auch für ihren Honig und ihr Olivenöl, die Insel Santorín für ihre Pistazien berühmt. Spezialitäten der Insel Sýros sind Loukoúmia, Fruchtgeleestücke, und Chalvadópitta, Oblaten mit Honig und Mandeln.

Spezialitäten von Sýros:
Lokoúmia, Fruchtgeleestücke
und Chalvadópitta, Oblaten mit Honig und Mandeln

Einkaufen (Fortsetzung)
Ausgewählte Geschäfte
Auf Mýkonos

Scaropoulos, Flora Zouganeli Str. 5, Tel. 2 49 83
Scaropoulos gehört zu den ersten Adressen auf Mýkonos für das beliebte Mandelgebäck, den Mandelkuchen (amigdaloto) oder die Mandelmilch (soumada).
Ilias Lalounis, am Hafen, Tel. 2 24 44
Der Juwelier Lalounis bietet edlen Schmuck an.
Graffiti, Georgouli Str. 15, Tel. 2 42 39
Bei Graffiti gibt es handbedruckte T-Shirts, Schmuck und Keramik.
Apokalypse, bei der Kirche Agía Kyriakí, Tel. 2 42 67
Wer handbemalte Ikonen schätzt, wird hier gut bedient.
Außerdem gibt es auf Mýkonos u. a. diverse Lederwarengeschäfte, wie John Andy am Agía-Kyriakí-Platz, Tel. 2 46 63.

Auf Páros

Boutiquen laden auch in Náoussa und Parikía auf Páros zum Bummeln ein.
Poulopoulos, Parikia, Tel. 2 23 89
Handgefertigter Goldschmuck

Auf Santorín

Santo Wines (Genossenschaft), Tel. 2 22 33/4
Hier ist Santorinió Krassí, Santoríns Kraterwein, erhältlich.

Auf Sífnos

Die Insel Sífnos ist bekannt für ihre schönen Töpferarbeiten, Flechtarbeiten und Webwaren. Besonders beliebt ist die Keramik, die vor allem im Hafenort Kamáres hergestellt und verkauft wird; Töpferarbeiten bietet u. a. auch Apostolides an. Mandelgebäck gibt es beim Bäcker in Artemonas. Im Geschäft Ble in Apollónia findet man neben Schmuck auch viele andere hübsche Gegenstände, die sich als Souvenir eignen.

Eisenbahn

Auf den Kykladen gibt es keine Möglichkeit, mit der Eisenbahn zu reisen; lediglich die →Anreise nach Griechenland kann mit der Bahn erfolgen.

Elektrizität

Wechselstrom

Das griechische Stromnetz führt im Regelfall 220/230 Volt (auf den Schiffen oft nur 110 Volt) Wechselspannung.
Europanorm-Gerätestecker sind normalerweise verwendbar. Dennoch empfiehlt es sich, ein Adapterset mitzunehmen; unter Umständen können Adapter gegen Hinterlegung eines Pfandes auch an der Hotelrezeption ausgeliehen werden.

Essen und Trinken

Speisen

Allgemeines

Auf den Kykladen werden im allgemeinen dieselben Speisen wie im übrigen Griechenland serviert. In den Hotels findet man vorwiegend internationale Küche, die durch griechischen Einschlag mehr Farbe erhält. In den Restaurants dominiert die Landesküche, die orientalischen (meist türkischen) Einfluß zeigt – mit viel Olivenöl, Knoblauch und Kräutern. Obst und Gemüse werden reichlich angeboten, Fisch und Fleisch fast immer gegrillt.

Diätkost

Diätwünsche sollten mit der Hoteldirektion abgesprochen werden. Magen- und Leberkranken wird empfohlen, Gegrilltes möglichst ohne Sauce ('choris salza') zu sich zu nehmen; auch ist Vorsicht beim Trinken von eisgekühltem Wasser geboten.

Gedeck

Als Gedeck gehören auf den Tisch Brot (psomi), Salz (alati), Pfeffer (piperi) und Zucker (sachari)

Vorspeisen (orektika)

Die Auswahl an Vorspeisen ist groß. Neben den zum Aperitif gereichten kleinen Appetithappen (mese) sind Garnelen- und Muschelgerichte, Meeresfrüchte oder mit Reis gefüllte Weinblätter (dolmades) sowie Salate (salates) zu nennen.

Suppen (supes)

Die Suppen sind meist recht gehaltvoll und werden oft mit Ei und Zitronensaft zubereitet. Beliebt ist die Fasolada (dicke Bohnensuppe), die Pfeffersuppe (piperi supa) mit Gemüse- und Fleischeinlage und die klare Fleischbrühe (somos kreatos). Zu nennen sind auch Fischsuppen (psarosupes).

Fleisch (kreas)

Bevorzugt werden Lammfleisch (arnaki) oder Hammel (arni), die meist gebraten oder gegrillt auf den Tisch kommen. Verbreitet sind Fleischspießchen (suvlaki) und Gyros (am senkrechten Drehspieß gegrilltes Fleisch). Kokoretsi sind Innereien am Spieß.

Aufläufe

Beliebte Aufläufe sind Pastitsio (Makkaroni und Hackfleisch mit Zimt und Nelken) und Mussaka (Kartoffeln und Auberginen).

Gemüse, Salate (lachanika, salates)

Typische Gemüsearten sind Artischocken (anginares), Auberginen (melitsanes), kleine Kürbisse (kolokitakia), Paprikaschoten (piperies) und Zucchinis sowie Wein- und Kohlblätter (dolmades), die meist mit Rinderhack, Reis und Kräutern gefüllt oder in Öl gegart werden.
Bei Salaten hat man die Auswahl zwischen Kopfsalat (maruli), Tomatensalat (tomato salata), Spargelsalat (sparanga salata) und dem aus Gurken, Tomaten, Oliven und Schafskäse bestehenden 'Bauernsalat' (choriatiki).

Fisch (psari)

Fische und Meeresfrüchte spielen eine große Rolle in der griechischen Küche, darunter vor allem Brassen (sinagrida, tsipura), Seezungen (glossa),

Tintenfische werden zum Trocknen über die Leine gehängt.

Fisch (Fortsetzung)	Meerbarben (barbuni) und Thunfisch (tonos). Daneben finden sich Hummer (astakos), Muscheln (midia), Tintenfisch (kalamaria), Kraken (oktapodi) und andere Meerestiere.
Nachspeisen (deser)	Neben Eis (pagotó) gibt es viele einheimische Früchte, je nach Jahreszeit Wassermelonen (karpusi), Zuckermelonen (peponi), Pfirsiche (rodakino), Birnen (achladi), Äpfel (milo), Apfelsinen (portokali), Weintrauben (stafili) und Feigen (sika).
Süßigkeiten	Zu den beliebtesten Süßigkeiten auf den Kykladen zählen u. a. das in Pralinenform angebotene Mandelgebäck (amygdalota) auf Mýkonos, die Oblaten mit türkischem Honig (chalvadópittes) sowie Fruchtgeleestücke (lukoúmia) auf Sýros und die in heißem Öl gebackenen, mit Honig übergossenen Teigkugeln (lukumades) auf Tínos.
Käse (tyri), Joghurt (jaurti)	Griechischer Käse ist meist aus Schaf- oder Ziegenmilch hergestellt, aus der auch der herrliche Joghurt (jaurti) gemacht wird; weitere beliebte Käsesorten → Einkaufen.

Getränke

Wein	Auf den Kykladen ist – wie im übrigen Griechenland – das am meisten verbreitete Getränk der Wein (krassi). Es werden Rebsorten für Rotwein (mavro krassi) und Weißwein (aspro krassi) angebaut; man keltert trockenen und süßen Wein.
Retsina	Bestimmte Landweine sind zur Verbesserung der Haltbarkeit geharzt (krassi retsinato) und erhalten dadurch einen eigentümlichen herben Geschmack, an den man sich erst gewöhnen muß; sie sind aber appetitanregend und sehr bekömmlich. Schon in der Antike bestand in Griechenland eine Vorliebe für retsinierten, d. h. geharzten Wein. Reste von Baumharz (griechisch 'retsina') fanden sich in ältesten Amphoren. Das Harz wird dem Wein während des Gärungsprozesses zugesetzt.
Ungeharzter Wein	Daneben gibt es eine Reihe ungeharzter Weiß- und Rotweine, die den Richtlinien der Europäischen Union entsprechen und mit den Kennbuchstaben V. Q. P. R. D. bezeichnet werden.
Weinbaugebiete	Von den trockenen griechischen Weißweinen, die im allgemeinen nicht besonders nennenswert sind, verdienen die Weine von Náxos und Santorín Beachtung. Berühmt ist der Kraterwein von Santorín (Santorinió Krassí), darunter der Nikteri (vollmundig und süß), der Brousko (herb) und der Visanto (süßer Aperitifwein). Bekannt ist auch der trockene Rotwein von Páros.

Fachausdrücke

afródhes krassí:	Schaumwein
emphiálosis:	Abfüllung
epitrapésio krassí:	Tischwein
inopolíon:	Weinhandlung
ínos erithrós:	Rotwein
ínos lefkós:	Weißwein
ínos máwros:	Rotwein
kambanítis:	Schaumwein
krassí:	Wein
máwro krassí:	Rotwein
paraghojí:	Erzeugung
pínetä dhroseró:	kühl trinken
retsína:	geharzter Wein
rosé:	Rosé
sampánja:	Schaumwein, Champagner
xirós:	trocken

Die Tradition des griechischen Brauwesens geht auf den aus Bayern stammenden ersten König Otto zurück; nach bayerischem Rezept wird z. B. das Markenbier "Fix" gebraut. Ansonsten wird Bier (bíra) aus Lizenzproduktion internationaler Brauereien angeboten.

Getränke (Fortsetzung)
Bier

Spirituosen (pnevmatodi pota)

Als Aperitif wird meist der Ouzo getrunken, ein Anisschnaps, den man gewöhnlich mit Eiswürfeln oder mit etwas Wasser verdünnt, wobei er ein milchiges Aussehen annimmt.
Er ist ein beliebtes Getränk zu den berühmten griechischen Vorspeisen (mezedes) am späten Vormittag.
Der Raki – nicht zu verwechseln mit dem gleichnamigen türkischen Schnaps –, auch Tsikudia genannt, ist aus Weintrester (Treber) gebrannt und ziemlich stark. Vorsicht ist geraten vor billigen Imitationen, die bisweilen in Touristenläden angeboten werden.
Die Rinde des Mastixbaums (Pistacia lentiscus) wird zur Herstellung von Mastixschnaps (masticha) verwendet. Griechischer Kognak (koniak), beispielsweise der Marken Metaxa und Botrys, ist stark karamelisiert. Kitron-Likör → Einkaufen.

Alkoholfreie Getränke

An alkoholfreien Getränken gibt es neben Wasser (nero) und Mineralwasser (metalliko nero, soda) vor allem Orangen- und Zitronenlimonade (portokalada, lemonada) sowie frische Säfte (portokalada freska). Das Mineralwasser "Sarisa" stammt aus Apikía von der Insel Ándros.

Kaffee (kafes, kafedaki)

Beim 'griechischen' Kaffee unterscheidet man eine ganze Skala von Zubereitungsarten je nach Stärke und Süße, z. B. kafes glikis vrastos (mit viel Zucker gekocht), kafes varis glikos (stark und süß) oder kafes elafros (leicht); beliebt ist der metrios (mittelstark, mittelsüß).

Tee (tsai)

Neben schwarzem Tee (mavro tsai) gibt es Kräutertees, z. B. trai menda (Pfefferminztee), kamumillo (Kamillentee) und trai tu vunu (Tee aus Bergkräutern).

Fähren

Zur Beachtung

Bei einem Großteil der im Mittelmeerraum verkehrenden Autofähren sind die Sicherheitseinrichtungen und -vorkehrungen teilweise in mangelhaftem Zustand und entsprechen nicht dem internationalen Sicherheitsstandard. Informationen über den Sicherheitszustand sollte man bei den betreffenden Reedereien bzw. bei den auf Schiffsreisen spezialisierten Reisebüros oder beim ADAC einholen.

SUPERFAST FERRIES

Die nachfolgend erwähnten Verbindungen von Italien nach Griechenland bzw. in umgekehrter Richtung mit SUPERFAST FERRIES wurden aus folgendem Grund ausgewählt: Die Schiffe bieten bezüglich Geschwindigkeit, Sicherheit und Komfort modernste Technologie. Außerdem garantieren sie mit 21 Std. Hinreise bzw. 19 Std. Rückfahrt die schnellsten Verbindungen zwischen Ancona und Patras bzw. in umgekehrter Richtung. Camping an Bord ist möglich.
Für die kleinen Passagiere ist ebenfalls gesorgt: im Restaurant mit besonderen Gerichten zu günstigen Preisen und im Spielzimmer 'Playland' mit vielfältigen Erlebnismöglichkeiten.
Auf dem Sonnendeck kann man herrlich entspannen und sich an der Mýkonos Bar auf die Kykladen einstimmen.

CATAMARAN FERRY LINES

Wer eine sehr schnelle Verbindung von Italien nach Griechenland sucht, wird sich für die zwischen Brindisi über Korfu nach Igumenitsa bzw. in umgekehrter Richtung verkehrenden CATAMARAN FERRY LINES entscheiden, deren Fahrtdauer 3 Std. und 30 Min. auf den erwähnten Strecken betragen.

Von Italien nach Griechenland

Ancona – Patras, tgl. außer Mi. (ganzjährig), 21 Std., SUPERFAST FERRIES
Brindisi – Korfu – Igumenitsa, 6 bis 7 x wö. (1.6. – 31.12.), 3.30 Std., CATAMARAN FERRY LINES

Von Piräus, Rafina oder Saloniki auf die Kykladen

Piräus – Mílos, mehrmals wö. (ganzjährig), Amorgós Lines, Piräus
Piräus – Sýros – Tínos – Mýkonos, tgl. (23.2.–31.10.), 6 Std., Ventouris Sea Lines, Piräus
Piräus – Páros – Náxos, 1 bis 2 x tgl. (ganzjährig), 6 Std., Agapitos, Piräus
Piräus – Páros, 1 bis 2 x tgl. (ganzjährig), 5 Std., Agapitos, Piräus
Piräus – Páros – Náxos – Íos – Santorín, 1 bis 2 x tgl. (1.7.–17.9.), nach Páros 4.45 Std., nach Náxos 5.50 Std., nach Íos 7.35 Std., nach Santorín 8.50 Std., Agapitos, Piräus
Piräus – Páros – Náxos – Santorín, 5 x wö. (1.4.–17.10.), nach Páros 4.30 Std., nach Náxos 6 Std., nach Santorín 9 Std., Minoan/Strintzis
Piräus – Páros – Náxos – Íos – Santorín, tgl. außer Di. (1.6.–1.10.), nach Páros 4.45 Std., nach Náxos 5.50 Std., nach Íos 7.20 Std., nach Santorín 9.45 Std., Arkadia Lines
Rafina – Ándros – Tínos – Mýkonos, 2 x tgl. (ganzjährig), nach Ándros 2 Std., nach Tínos 3.30 Std., nach Mýkonos 4.30 Std., Minoan/Strintzis
Saloniki – (Skiathos) – Tínos – Páros – Santorín – (Iraklion), 3 x wö. (1.4.–17.10.), nach Tínos 13.30 Std., nach Páros 15.30 Std., nach Santorín 19 Std., Minoan/Strintzis

Von den Kykladen nach Piräus oder Rafina

Mílos – Piräus, mehrmals wö. (ganzjährig), Amorgós Lines, Piräus
Mýkonos – Tínos – Sýros – Piräus, tgl. (23.2.–31.10.), 5.30 Std., Ventouris Sea Lines, Piräus
Mýkonos – Tínos – Ándros – Rafina, 2 x tgl. (ganzjährig), nach Tínos 2 Std., nach Ándros 3.30 Std., nach Rafina 4.30 Std., Minoan/Strintzis
Náxos – Páros – Piräus, 1 bis 2 x tgl. (ganzjährig), 6 Std., Agapitos, Piräus
Páros – Piräus, 1 bis 2 x tgl. (ganzjährig), 5 Std., Agapitos, Piräus
Santorín – Íos – Náxos – Páros – Piräus, 1 bis 2 x tgl. (1.7.–17.9.), nach Íos 1.10 Std., nach Náxos 2.45 Std., nach Páros 3.50 Std., nach Piräus 8 Std., Agapitos, Piräus
Santorín – Páros – Náxos – Piräus, 5 x wö. (1.4.–17.10.), nach Páros 4.30 Std., nach Náxos 6 Std., nach Piräus 9 Std., Minoan/Strintzis
Santorín – Íos – Náxos – Páros – Piräus, tgl. außer Mi. (1.6.–1.10.), nach Íos 1.20 Std., nach Náxos 2.50 Std., nach Páros 4.10 Std., nach Piräus 9 Std., Arkadia Lines

Zwischen den Kykladen

Mýkonos – Náxos – Páros – Sífnos – Mílos – Kímolos – Tínos – Sýros, mehrmals wö. (ganzjährig), Katapoliani Marine Co.
Sýros – Tínos – Kímolos – Mílos – Sífnos – Páros – Náxos – Mýkonos, mehrm. wö. (ganzjährig), Katapoliani Marine Co., Amorgós Lines, Piräus

Von Griechenland nach Italien

Patras – Ancona, tgl. außer Di. (ganzjährig), 19 Std., SUPERFAST FERRIES
Igumenitsa – Korfu – Brindisi, 6 bis 7 x wö. (1.6.–31.12.), 3.30 Std., CATAMARAN FERRY LINES

Fähren (Fortsetzung)

Reedereien und Buchungsbüros

SUPERFAST FERRIES

In Deutschland

J. A. Reinecke & Co.
Jersbeker Str. 12, D-22941 Bargteheide
Tel. (0 45 32) 65 17, Fax 2 41 43

In Österreich

ÖAMTC Reisebüro
Schubertring 1 – 3, A-1010 Wien
Tel. (01) 7 11 99 14 29/ -14 54, Fax 7 11 99 14 53

In der Schweiz

Cruise & Ferry Center
CH-1261 Le Vaud
Tel. (0 22) 3 66 88 00, Fax 3 66 41 78

CATAMARAN FERRY LINES

In Deutschland

VIAMARE Seetouristik
Apostelnstr. 9, D-50667 Köln
Tel. (02 21) 2 57 37 81, Fax 2 57 36 82

Weitere Buchungsbbüros

Agapitos Express Ferries

Agapitos Express Ferries
Kolokotroni 99, GR-18535 Piräus
Tel. (00 30/1) 4 12 52 49, 4 13 05 66, 4 12 31 59
Fax 4 13 05 73

Amorgós Lines Shipping Co.

Amorgós Lines Shipping Co.
Filonosstr. 141, GR-Piräus
Tel. (00 30/1) 4 29 48 52/3, Fax 4 29 48 54, oder über
Mílos Travel
GR-84801 Mílos
Tel. (00 30/2 87) 2 20 00, Fax 2 26 88

Arkadia Lines

DERTRAFFIC Deutsches Reisebüro GmbH
Emil-von-Behring-Str. 6, D-60439 Frankfurt am Main
Tel. (0 69) 95 88-17 17, Fax 95 88-17 69 und
VIAMARE Seetouristik, s. oben

Katapoliani Marine Co.

s. Amorgós Lines oben

Minoan/Strintzis

Seetours International
Seilerstr. 23, D-60313 Frankfurt am Main
Tel. (0 69) 13 33-262, Fax 13 33-254

Nomicos Lines

Karaiskou Str. 120, GR-18535 Piräus
Tel. (00 30/1) 4 29 67 40, 4 29 67 41, Fax 4 29 68 58, 4 29 68 24

Ventouris Sea Lines

Entweder über Viamare buchbar oder direkt
Ventouris Sea Lines
Kapodistriou Str. 2 & Akti Possidonos, GR-18531 Piräus
Tel. (00 30/1) 4 11 49 11-14, Fax 4 11 49 15

Feiertage

Gesetzliche Feiertage

Gesetzliche Feiertage sind:

Protochronía: Neujahrstag – 1. Januar
Phóta oder Theofánia: Dreikönigstag – 6. Januar
Ethnikí Yortí Ikostís Pentís Martíou: Tag der Unabhängigkeit – 25. März
Ergatikí Protomagiá: Tag der Arbeit – 1. Mai
Epétios Tou Óchi: Óchi-Tag; Gedenktag an das Nein ('óchi') zum Ultimatum Italiens im Jahr 1940 – 28. Oktober
Christoúgenna: Weihnachten – 25. und 26. Dez.

Kirchliche Feiertage

Hinzu kommt noch eine Reihe von kirchlichen Feiertagen, darunter:

Fastenzeitbeginn

Katharí Deftéra: Reiner Montag

Karfreitag und Ostern

Megáli Paraskeví (Karfreitag) und Páscha (Anástassi; Ostern): Das griechisch-orthodoxe Osterfest wird terminlich abweichend von den katholischen und protestantischen Gepflogenheiten gefeiert; Termine → Veranstaltungen

Pfingsten

Penticostí: Pfingsten wird eine Woche später als in der katholischen bzw. protestantischen Kirche gefeiert

Evanglismós tis Theotókou: Mariä Verkündigung

15. August

Koímissis tis Theotókou: Mariä Entschlafung

Kirchweihfeste und Namenstage der Heiligen

Lokale Bedeutung haben Kirchweihfeste (Panigíri) und Namenstage der Heiligen.

Hinweis

Am 2. und am 5. Januar, am Samstag vor Fastnacht, am (griechischen) Gründonnerstag sowie am Karsamstag und Ostermontag, am 1. Mai und am Pfingstsonntag sind die meisten öffentlichen Einrichtungen und die Geschäfte allenfalls vormittags geöffnet.

Ferienhäuser und Ferienwohnungen

Allgemeines

Ferienhäuser und -wohnungen für Selbstverpfleger werden auch auf den Kykladen angeboten. Reisebüros in Deutschland und in Griechenland bzw. auf den Kykladen übernehmen die Vermittlung. Man beachte, daß die in Griechenland als 'Villa' bezeichneten Häuser keinesfalls mit einer Villa nach unserem Sprachgebrauch verglichen werden können, sondern daß es sich um Häuser in einer ländlichen Gegend handelt. Das Mitbringen von Haustieren ist nicht überall erwünscht. Reservierungen und Buchungen sollten rechtzeitig im voraus erfolgen.

Anbieter
GZF (EOT)

Ferienwohnungen der Griechischen Zentrale für Fremdenverkehr (→ Auskunft) gibt es u.a. in dem Ort Oía auf Santorín; hier handelt es sich um Höhlenwohnungen - teilweise in den Bimsstein eingemeißelt -, die von der GZF (EOT) restauriert und für den Tourismus zur Verfügung gestellt wurden.

Summerland Complex auf Náxos

Der Summerland Complex, 17 km außerhalb von Náxos-Stadt, am herrlichen Kastraki-Strand gelegen, bietet hübsche traditionelle Studios und Appartements u. a. mit Schwimmbad, Gymnastikraum, Tennisplatz, Kinderspielplatz, Fahrzeugvermietung (Auto, Fahrrad), Gelegenheit zum Geldwechseln und Minimarkt. Auskunft erteilt: Summerland Complex Studios – Apartments, GR-84 300 Kastraki/Náxos, Tel. (02 85) 7 54 61/2, Fax 7 53 99.

'TAKIS' Ferienhäuser in Griechenland

Ferienhäuser (Villen, Bungalows) und Ferienwohnungen (Appartements und Zimmer) auf Mýkonos, Náxos, Páros, Santorín und Sýros vermittelt auch die 'TAKIS' Ferienhäuser in Griechenland GmbH. Informationen sind erhältlich beim Partnerbuchungsbüro TDS Travel & Data Service GmbH, Müllerstr. 47, D-80469 München, Tel. (0 89) 2 60 94 18, Fax 26 93 63.

FKK

Freikörperkultur (FKK) wird in Griechenland in geschlossenen, öffentlich nicht zugänglichen Freizeitanlagen toleriert. Man sollte sich aus Rücksicht auf griechische Moralvorstellungen außerhalb dieser Anlagen am Strand nicht ohne Badebekleidung aufhalten. Wo sich Einheimische durch Nackte gestört fühlen, kann immer noch hart bestraft werden.

Flugverkehr

Allgemeines

Sowohl durch die griechische Fluggesellschaft Olympic Airways als auch durch zahlreiche ausländische Luftfahrtgesellschaften ist Griechenland an das internationale Liniennetz angeschlossen; Luftkreuz ist dabei Athen.

Flüge von Athen auf die Kykladen

Mit Olympic Airways können ab Athen täglich Non-Stop die wichtigsten Kykladeninseln erreicht werden: Mílos, Mýkonos, Náxos, Santorín und Sýros. Lufthansa, Swissair und Austrian Airlines fliegen nach Athen, jedoch nicht weiter auf die Kykladen.
Da auf innergriechische Flugpläne kein absoluter Verlaß ist, sollte man sich vor der Abreise unbedingt erkundigen, ob die betreffenden Strecken auch wirklich zu den genannten Zeiten beflogen werden.

Flughafensteuern

Die unlängst eingeführte Flughafensteuer für internationale Flüge und Inlandflüge soll zur Finanzierung des neuen Flughafens bei Athen beitragen.

Fluggesellschaften

Olympic Airways Deutschland

Hamburger Allee 2 – 10, Plaza Bureau Center, 8. Stock, Flügel A
D-60486 Frankfurt am Main, Tel. (0 69) 9 70-6 70, Fax 9 70-6 72 06

Österreich

Canovagasse 7, A-1010 Wien, Tel. (01) 5 04-41 65, Fax 5 04-41 65 45

Schweiz

Talstrasse 70, CH-8039 Zürich, Tel. (01) 2 11-37 37, Fax 2 12-30 21;
4, Tour de l' Ile, CH-1204-Genève, Tel. (0 22) 3 11-96 21, Fax 3 11-96 24

Air Greece Deutschland

Sitz in Iráklion; Buchungen in Deutschland bei
Touristic & Air Services, Fürstenwall 176, D-40215 Düsseldorf
Tel. (02 11) 37 55 50, Fax 37 55 18

Olympic Airways auf den Kykladen

Auf Mílos: 11 Plakas, Adámas, Tel. (02 87) 22-3 80;
am Flughafen: Tel. 22-3 81
Auf Mýkonos: Ag. Loukas, Hora, Tel. (02 89) 22-4 90/4 95;
am Flughafen: Tel. 22-2 37, Fax 25-8 90
Auf Náxos: Hora Naxou, Tel. (02 85) 23-0 43, Fax 23-9 51;
am Flughafen: Tel. 23-2 92
Auf Páros: Parikia Parou, Tel. (02 84) 21-9 00;
am Flughafen: Tel. 91-2 57
Auf Santorín: Fira, Tel. (02 86) 22-4 93 oder -7 93, Fax 24-6 59;
am Flughafen: Tel. 31-5 25 oder -6 66
Auf Sýros: Ermoúpolis, Tel. (02 81) 22-6 34 und 28-0 18, Fax 23-4 45;
am Flughafen: Tel. (02 81) 87-0 25

Büros der Fluggesellschaften in Athen

Ausländische Fluggesellschaften sind auf den Kykladen nicht vertreten, haben jedoch wie Olympic Airways Büros in Athen:
Olympic Airways, 96 Syngrou, Tel. (01) 9 26-91 11, Fax 9 21-91 11,
Auskünfte An- und Abflug: Tel. 9 36-33 63
am Flughafen Ellinikon, Ost-Terminal, Tel. 9 69-97 02
Lufthansa, 11, Vas. Sofias, Tel. (01) 3 69 21 11, Fax 3 63 63 72;
am Flughafen Ellinikon, Tel. (01) 9 69 91
Reservierung: Tel. 7 71 60 02, 7 71 64 72
LH-Info: Tel. 9 61 35 18 und 9 69 42 44
Swissair, Othonos 4, Tel. (01) 3 23 18 71/2, Reservierung: Tel. 3 23 75 81;
am Flughafen Ellinikon, Ost-Terminal, c/o Sabena Tel. 9 61 39 25,
Fax 9 60 08 54
Austrian Airlines, 18, Vouliagmenis, Glyfada, Athen, Reservierung:
Tel. (01) 9 60 12 40-3, Fax 9 60 14 37;
am Flughafen Ellinikon, Ost-Terminal, Tel. 9 61 03 35 und 9 61 03 13,
Fax 9 61 03 79

Folklore

Volkstrachten	Die griechischen Volkstrachten sind in den letzten Jahren seltener geworden, doch sind sie in einigen Gegenden durchaus noch Bestandteil des Volkslebens.
Brauchtum	Reich entwickelt und noch stark in der Tradition verankert ist das Brauchtum, das sich besonders bei den zahlreichen Kirchenfesten, vor allem an Ostern und Patronatsfesten, und ländlichen Familienfeiern manifestiert.
Volksmusik, Volkstanz	→ Kunst und Kultur, Musik und Tanz

Fotografieren und Filmen

Hinweis	Filmmaterial ist teuer, so daß sich die Mitnahme eines Vorrats empfiehlt.
Bestimmungen	In Museen ist das Fotografieren meistens gestattet; Aufnahmen mit Blitz oder Stativ sind gebührenpflichtig. Das Fotografieren an archäologischen Stätten ist im allgemeinen frei; bei Verwendung eines Stativs ist jedoch eine Sondergenehmigung erforderlich. Die Kosten sind für Amateure und Berufsfotografen unterschiedlich hoch und richten sich auch nach Art und Umfang der Aufnahmen. Die Sondergenehmigung muß rechtzeitig vor Reiseantritt beantragt, und die Gebühren müssen bezahlt werden. Informationen erteilen die Griechische Zentrale für Fremdenverkehr (→ Auskunft) bzw. das Kultur- und Wissenschaftsministerium in Athen (Anschrift → Antiquitäten). Militärische Anlagen dürfen nicht abgelichtet werden.

Geld

Währung	Die griechische Währungseinheit ist die Drachme (Dr., Mehrzahl Drs.) zu je 100 Lepta. Es gibt Banknoten zu 50, 100, 500, 1000, 5000 und 10 000 Drs., Münzen im Wert von 5, 10, 20, 50 und 100 Drs.; Lepta sind weitgehend außer Gebrauch.
Wechselkurse (veränderlich)	100 Drs. = 0,70 DM — 1 DM = 142,85 Drs. 100 Drs. = 4,35 öS — 1 öS = 22,99 Drs. 100 Drs. = 0,53 sfr — 1 sfr = 188,68 Drs.
Einfuhr von Landeswährung und Devisen	Pro Person dürfen in griechischer Währung bis zu 100 000 Drs. eingeführt werden. Ausländisches Bargeld und Reiseschecks unterliegen keinen Beschränkungen. Fremdwährungen im Wert von über 1000 US-Dollar pro Person sollten bei der Einreise deklariert werden, damit nichtverbrauchte Beträge wieder ausgeführt werden können.
Ausfuhr von Landeswährung und Devisen	Die Ausfuhr von Landeswährung ist auf 20 000 Drs. pro Person begrenzt (jeweils in Scheinen bis zu 1000 Drs.). Eingeführte Fremdwährung darf bis zur Höhe des bei der Einfuhr deklarierten Betrags wieder ausgeführt werden, sonst bis zum Gegenwert von 1000 US-Dollar.
Banken, Wechselstuben, Postämter	Auf den Inseln Amorgós, Ándros, Mýkonos, Páros, Santorín Síkinos und Tínos kann man Geld in Bankfilialen, auf Kéa, Kýthnos und Sérifos in Wechselstuben, auf den übrigen Inseln in Postämtern umtauschen. Die Banken (Bank = ΤΡΑΠΕΖΑ) öffnen im allgemeines Mo. – Fr. 8.00 – 13.30 Uhr.
Geldwechsel	Wie generell in Ländern mit schwächerer Währung ist es vorteilhafter, grössere Geldbeträge erst auf den Kykladen einzuwechseln.

Geld
Geldwechsel
(Fortsetzung)

An den Rezeptionen etlicher Hotels können ausländische Währungen in griechische Währung umgetauscht werden; der Wechselkurs ist oft jedoch ungünstiger als z. B. an Bankschaltern.

Wechselquittung

Die beim offiziellen Geldumtausch ausgehändigten Wechselquittungen sollten unbedingt aufbewahrt werden, da sie unter Umständen bei der Ausreise an der Grenze als Nachweis vorzulegen sind.

Schecks

Eurocheques dürfen bis zu einem Wert von 45 000 Drs. ausgestellt werden. Umgehend eingelöst werden Eurocheques in Verbindung mit der Scheckkarte (auch Reisepaß oder Kennkarte zum Ausweisen mitnehmen) bei den in den größeren Orten sowie in Fremdenverkehrszentren vertretenen Banken; dies gilt auch für gängige Reiseschecks.
Reguläre Bankschecks werden erst nach Rückfrage bei der bezogenen Bank eingelöst, was einige Tage dauern kann.

Verlust von Schecks und/oder Scheckkarten

Bei Verlust von Eurocheques und/oder ec-Scheckkarten verständige man zur sofortigen Sperrung den rund um die Uhr erreichbaren zentralen Annahmedienst für Verlustmeldungen von Eurocheque-Karten in Frankfurt am Main; Telefon aus Griechenland: 00 49/69/74 09 87.

Kreditkarten

Auf den größeren Kykladeninseln werden wie im übrigen Griechenland die international gängigen Kreditkarten von Banken, größeren Hotels, Geschäften, Restaurants der gehobenen Kategorie und Mietwagenfirmen akzeptiert.
Für den Fall des Verlusts wende man sich unverzüglich an das betreffende Kreditkartenunternehmen (Empfehlung: Notrufnummern vor Reiseantritt notieren!).

Postsparbücher

Postsparbücher werden wie im übrigen Griechenland auch auf den Kykladen nicht akzeptiert.

Gesundheitstips

Allgemeines

Heißes Klima sowie ungewohnte Speisen und Getränke können unter Umständen das Wohlbefinden beeinträchtigen. Man tut gut daran, in den ersten Tagen körperliche Anstrengungen zu vermeiden sowie sich nicht zu lange der Sonnenstrahlung auszusetzen. Eine gewisse Vorsicht ist ratsam beim Verzehr roher Speisen, ungeschälter Früchte und Speiseeis sowie offener Getränke.

Reiseapotheke

Eine gut ausgestattete Reiseapotheke sollte in jedem Fall zum Gepäck gehören. Daß man Medikamente, auf die man ständig angewiesen ist, in ausreichender Menge von zu Hause mitnimmt, versteht sich deshalb von selbst. Ferner sollte die Reiseapotheke u. a. folgendes enthalten: Fieberthermometer, Schere, Splitterpinzette, Watte, zwei Mullbinden, ein Päckchen Verbandstoff, zwei Päckchen Schnellverband, Wund- und Heftpflaster, Wundpuder und -salbe, Schmerztabletten, je ein Medikament gegen Durchfall und Verstopfung, Tabletten oder Zäpfchen gegen Reisekrankheit, ein Kreislaufmittel, Sonnenschutzcreme und Insektenstifte.

Schutzimpfung

Unbedingt empfehlenswert ist eine Tetanus-Schutzimpfung gegen Wundstarrkrampf. Auch kleine Wunden sollten sofort ausgewaschen und desinfiziert werden, um Entzündungen vorzubeugen.

Getränke

→ Essen und Trinken

Hotels

Zimmerreservierung

Will man um Ostern oder in der Hauptsaison von Juni bis September auf den Kykladen Urlaub machen, so ist in jedem Falle eine Zimmervorbestellung ratsam. Zimmerreservierung ist u. a. bei der Griechischen Hotelkammer (→ Auskunft) möglich.

Preisniveau

Während der Hauptreisezeit liegen die Unterkunftspreise in Griechenland kaum unter dem Niveau mitteleuropäischer Reiseländer, in der Vor- und in der Nachsaison dagegen wesentlich darunter.

Hotelkategorien

Die Hotels in Griechenland sind offiziell in sechs Kategorien gegliedert (L = Luxus, A, B, C, D und E), von denen für den Touristen mehr die ersten vier in Betracht kommen.
Die nachstehende Liste fußt auf dem amtlichen griechischen Hotelverzeichnis, wobei die Spitzenhotels zusätzlich mit einem ✻ Baedeker-Stern gekennzeichnet sind. Telefonvorwahlnummern stehen in der Marginalienspalte, Postleitzahlen im laufenden Text.

Abkürzungen

B. = Betten, Sb. = Schwimmbad, T. = Tennis

Ausgewählte Hotels

Amorgós
(02 85)

Ägiális, GR-840 08 Aegiali, Tel. 7 33 93 und 7 33 95, Fax 7 33 94, 7 33 95, B, 30 Z., 1 Suite, Sb.
Das nahe dem Ort Ägiáli zwischen zwei Sandbuchten liegende Hotel besteht aus einem dreiteiligen, in traditioneller Kykladenarchitektur erbauten Gebäudekomplex mit hübsch eingerichteten Zimmern und herrlichem Meerblick von den Veranden. Im Restaurant werden griechische und internationale Spezialitäten serviert; große Terrassen bieten Gelegenheit für ein romantisches Abendessen mit Blick auf den Hafen und die Dörfer. Abends werden traditionelle Inselabende mit Musik und Tanz veranstaltet. Am Schwimmbad mit Seewasser Pool Bar, Barbeque und Disko. Billardtisch im Haus.

Ándros
(02 82)

Paradissos, Hora, GR-845 00 Ándros, Tel. 2 21 87, Fax 2 23 40, B, 76 B., Sb., T.
Alle Zimmer sind komfortabel mit Direktwahltelefon, Minibar und Farbfernseher ausgestattet. Im Hotel Snack Bar, Pool Bar, Cafeteria; Kinderspielplatz. Minibus für Transfers und Ausflüge vorhanden.

Aneroussa Beach, Aprovato, GR-845 00 Ándros, Tel. (02 82) 4 10 44/5, C, 71 B.
1 km außerhalb von Batsí (Taschenlampe für den unbeleuchteten Weg nach Batsí mitnehmen), oberhalb eines schönen Kies- und Sandstrands gelegenes Hotel mit hübschem Blick von der Gemeinschaftsterrasse auf Strand und Meer; ein Teil der Betten auf gemauerten Sockeln; Balkon mit oder ohne Meerblick.

Folégandros
(02 86)

Vrahos, Karavostasís, GR-840 11 Folégandros, Tel. 4 14 50, Tel./Fax 4 13 04, C, 15 Z.
Das in traditioneller Architektur erbaute Hotel liegt am Strand von Kavavostasís, 400 m vom Hafen entfernt; von der Veranda bietet sich ein herrlicher Panoramablick über die Bucht von Karavostasís, nach Íos und Santorín.

Íos
(02 86)

Íos Palace (Hotel & Bungalows), Milopotas, GR-840 01 Íos, Tel. 9 12 69, 9 12 24, Fax 9 10 82, B, 86 B., 14 Bungalows, 2 Sb., T.
Am feinkörnigen Sandstrand von Mylopótamos terrassenförmig, im kykladischen Stil erbautes Hotel mit großem Sportangebot, darunter Billard, Basketball, Tennis, Gymnastik; Mountainbikeverleih. Alle Zimmer

Íos (Fortsetzung)

sind komfortabel ausgestattet mit Klimaanlage, Balkon mit Meerblick, Direktwahltelefon, Minibar, ferner einer weitläufigen Gartenterrasse mit Meerwasserschwimmbad und Pool Bar sowie einer Jazz Bar. Im Restaurant werden internationale und griechische Spezialitäten serviert.

Kéa (02 88)

Kéa Beach (Hotel & Bungalows), Koúndouros Joúlis, GR-840 02 Kéa, Tel. 3 12 30/3, Fax 3 12 34, B, 80 Z., Sb.
Hotel mit Schwimmbad, Restaurant und Parkmöglichkeiten.

Mílos (92 87)

Chronis Hotel Bungalows, Adamas, GR-848 00 Mílos, C, Tel. 2 22 26, 2 19 00, 2 31 23, 24 Bungalows, 46 B.
Die Bungalows mit Gartenansicht liegen 3 Minuten oberhalb vom Hafen.

Mýkonos (02 89)

Clubhotel Kivotos, in der Ornosbucht, GR-846 00 Mýkonos, Tel. 2 40 94, 2 57 95/6, Fax 2 28 44, A, 26 Doppelbetten, 4 Suiten, Sb.
Das in traditioneller Architektur erbaute, am Ornos-Strand gelegene Hotel mit ansprechenden, individuell eingerichteten Zimmern verfügt über zahlreiche Einrichtungen wie Boutique und Antikshop, Fitnesszentrum mit Sauna, Seewasserschwimmbad mit Pool Bar und Squashcourt. Kostenloser Shuttle Service zwischen Hotel/Hafen und Flughafen.

Golden Star Hotel, GR-846 00 Mýkonos, Tel. 2 38 83, 2 49 21, Fax 2 49 22, A, 20 Z., Sb.
In dem im Kykladenstil, unter Einbeziehung einer alten Windmühle erbauten Haus mit geschmackvoll eingerichteten Zimmern und herrlichem Blick von den Balkonen herrscht eine angenehme Atmosphäre; am Schwimmbad kann man tagsüber herrlich relaxen und abends den stimmungsvollen Sonnenuntergang über dem Meer bewundern; andrerseits ist Mýkonos-Stadt nur 5 Gehminuten vom Hotel entfernt, was ideal für Shoppingfreunde und Nachtschwärmer ist.

K Hotel Komplex (Kohili, Korali, Kyma, Kalypso), c/o E. Daktylide S. A., P.O. Box 64, GR-846 00 Mýkonos, Tel. 2 29 29, 2 21 07, 2 34 31, 2 34 15, Fax 2 34 55, A, 151 Z., Sb.
Der aus vier Häusern bestehende Hotelkomplex bietet dem Gast modernen Komfort. Die wohnlich eingerichteten Zimmer, ausgestattet mit vielen Annehmlichkeiten wie Klimaanlage, Radio und Direktwahltelefon, verfügen über Balkon oder Terrasse mit Meerblick. Das Restaurant serviert exzellente Gerichte. Der Komplex bietet ein gemeinsames Schwimmbad mit Pool Bar sowie einen Tennisplatz.

Paradise Aphrodite Beach (s. Abb. S. 182), Kalafátis-Strand, GR-846 00 Mýkonos, Tel. 7 13 67 und 7 13 68, Fax 7 15 25, A, 150 Z., Sb.
12 km außerhalb von Mýkonos-Stadt, am Kalafátis-Strand gelegenes Hotel mit großem Restaurant, einer Taverne, Café-Bar, Lobby- und Poolbar sowie Snackbar am Strand; Einrichtungen, wie ein Freilufttheater, ein Tennisplatz, Kinderspielplatz, Geschäfte oder eine Diskothek gehören ebenfalls zu den Attraktionen des Hotels wie die angebotenen Unterhaltungsprogramme; am 2 km langen Sandstrand bietet sich u. a. eine Vielfalt von Wassersportarten an, wie Windsurfing, Pedalo-, Wasserski- und Kanufahren

Petassos Bay (Bungalows), Platís Gialós, GR-846 00 Mýkonos, Tel. 2 37 37, 2 34 37/8, 2 42 01/4, 2 41 10, Fax 2 41 01, B, 22 Doppelbetten, Sb.
Das Hotel befindet sich 4 km außerhalb von Mýkonos-Stadt, in schöner Lage über der Bucht von Platís Gialós und unweit des gleichnamigen Sandstrands. Es verfügt über einfachere Standardzimmer und geräumige Superiorzimmer im Nebengebäude. Hier befindet sich auch die Anlegestelle für Boote zu den schönen Nachbarstränden Parangá, Paradise, Super Paradise, Agrari und Elía.

Zorzis, N. Kalogera, GR-846 00 Mýkonos, Tel. 2 21 67, 2 41 68, Fax 2 41 69, C, 20 B.
Das unweit von Bistros und Tavernen sowie dem Hafen in einer ruhigen Seitenstraße gelegene Stadthotel mit Frühstücksgarten hat immer viele Stammgäste. Die Zimmer sind mit Dusche und Telefon ausgestattet.

Das schön am Kalafátis-Strand gelegene Hotel Paradise Aphrodite Beach

Náxos
(02 85)

Kavuras Village Bungalows, Ágios Prokópis (Stelida), GR-843 00 Náxos, Tel. 2 55 80, 2 37 05, 2 55 80, 2 50 77, Fax 2 58 02, B, 80 Z. und Studios, Sb., T.
Unweit des Strands Ágios Prokópis terrassenartig an einem Hang erbaute Hotelanlage mit Restaurant, Sonnenterrasse, Süßwasserschwimmbad und Cafébar. Von den Zimmern mit Balkon oder Terrasse Meerblick. Einmal in der Woche wird ein griechischer Abend veranstaltet.

Coronis, GR-843 00 Náxos, Tel. 2 22 97/98, 2 37 43, Fax 2 39 51, C, 30 Z.
An der Küstenpromenade gelegenes Hotel mit modern eingerichteten Zimmern, Klima- und Musikanlage sowie schönem Blick auf Meer und Hafen. Ein Hotelminibus sorgt für den Transfer zwischen Hafen und Flughafen.

Iria Beach (Hotel-Appartements), Agía-Ánna-Strand, GR-843 00 Náxos, C, Tel. 2 41 78, 2 40 22/23, 2 46 55, Fax 2 46 56, C, 14 Appartements für 2 bis 3 Personen, 7 für 4 bis 5 Personen, 4 Z. für 2 bis 4 Personen
Hübsche, für Familien mit Kindern geeignete Ferienanlage am herrlichen Sandstrand von Agía Ánna; alle Appartements verfügen über Bad, Küche, Kühlschrank, Direktwahltelefon, Veranda oder Balkon. Weitere Einrichtungen: Restaurant, Minimarkt, Kiosk, Mietwagenverleih, Touristeninformationsbüro, Geldwechsel.

Páros
(02 84)

*Astir of Páros, am Strand, GR-844 01 Náoussa, Tel. 5 19 76/84, Fax 5 19 85, L, 11 Doppelbetten, 42 Juniorsuiten, 4 exklusiive Suiten, Sb., T.
Das herrlich in einer ausgedehnten Gartenanlage, direkt am Strand gelegene Luxushotel mit Gourmetrestaurant bietet alle Annehmlichkeiten für den anspruchsvollen Reisenden, darunter klimatisierte Zimmer mit Marmorbad, Balkon oder Veranda sowie Minibar, Telefon, Radio und Satellitenfernsehen; amerikanisches Frühstück, viele Sportmöglichkeiten, wie z. B. Beach Volley, Golf, Wassersport und Gymnastik. Außerdem ist ein Mietwagenverleih vorhanden.

Páros (Fortsetzung)

Yria Bungalowhotel, Parikía, GR-844 00 Páros, Tel. 2 41 54/8, Fax 2 11 67, L und A, 67 Doppelbetten, 12 Suiten, 1 Präsidentensuite, Sb., T.
3 km außerhalb des Zentrums von Parikía und 80 m vom Sandstrand von Parasporos entfernt gelegenes, im Kykladenstil erbautes, elegantes Bungalowhotel mit geräumigen Zimmern. Spielplatz und Kinderbecken.

Sunsea Porto Paros, Aghios Ioannis Naoussas, GR-844 00 Páros, Tel. 5 20 10/17, Fax 5 17 20, A, 14 Einzelbetten, 116 Doppelbetten, 46 Bungalows, 15 Suiten, Sb., 5 Tennisplätze (2 mit Flutlicht).
4 km außerhalb von Náoussa, direkt am Strand liegt der im Kykladenstil erbaute, großzügige Hotelkomplex mit mehreren Restaurants und Bars sowie einer Einkaufsarkade und Friseur; Wassersport- und Mountainbike-Zentrum, Volley- und Basketballplatz.

Argo, Livadia, GR-844 01 Páros, Tel. 2 13 67, Fax 2 12 07, C, 45 Z.
Unweit vom Hafen, hübsch im Grünen und direkt am Strand gelegenes, im neuzeitlichen Inselstil erbautes Hotel mit modernem Komfort und Billardraum.

Christina, in Náoussa, GR-844 01 Páros, Tel./Fax 5 10 17, 5 17 55, C, 11 Z.
4 Minuten vom Sandstrand entfernt gelegenes, im traditionellen Kykladenstil erbautes Haus in ruhiger Umgebung. Eine herrliche Aussicht auf das Ägäische Meer bietet sich von der Dachterrasse.

Santorín
(02 86)

Vedema, GR-847 00 Megalohori, Tel. 8 17 96/7 und 8 16 66, Fax 8 17 98, A, 106 B.
Das zur Kette der Small Luxury Hotels of the World zählende Hotel liegt 5 km vom Flughafen und 2 km vom Privatstrand entfernt und bietet viele Annehmlichkeiten, wie klimatisierte Räume, Marmorbäder, Restaurants, Wine und Pool Bar, VIP Club Service, Gesundheitsklub, Kunstgalerien, Souvenirladen, Wäscherei.

Honey Moon Villas, Imerovígli, GR-847 00 Santorín, Tel. 2 30 59, 2 28 95, 2 38 91, Fax 2 30 59, A, 20 B.
1,5 km außerhalb des Zentrums von Santorín, am höchsten Punkt der Insel mit Panoramablick in die Caldera liegen die traditionellen Villen mit Studios und Appartements (für 2 bis 6 Personen), alle mit Telefon, Küche und Veranda.

Aressana, Fira, GR-847 00 Santorín, Tel. 2 39 00/1, Fax 2 39 02, B, 39 Z., 9 Suiten, Sb.
Im Jahr 1992 im traditionellen Stil erbautes Hotel mit modernem Komfort.

Finika, GR-847 00 Ía, Tel. 7 13 73 und 7 11 20, Fax 7 11 18, C, 13 Doppelbetten, 2 Suiten, Sb.
Im traditionellen Inselstil erbautes Haus mit Restaurant; alle Zimmer bieten von der Veranda einen herrlichen Panoramablick.

Panorama, Fira, GR-847 00 Thira/Santorin, Tel. 2 22 71, 2 24 81, 2 24 79, Fax 2 31 79, C, 23 Z.
Das an der Steilküste des Vulkankraterrands und unweit des Zentrums von Fira gelegene Hotel mit geschmackvoll und komfortabel eingerichteten Zimmern und Veranden bietet eine phantastische Aussicht auf die Vulkaninseln Néa Kaméni, Paléa Kaméni, Aspronísi und Thirassía. Auch vom Restaurant mit Bar und Dachterrasse hat man diesen Ausblick.

Sérifos
(02 81)

Asteri, Livádi, GR-840 05 Sérifos, Tel. 5 11 91, 5 17 89, Fax 5 12 09, B, 8 Z.
Im Jahr 1995 erbautes Haus mit Bar, Restaurant und Fernsehraum. Alle Zimmer sind ausgestattet mit Bad, Balkon mit Meerblick, Direktwahltelefon, Fernseher und Radio.

Sífnos
(02 86)

Alexandros, Platís Gialós, GR-840 03 Sífnos, Tel. 3 23 33, B, 21 Z., Sb.
Zwischen Mai und September geöffnete Bungalowanlage am Strand.

Apostolidis Complex, Artemónas-Platís Gialós, GR-840 03 Sífnos, Tel. 3 21 43 und 7 13 41/2, 9 Appartements.
Ein herrlicher Panoramablick bietet sich aus den traditionell eingerichteten Appartements mit komplett eingerichteter Küche, Bad, Fernseher und Minibar.

Hotels (Fortsetzung)
Síkinos (02 86)

Porto Síkinos, GR-840 10 Síkinos, Tel. 5 12 20, 5 12 47, Fax 5 12 20, B, 37 Z.
Am Strand gelegene Anlage mit Bar und Restaurant; in den teilweise klimatisierten Räumen Telefon und Radio.

Sýros (02 81)

Dolphin Bay, Bucht von Galissas, GR-841 00 Sýros, Tel. 4 29 24, Fax 4 28 43, A, 22 Einzelbetten, 116 Doppelbetten, 3 Suiten, Sb., T.
Der weitläufige Hotelkomplex, der u.a. über Restaurant, Piano Bar und Diskothek verfügt, liegt 8 km westlich von Ermoúpolis, am Strand von Galissas. Alle Räume sind mit modernem Komfort ausgestattet. Es wird ein Unterhaltungsprogramm angeboten; Einrichtungen für Kinder und für sportliche Aktivitäten wie Tischtennis, Volleyball, Squash und Tennis sind vorhanden.

Ormiros, 43 Omirou Metamorfosi, Ermoúpolis, GR-841 00 Sýros, Tel. 8 49 10, 8 87 56, A, 13 Z.
Unterkunft in einem neoklassizistischen Herrenhaus, ideal gelegen mit schönem Blick auf Hafen und Stadt sowie andere Kykladeninseln. Alle Zimmer sind im traditionellen Kykladenstil eingerichtet. Snack Bar auf der Panoramaterrasse. Es wird Deutsch gesprochen.

Tínos (02 83)

Porto Tango, Ágios Ioánnis, GR-642 00 Tínos, Tel. 2 44 11, Fax 2 44 16, A, 55 Doppelbetten, 7 Suiten, Sb., T.
Anlage im traditionellen Kykladenstil, u. a. mit Restaurant, Taverne, Snack Bar, Pool Bar, Zimmer und Suiten mit modernem Komfort und schönem Blick auf die Insel Délos.

Tinos Beach (Hotel & Bungalows), Kionia, GR-842 00 Tínos, Tel. 2 26 26/8, Fax 2 31 53, A, 339 B., Sb., T.
Im Jahr 1972 erbautes und 1990 renoviertes Haus, inzwischen eine der schönsten und luxuriösesten Hotelanlagen auf den Kykladen, in unmittelbarer Strandlage mit Restaurant, Piano Bar, Snack Bar, Tischtennis und vielen anderen Sporteinrichtungen. Alle Zimmer mit modernem Komfort und Balkon oder Veranda.

Inselspringen

Allgemeines

Entdeckungsfreudige Reisende werden die eine oder andere Kykladeninsel möglicherweise als Standort benützen, um auch andere griechische Inseln kennenzulernen. Diese sind vor allem per Schiff (Fährschiffe, Tragflügelboote), zahlreiche auch mit dem Flugzeug zu erreichen. Einige Pauschalreiseveranstalter bieten attraktive Kombinationen an; Informationen erteilen die Griechischen Zentralen für Fremdenverkehr (→ Auskunft) oder die Reisebüros.

Schiffsverkehr Kykladen

Innerhalb der Kykladen verkehren meist täglich Schiffe; hinzu kommen lokale Motorboote und Kaikia (malerische Motorsegler).

Andere Inseln

Wer andere Inseln kennenlernen möchte, ist auf die Schiffsverbindungen von Athen (Piräus) angewiesen. Die Verbindungen der Inseln untereinander sind seltener direkt, so daß man, um einige von ihnen zu erreichen, immer wieder zum Hafen Piräus zurückkehren muß.

Schnellverbindungen ab Piräus

Schnelle Verbindungen ab Piräus mit Tragflächenbooten oder einem Katamaran zu zahlreichen Inseln, darunter auch den Kykladeninseln Kéa und Kýthnos, bietet Ceres Hydrofoil Joint Service in Piräus/Athen, zentrale Reservierungsnummer Tel. (01) 4 28 00 01 (10 Linien), Fax (01) 4 28 35 26, Hauptbuchungsbüro: Akti Themistokleous 8, Zea, Piräus.

ab Rafina

Über Verbindungen ab Rafina, östlich von Athen, zu verschiedenen Zielen, darunter den Kykladeninseln Amorgós, Ándros, Íos, Mýkonos, Náxos, Páros, Sántorin, Sýros und Tínos, aber auch Euböa und Limnos, informiert u.a. das Hafenamt in Rafina, Tel. (02 94) 2 23 00.

Fähren: das wichtigste Transportmittel zwischen den Kykladeninseln

Inselspringen (Fortsetzung) Fahrpläne

Da die Abfahrten der Schiffe u. a. wegen wechselnder Windverhältnisse oftmals geändert werden, wird empfohlen, sich rechtzeitig vor der Abreise die Abfahrtszeiten von den Hafenämtern bestätigen zu lassen. Reisende mit Pkw sollten sich spätestens zwei Stunden vor dem Auslaufen der Fährschiffe einfinden. Ausführliche Informationen über innergriechische Schiffsverbindungen sind bei den Büros der Griechischen Fremdenverkehrszentrale (→ Auskunft) erhältlich.

Flugverbindungen
Olympic Airways ab Athen

Mit Olympic Airways sind täglich die wichtigsten Inseln von Athen zu erreichen (→ Flugverkehr).

Air Taxi

Wer unabhängig vom Flugplan reisen möchte, kann in Athen ein Air Taxi mieten. Auskünfte erteilen Olympic Airways und Olympic Aviation – Air Taxi am East Air Terminal des Flughafens Athen-Ellinikon, Tel. (01) 9 38 41 49, 9 36 35 65, Fax 9 88 31 81, 9 38 40 59.

Jugendherbergen

Auf den Kykladen existieren derzeit keine offiziellen Jugendherbergen, die dem Internationalen Jugendherbergsverband angeschlossen sind, obwohl einige Vermieter von Niedrigpreisunterkünften glaubhaft zu machen versuchen, sie repräsentierten eine Jugendherberge. Informationen über preiswerte Unterkünfte in Pensionen erteilen u. a. die Griechischen Zentralen für Fremdenverkehr (→ Auskunft). Ist der Zimmerpreis verhältnismäßig niedrig, erkundige man sich unbedingt nach evtl. 'versteckten' Zuschlägen für Extras, wie Bettbezug, heißes Wasser oder für einmalige Übernachtung.
Die einzige offizielle Jugendherberge Griechenlands befindet sich in Athen: Athens International Youth Hostel, Victor Hugo 16, GR-104 38 Athens, Tel. (01) 5 23 41 70, Fax 5 23 40 15.

Karten (Straßenkarten · Landkarten · Atlanten)

Hinweis

Es ist empfehlenswert, neben der zu diesem Reiseführer gehörenden Übersichtskarte weiteres Kartenmaterial dabeizuhaben.

Straßenkarten

Im deutschen Buchhandel sind die folgenden Straßenkarten erhältlich:
1 : 1 000 000 Hallwag Straßenkarte Griechenland (mit Index)
1 : 800 000 Ravenstein Reisekarten International : Griechenland
1 : 750 000 Shell EuroKarte Griechenland
1 : 500 000 ADAC Karte Europäische Urlaubsländer: Griechenland
1 : 150 000 Cyclades, freytag & berndt

Landkarten

Eine kostenlose Landkarte von Griechenland (Maßstab 1 : 1 000 000), auf der auch die Kykladen abgebildet sind, herausgegeben von der Griechischen Zentrale für Fremdenverkehr in Athen, ist bei den unter → Auskunft genannten Büros erhältlich.

Neuer Großer Shell Atlas,
Shell Euro Atlas

Empfehlenswert wegen ihrer reichhaltigen Karten und diversen Stadtpläne sind ferner “Marco Polo · Der Neue Große Shell Atlas” und der “Marco Polo · Shell Euro Atlas” (1 : 750 000), beide erschienen bei Mairs Geographischem Verlag, Ostfildern.

Kreuzfahrten

Start und Anlegehäfen

Die meisten Kreuzfahrten starten in Piräus und dauern 3, 4 oder 7 Tage. Angelaufen werden im allgemeinen neben den Kykladeninseln Mýkonos und Santorín (sowie gelegentlich Tínos) u.a. auch Iráklion auf Kreta, Rhodos und Kuşadası (Türkei); längere Fahrten schließen auch Port Saïd in Ägypten und Ashdod in Israel ein.

Informationen

Informationen über Reiseveranstalter und Reedereien, die Kreuzfahrten durchführen, erhält man bei den Griechischen Zentralen für Fremdenverkehr (→ Auskunft); Auskünfte erteilen auch die örtlichen Reisebüros.

Tarife

Der Preis für Tageskreuzfahrten schließt meist den Transfer vom Hotel zum Hafen und zurück sowie Teilnahme am Mittagsbüfett ein; bei mehrtägigen Kreuzfahrten ist neben den Fahrtkosten die volle Verpflegung enthalten (Ermäßigungen für Kinder auf Anfrage).

Ausflüge in die Türkei

Über die hohen Hafensteuern, die bei der Ausreise aus Griechenland in die Türkei (und in umgekehrter Richtung) verlangt werden, erkundige man sich bei der Griechischen Zentrale für Fremdenverkehr (→ Auskunft) und bei der Informationsabteilung des Türkischen Generalkonsulats, Baseler Str. 37, D-60329 Frankfurt am Main, Tel. (0 69) 7 95 00 30.

Mietfahrzeuge

Allgemeines

Auf mehreren Kykladeninseln hat sich der Autoverleih zu einem wichtigen Dienstleistungsbereich entwickelt. Außer einigen international tätigen Mietwagenfirmen bieten vor Ort – insbesondere auf Mýkonos und Santorín, aber auch auf Mílos, Náxos, Páros und Sýros – einheimische Leihwagenfirmen Autos, gelegentlich noch Jeeps, Motorräder, Mopeds und Fahrräder an. Zudem übernehmen Reisebüros vor Ort die Vermittlung.

Mietbedingungen

Bedingungen für das Mieten eines Kraftfahrzeuges ist ein Mindestalter von 23 Jahren und der Besitz eines internationalen Führerscheins; für deutsche Staatsbürger genügt der nationale Führerschein, der schon mindestens ein

Jahr lang gültig sein muß. Bei der Übernahme des Mietwagens ist im allgemeinen der Personalausweis, eine Kreditkarte oder eine Kaution in Höhe von 30 000 Drachmen zu hinterlegen. Bei Stornierung wird eine einmalige Bearbeitungsgebühr fällig.

Mietfahrzeuge, Mietbedingungen (Fortsetzung)

Reservierung in Deutschland

Unter den folgenden Rufnummern sind bei den deutschen Reservierungszentralen internationaler Firmen Mietwagen auf den Kykladen zu bestellen:
europcar, Tel. (01 80) 5 22 11 22
Hertz Tel. (01 80) 5 33 35 35
Sixt/Budget rent-a-car (im Ausland Budget rent-a-car)
Tel. (01 80) 5 21 41 41

Auf den Kykladen

Auf Mýkonos: europcar, Tel. (02 89) 2 49 00
Auf Náxos: Rent the Jeep, Tel. (02 85) 2 33 95
Auf Páros: Budget rent-a-car, Tel. (02 84) 2 23 03, 2 30 95, 2 27 48
Fax 2 27 45
Auf Santorín: Hertz, c/o Bellonias Tours Travel and Tourism
Tel. (02 86) 2 22 21

Museen

Öffnungszeiten

Die Museen und archäologischen Stätten haben unterschiedliche Öffnungszeiten, die bei dem jeweiligen Stichwort im Teil "Reiseziele von A bis Z" dieses Reiseführers genannt sind. Im allgemeinen öffnen die Museen Di. – So. 8.30 – 15.00 Uhr. Halbe Tage geöffnet sind sie Sa., So., während der Schulferien, am 6. Januar, an Fasnachtsmontag (Reiner Montag → Feiertage), Ostersamstag, Ostermontag (griechische Ostertermine → Veranstaltungen), 1. Mai, Pfingstsonntag, 15. August und 28. Oktober.
Geschlossen sind die meisten archäologischen Stätten und Museen am 1. Januar, 25. März, Karfreitag (bis 12.00 Uhr), Ostersonntag, 1. Mai und an den Weihnachtsfeiertagen.

Eintrittsgebühren

Bis auf wenige Ausnahmen sind für den Museumsbesuch Eintrittsgelder zu entrichten.

Tip

Staatliche Museen und archäologische Stätten verlangen sonntags von Staatsangehörigen der Europäischen Union kein Eintrittsgeld!

Ermäßigungen

Auskünfte über Ermäßigungen bzw. Bedingungen für freien Eintritt erteilen die Griechische Zentrale für Fremdenverkehr (→ Auskunft), das Ministerium für Kultur und Wissenschaften (→ Antiquitäten) oder die lokalen Départements des Antikendienstes (Ephories Archeotiton).

Nachtleben

Allgemeines

Besonders beliebt bei ausländischen Besuchern sind die einheimischen Tavernen oder Clubs mit griechischer Buzuki-Musik bzw. Musiktavernen, in denen man auch gut essen kann, sowie Chanson-Theater (Boîtes) mit Volkssängern und andere Lokale mit folkloristischem oder sonstigem künstlerischen Programm. Nicht zu vergessen sind die Nachtklubs und Piano Bars in Hotels.

Mýkonos

Insbesondere auf Mýkonos, wo viel internationales Publikum anzutreffen ist, findet ein reges Nachtleben statt.

Diskotheken

Da auf den Kykladen die Diskotheken manchmal ebenso schnell schließen, wie sie eröffnet wurden, sollte man sich vor Ort nach dem aktuellen Stand erkundigen.

Nachtleben (Fortsetzung) Ausgewählte Diskotheken und Nachtklubs	Auf Ándros: Remézzo (Disco), Niborio, Tel. (02 82) 2 29 11 Sunrise Disco, Batsi, Tel. (02 82) 4 10 11 Auf Íos: High Way Disco, Íos-Ort, Tel. (02 86) 9 12 26 Frog's Club (Nachtklub; auch am Tag geöffnet), am Hafen, Tel. (02 86) 9 15 38 Scorpion (Nachtklub), Íos-Ort, Tel. (02 86) 9 11 41 Auf Kéa: Macao (Disco), Tel. (02 88) 2 14 66 Auf Ký́thnos: Kalua (Disco), Chora, Tel. (02 81) 3 13 71 Auf Mílos: Afrodite (Disco Club), Adamas, Tel. (02 87) 2 25 87 Notos (Disco Club), Adamas, Tel. (02 87) 2 31 30 Auf Mýkonos: Hard Rock Café (tagsüber Restaurant und Bar; abends Disko), an der Straße zwischen Mýkonos-Stadt und Áno Méra; sehenswerte Dekorationen, u. a. Gold- und Platinplatten von Showgrößen Pierro's, Matoyánni Windmill, am Hafen Hier tanzt die Jugend. Yacht Club, am Fähranleger In der Disko geht die Post ab. Auf Páros: Kialoa (Music Bar), Náoussa, Tel. (02 84) 2 23 70 Sofrano, Parikía, Tel. (02 84) 2 21 05 Auf Sérifos: Praxis (Rock Club)

Notdienste

Deutschsprachiger Notruf des ADAC	In Athen (ganzjährig): Tel. (01) 9 60 12 66
Polizei	Tel. 1 00
Unfallrettung	Tel. 1 66 (auf den Kykladen derzeit lediglich auf Sýros)
Touristenpolizei	Die wichtigste Anlaufstelle für den Touristen ist die Touristenpolizei (astinomía allodapon), die in mehreren touristisch wichtigen Orten bzw. auf den Inseln Stützpunkte (meist an Häfen und Flughäfen) unterhält und allgemeine Auskünfte und Hinweise auf Unterkünfte gibt.
Telefonnummern der Polizei bzw. Touristenpolizei	Auf Amorgós: Tel. 7 12 10. Auf Anáfi: Tel. 6 12 16 Auf Ándros: Tel. 2 23 00. Auf Folégandros: Tel. 4 12 49 Auf Íos: Tel. und Fax: 9 12 22. Auf Kéa: Tel. 2 13 78 Auf Kímolos: Tel. 5 12 05. Auf Ký́thnos: Tel. 3 12 01 Auf Mílos: Tel. 2 12 04. Auf Mýkonos: Tel. 2 24 82 Auf Náxos: Tel. 2 21 00. Auf Páros: Tel. 2 16 73 Auf Santorín: Tel. 2 26 49. Auf Sérifos: Tel. 5 13 00 Auf Sífnos: Tel. 3 12 10. Auf Síkinos: Tel. 5 12 22 Auf Sýros: Tel. 2 26 10. Auf Tínos: Tel. 2 21 00
Beschwerdetelefon bei Ärger im Urlaub	E. K. P. Z. O. Consumers Association "Quality of Life", Athen, Tel. (01) 3 30 44 44 Verbraucherschutzorganisation in Griechenland, bei der sich unzufriedene Urlauber beschweren können, auch in englischer Sprache.
Notdienste in Deutschland	ADAC-Notrufzentrale München: Tel. aus Griechenland: 00 49/89/22 22 22 (rund um die Uhr)

Telefonarzt des ADAC:
Tel. aus Griechenland: 00 49/89/76 76 76
Der Telefonarzt des ADAC gibt Ratschläge und Medikamentenempfehlungen bei leichteren Beschwerden und kann in ernsten Fällen den Rücktransport veranlassen; bei Bedarf nennt er deutschsprechende Ärzte.
AvD Notruf-Telefon aus Griechenland: 00 49/69/66 06 600

Notdienste in Deutschland (Fortsetzung)

ÖAMTC Euronotruf Wien: Tel. aus Griechenland 00 43/2 22/9 82 13 04 — Österreich

ACS Notruf-Telefon aus Griechenland: 00 41/52/2 13 07 27 — Schweiz
TCS Notruf-Telefon aus Griechenland: 00 41/22/7 36 44 44

Krankenflüge

DRK-Flugdienst Bonn, Tel. aus Griechenland: 00 49/2 28/23 00 23
Deutsche Rettungsflugwacht Stuttgart
Tel. aus Griechenland: 00 49/7 11/70 10 70
ASB-Rückholdienst Köln
Tel. aus Griechenland: 00 49/2 21/4 76 05 55
Österreichische Rettungsflugwacht
Tel. aus Griechenland: 00 43/72 21/6 37 37
Schweizerische Rettungsflugwacht Zürich
Tel. aus Griechenland: 00 41/1/3 83 11 11

Reiseruf

ADAC-Reiseruf (auch für Nichtmitglieder):
Tel. (0 89) 76 76-26 53 (rund um die Uhr erreichbar)

Straßenhilfsdienst

→ Automobilklubs

ec-Verlustmeldung

→ Geld

Öffnungszeiten

Allgemeines

Seit Aufhebung der Ladenschlußzeiten durch die griechische Regierung können die Ladenbesitzer frei bestimmen, wie lange sie ihre Geschäfte offenhalten. Die Verkaufsstellen können werktags rund um die Uhr geöffnet sein, ebenso an Sonn- und Feiertagen, wenn das Geschäft in einer von Touristen frequentierten Region liegt. Auch für Lokale und Bars wurde die Sperrstunde abgeschafft.

Ausgrabungsstätten

Wegen gelegentlicher Streiks der Antikenwächter ist mit geschlossenen Ausgrabungsstätten zu rechnen; es empfiehlt sich, rechtzeitig Auskünfte bei den Informationsstellen vor Ort einzuholen (→ Auskunft).

Apotheken

→ dort

Banken

→ Geld

Geschäfte

Einzelhandelsgeschäfte öffnen im allgemeinen 8.30/9.00 – 14.30/15.00 Uhr und 17.00 – 19.00, z. T. auch bis 20.00 oder 21.00 Uhr. In Souvenirläden kann man normalerweise täglich von morgens bis in die späten Abendstunden einkaufen.

Museen

→ dort

Post

→ dort

Post

Elliniká Tachidromía (EΛTA)

Die griechischen Postämter unterstehen der staatlichen Postverwaltung ΕΛΛΙΝΙΚΑ ΤΑΧΙΔΡΟΜΙΑ · Elliniká Tachidromía (EΛTA). Telefonieren ist in Postämtern nicht möglich (→ Telefon).

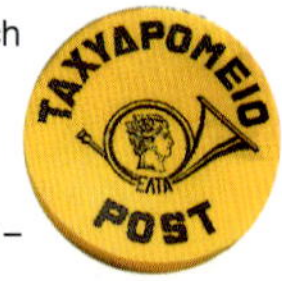

Post (Fortsetzung) Postkästen, postlagernde Sendungen — Die griechischen Postkästen sind gelb; sie werden täglich geleert.
Postlagernde Sendungen müssen mit dem Vermerk 'Poste restante' versehen sein.

Öffnungszeiten — Die Postämter öffnen im allgemeinen Mo. – Do. 8.00 – 14.00, Fr. bis 13.30 Uhr.

Postporto — Eine Ansichtskarte oder ein Normalbrief (bis 20 g) ins europäische Ausland kostet 120 Drachmen. Da sich das Postporto laufend erhöht, erkundige man sich an der Hotelrezeption oder im Postamt nach den aktuellen Tarifen. Briefmarken sollte man bei der Post kaufen, da an anderen Stellen, z. B. am Kiosk, an Hotelrezeptionen oder in Souvenirläden, unter Umständen mehr berechnet wird.

Postleitzahlen — → Hotels

Reisedokumente

Hinweis für EU-Bürger — Seit dem 1. Januar 1993 entfallen im allgemeinen Paßkontrollen für EU-Bürger. Ausweispflicht auf Flughäfen und Seehäfen in der EU, zu der auch Griechenland gehört, besteht aber zunächst weiter, so daß man die im folgenden erwähnten Ausweise unbedingt mitführen sollte.

Ausweise — Deutsche, österreichische und Schweizer Staatsbürger benötigen bei einem Aufenthalt bis zu drei Monaten einen gültigen Personalausweis oder Reisepaß (für Kinder unter 16 Jahren Kinderausweis oder Eintrag im Elternpaß). Wurde der Reisepaß neu ausgestellt, sollte bei der Einreise mit einem Kraftfahrzeug auch der abgelaufene Paß mitgeführt werden. Für die Anreise durch Italien und Österreich sind ebenfalls gültige Personalausweise oder Reisepässe mitzuführen.
Weist ein Reisepaß Eintragungen der Behörden von Nordzypern auf, kann die Einreise nach Griechenland u. U. verweigert werden.

Hinweis für Charterflugtouristen — Die griechischen Behörden tendieren dazu, Charterflugtouristen, die einen Abstecher in die benachbarte Türkei unternehmen, bei der Heimreise von Griechenland den Zutritt zum Charterflugzeug zu verwehren, so daß es ratsam ist, anstatt des Reisepasses, der beim Grenzübertritt abgestempelt wird, lediglich den Personalausweis zu benutzen.

Fahrzeugpapiere — Der nationale Führerschein der Bundesrepublik Deutschland und der Republik Österreich werden anerkannt; Inhaber einer schweizerischen Lizenz benötigen einen internationalen Führerschein. Obligatorisch sind ferner der Fahrzeugschein und das ovale Nationalitätskennzeichen sowie die grüne internationale Versicherungskarte für den Kraftverkehr, da sie meist bei Unfällen und Verkehrskontrollen verlangt wird. Obwohl in Griechenland seit 1978 Haftpflichtversicherungszwang besteht, ist der Abschluß einer Kurzkasko- und Insassenunfallversicherung zu empfehlen.

Impfungen — Impfungen sind für die aus den europäischen Ländern anreisenden Touristen nicht erforderlich.

Tiere — Wer Haustiere nach Griechenland mitnehmen möchte, benötigt für diese einen internationalen Impfpaß mit Tollwutimpfbescheinigung und ein amtstierärztliches Gesundheitszeugnis in englischer oder französischer Sprache, aus dem hervorgeht, daß die Tiere vor der Einreise geimpft wurden; die Impfung muß spätestens 15 Tage vor der Einreise nach Griechenland erfolgt sein und darf nicht länger als zwölf Monate zurückliegen.

Schiffspapiere — → Sportschiffahrt

Reisezeit

Vor- und Nachsaison

Für Besichtigungen, Rundreisen, Wanderungen oder Mountainbiketouren sind die Vor- und die Nachsaison, also die Monate April/Mai und September/Oktober, klimatisch am angenehmsten. Die Hotelpreise sind niedriger als während der Hochsaison, die Hotels nicht komplett belegt, der Service zuvorkommender. Allerdings ist damit zu rechnen, daß organisierte Ausflüge nicht in vollem Umfang angeboten werden und manche Einrichtungen wie Tennisplätze, Wassersporteinrichtungen, Boutiquen und Diskotheken nicht geöffnet haben.

Frühjahr

Die Monate März bis Mai sind mild, und die Natur steht dann in prachtvoller Blüte. In diese Zeit fällt auch das griechisch-orthodoxe Osterfest, das mit der ganzen Familie gefeiert wird (Termine → Veranstaltungen).

Sommer

Die Sommermonate – Mitte Juni bis Anfang September – sind sehr heiß und ideal für Badeferien. Selbst im Sommer weht der heftige Nordwind Meltémi, was nicht nur für Surfer günstige Bedingungen schafft, sondern bei hohen Tagestemperaturen auch ansonsten als angenehm empfunden wird. Es empfiehlt sich in jedem Fall, Wolljacke oder Pullover mitzunehmen, denn abends wird es am Meer und im Gebirge oft recht kühl. Ein Regenmantel leistet gute Dienste bei Bootsfahrten, ebenso Badeschuhe am Strand und festes Schuhwerk auf Wanderungen. Nützlich ist auch eine Taschenlampe für Höhlenbesichtigungen. Sonnenschutzmittel und Insektenstifte sollten in der Reiseapotheke nicht fehlen. Am Tag ist leichtes Essen vorzuziehen (Hauptmahlzeiten abends einnehmen).
Während der Hauptsaison sind viele Lokale bis spät in die Nacht geöffnet, und eine Reihe von Hotels veranstaltet Tanz- und Folkloreabende, so daß mit Ruhestörung, v. a. auf Mýkonos, zu rechnen ist.

Winter

Während des Winterhalbjahres ist es sehr regnerisch; mit Orkanen ist zu rechnen.

Restaurants

Allgemeines

Die Restaurants sind in Kategorien eingeordnet; die Preise werden von der Marktpolizei überwacht. Es gibt zahlreiche Restaurants aller Arten – vom besseren Speiselokal über die Grillstube bis zur einfachen Taverne. In größeren Orten findet man in den Hotelrestaurants der gehobenen Kategorien internationale Küche. In griechischen Restaurants (estiatorio; ähnlich den mitteleuropäischen Restaurants) und Tavernen (rustikale Einrichtung) kann man die traditionellen griechischen Spezialitäten des Landes bzw. der Insel versuchen; in der Psarótaverna (auch psaróestiatório) wird überwiegend Fisch serviert. In Úserí-Lokalen ist Ouzo das Hauptgetränk, zu dem kleine Vorspeisen gereicht werden.

Kafeníon

Eine wichtige Rolle im täglichen Leben der Griechen spielt das Kaffeehaus (kafeníon), das den Männern vorbehalten ist. Seine Aufgabe besteht nicht nur im Ausschank von Getränken; vielmehr hat es weithin die Funktion der antiken Agorá übernommen und dient als Ort der Begegnung, des Gesprächs, des Spiels und der Geschäfte. Getränkezwang gibt es nicht. Zum Kaffee wird ein Glas Wasser (nero) serviert, zum Ouzo, dem landesüblichen Anisschnaps, oft etwas Käse, Oliven oder Nüsse (mese).

Sacharoplastío (Konditorei)

Daneben gibt es in größeren Orten das Sacharoplastío (auch Caféteria, Pasticceria), wo man neben französischem Kaffee, Tee und anderen Getränken auch Gebäck und Konfekt – alles meist wesentlich süßer als in Mitteleuropa – sowie Eis findet.

Restaurants

Essenszeiten

Das Frühstück (prójewma) entspricht in den Hotels meist der mitteleuropäischen Norm und wird üblicherweise zwischen 8.00 und 10.00 Uhr eingenommen. Das Mittagessen (jéwma) bekommt man in der Regel von 12.00 bis 15.00 Uhr serviert, das Abendessen (dipno) im allgemeinen ab 20.00 Uhr. Die Sperrstunden für Lokale und Bars sind aufgehoben worden.

Speisekarte

Die Speisekarte ist oft zweisprachig, in einfacheren Lokalen aber meist nur griechisch. Es ist, abgesehen von den Restaurants der gehobenen Kategorien, durchaus üblich, in die Küche zu gehen und die Speisen selbst auszuwählen.

Schonkost

Diätwünsche sollten mit der Hoteldirektion abgesprochen werden.

Restaurants auf Amorgós

Lakki, Strand von Ägiáli, Tel. (02 85) 7 32 53
Schön gelegenes Lokal (Restaurant, Snack Bar, Grill; auch Pension mit eigenem Eingang) in einem hübschen Garten mit Blick aufs Meer; es werden selbstgemachte griechische Gerichte mit Gemüsen, Salat und Früchten aus dem eigenen Garten sowie Fisch serviert; ganz vorzüglich schmecken die griechische Spezialität Mussaka, süße Lukumades und Grillspezialitäten.

Anáfi

Grilltaverne und Café am Hafen von Ágios Nikoláos.

Ándros

Archipélago, Ándros-Stadt, Tel. (02 82) 2 44 30
Zu den Spezialitäten des gepflegten Restaurants zählen Fischgerichte.
Rainbow, Batsí, Tel. (02 82) 4 14 67
Gepflegtes Restaurant in schönem Garten mit griechischer Küche
Scirocco, Batsi, Tel. (02 82) 4 10 23
Vom hoch über Batsi gelegenen Restaurant herrlicher Blick auf Strand und Meer; italienische und griechische Gerichte

Folégandros

Kritikós, Folégandros-Stadt, Tel. (02 86) 4 12 18
Gartenlokal mit griechischer Küche und Grillspezialitäten
Piatsa, Folégandros-Stadt, Tel. (02 86) 4 12 74
Meeresfrüchte u. a. werden im Terrassenlokal serviert.

Íos

Blue Lotus, Íos-Stadt, Tel. (02 86) 9 14 30
Chinesisches Restaurant
Pinocchio, Íos-Stadt, Tel. (02 86) 9 14 70
Italienisches Restaurant
The Mills, Íos-Stadt, Tel. (02 86) 9 12 84
Schön auf einem Hügel gegenüber von Windmühlen gelegene Taverne mit griechischer Küche und Nudelgerichten.

Kéa

To Steki, Joúlis, Tel. 2 21 51
Hübsches Terrassenlokal mit griechischer Küche

Kímolos

Café-Restaurant Ventouris, Psathi

Kýthnos

Katerina, Loutra, Tel. (02 81) 3 14 18
Einfache griechische Taverne

Mílos

Flisvos, Adámas, Tel. (02 87) 2 22 75
Restaurant am Hafen mit griechischer Küche
Trapatselis, Adámas, Tel. (02 87) 2 20 10
Traditionelle griechische Küche mit Fisch- und Fleischgerichten
Ouzeri, Adámas, Tel. (02 87) 2 26 60
Ouzokneipe, in der neben Vorspeisen auch griechische Gerichte serviert werden

Mýkonos

Niko's Taverna, Mýkonos-Stadt, am Hafen
Eine der ältesten und bekanntesten Tavernen von Mýkonos

Edem, Mýkonos-Stadt, Tel. (02 89) 2 28 55 — Mýkonos (Fortsetzung)
Schönes Gartenlokal mit Steaks und anderen Fleischgerichten
Eva's Garden, Mýkonos-Stadt, Kalogera, Tel. (02 89) 2 21 60
Gehobenes Speiselokal mit Dachgarten, in dem schmackhafte griechische Küche und Spezialitäten des Mittelmeers serviert werden.

Karnagio, Náxos-Stadt, an der Hafenmole, Tel. (02 85) 2 30 57 — Náxos
Fischtaverne
Meltemi, Náxos-Stadt, an der Hafenmole
Tel. (02 85) 2 26 54
Schön gelegenes Grillrestaurant
Oniro, Náxos-Stadt, hinter dem Branduna-Platz
Tel. (02 85) 2 38 46
Grillrestaurant mit internationaler und griechischer Küche und schönem Meerblick von der Dachterrasse

Levantis, Parikía, Tel. (02 82) 2 10 26 — Páros
Schön begrüntes Terrassenlokal mit libanesischer und internationaler Küche sowie Tearoom
Nissiotissa, Parikía, hinter dem Hafen
Unverfälschte griechische Taverne mit Wein vom Faß

*Kastro, Thíra, Tel. (02 86) 2 25 03 — Santorín
Restaurant-Bar mit erstklassiger griechischer Küche; obere Preisklasse
*Selene, Thíra, Tel. (02 86) 2 22 49
Santorinische Spezialitäten und internationale Küche; obere Preisklasse

Das sehr schön gestaltete Restaurant Selene in Thíra auf Santorín

The Flame, Thíra, Tel. (02 86) 2 36 97
Restaurant mit Grillspezialitäten in schöner Lage mit herrlichem Blick
Petros, Ía, Tel. (02 86) 7 12 63
Beliebte Taverne mit Fisch- und vegetarischen Gerichten

Restaurants (Fortsetzung) Sérifos	Petros, Sérifos-Stadt Kleine Taverne
Sífnos	Steki, Platís Gialós Griechische Küche
Sýros	Al Giardino, Ermoúpolis Italienisches Restaurant
Tínos	Old Palada, Tínos-Stadt, beim Hafen Typisches, uriges, einfaches Lokal

Schiffsverkehr

Informationen

Ausführliche Informationen erteilen die Fremdenverkehrsstellen (→Auskunft), bei denen auch ein (unverbindlicher) Schiffsfahrplan mit den Seerouten und den Anschriften der jeweils zuständigen Schiffahrtsagenturen erhältlich ist. Für die Rückbestätigung der aktuellen Fahrpläne wende man sich an die jeweiligen Hafenämter.

Sicherheit

Situation

Die Kykladeninseln gelten als ein relativ sicheres Reiseziel, denn Gastfreundschaft und Ehrlichkeit bedeuten den Einheimischen viel.

Ratschläge

Dennoch kann es nicht schaden, Wertsachen, wie Ausweispapiere, Geld, Kreditkarten u.ä., unmittelbar am Körper zu tragen, stets nur wenig Bargeld mitzuführen und größere Geldbeträge sowie Reiseschecks im Hotelsafe zu deponieren. Auch hat es sich bewährt, von wichtigen Papieren Fotokopien anzufertigen.
Andrerseits sollte aber auch der Tourist bemüht sein, die Landschaft zu schützen, indem er beispielsweise keine Zigaretten und Flaschen wegwirft, um Brände zu vermeiden.

ec-Verlust — →Geld
Notrufe — →Notdienste

Sport

Aktivsport

Dem Reisenden bieten sich auf den Kykladen zahlreiche, in der Vor- oder Nachsaison allerdings eingeschränkte Möglichkeiten, aktiv Sport, vor allem natürlich Wassersport, zu treiben.

Angeln, Fischen

Angeln und Fischen ist ohne besondere Genehmigung überall erlaubt. Unterwasserfischen mit Atmungsgeräten ist verboten.

Fahrradfahren, Mountainbiking — →Wandern, Radwandern

Reiten

In Náoussa auf Páros existiert das Kokou Riding Center. Auf mehreren Inseln werden auch Maultiere oder Esel vermietet, z. B. auf Santorín oder auf Antíparos zur Tropfsteinhöhle im Süden der Insel.

Tennis, Tischtennis

Tennisplätze, meist Hartplätze, liegen vielfach bei den Hotels. In vielen Hotels gibt es zudem Möglichkeiten zum Tischtennisspielen.

Wandern — →dort

Wassersport

Allgemeines

An den Stränden der touristisch stärker frequentierten Kykladeninseln sind außer Baden auch viele andere Arten von Wassersport, wie Windsurfing sowie Wasserski- und Jetskifahren, ferner auch Beachtennis und Beachvolley möglich. In organisierten Strandbädern und größeren Strandhotels sind Geräte, z. B. Surfbretter und Wasserski, sowie Fahrzeuge wie Wassertretboote und Segelboote zu mieten.

Segeln

→ Sportschiffahrt.

Surfen

Surfen ist im allgemeinen vor den Kykladeninseln erlaubt, gemieden werden sollten jedoch Badegebiete, Hafenein- und ausfahrten, Häfen und Schiffahrtswege. Es ist unbedingt erforderlich, sich nach den Wind- und Wetterverhältnissen zu erkundigen (→ Sportschiffahrt: Windstärken). Detaillierte Auskünfte erteilt die Greek Windsurfing Association (G. W. A.), Fillelinon 7, GR-105 57 Athen, Tel. (01) 3 23 36 96, 3 23 00 68, 3 23 03 30, Fax 3 22 32 51.

Wassersport auf Íos

Gute Surfbedingungen findet man beispielsweise in der Bucht von Mikri Vigla auf Náxos; eine Surfstation befindet sich vor dem Hotel Mikri Vigla. In Náoussa auf Páros, vor dem SunSea Hotel Porto Páros existieren sowohl eine Windsurf- als auch eine Segelschule und eine Windsurfingschule in Santa Maria, 3 km östlich von Náoussa. Zudem gibt es am Mylopótamos-Strand auf Íos Meltemi Windsurfing, c/o Far Out Camping (s. u.). Ausstatten kann sich der Surffreund im Surf Shop Abandis, Náxos, Chora, Tel. (02 84) 2 44 72.

Schnorcheln, Tauchen

Während Schnorcheln überall erlaubt ist, ist das Tauchen mit Atmungsgeräten (Scuba Diving) wegen der sich unter Wasser befindlichen kulturellen Schätze verboten. Es gibt jedoch Ausnahmegenehmigungen, sofern man

Sport (Fortsetzung) Schnorcheln, Tauchen

in Begleitung eines ausgebildeten einheimischen Tauchlehrers ist. In jedem Falle ist es ratsam, zunächst bei den Hafenämtern Erkundigungen einzuholen.
Tauchen mit Atmungsgeräten ist rund um die Insel Mýkonos innerhalb einer Zone von 500 m (mit Ausnahme des Gebiets zwischen Kap Ágios Geórgios und Kap Alogómandra) erlaubt. Informationen erteilt u. a. der Watermania Waterpark, Elia Beach, Mýkonos, Tel. (02 89) 7 16 85-7, 7 11 29, Fax 7 11 21, oder das Psarou Beach Diving Center, Mýkonos, Tel. (02 89) 2 35 79, Fax 2 48 08. Das Íos Diving Center, c/o Far Out Camping, Mylopotas, GR-840 01 Íos, Tel. (02 86) 9 14 68, Fax 9 15 60, bietet u. a. unter Anleitung eines Tauchlehrers Scuba-Tauchen und Scuba-Lebensrettungskurse an.

Wasserski, Jet Ski u. a.

"Triple S" Travel & Tourism, 6, Melpo Axioti (Xenias) Street, Niohori, GR-846 00 Mýkonos, Tel./Fax (02 89) 2 66 08, ist Besitzer der beiden größten Wasserskischulen auf Mýkonos, eine am Ágios-Stefanos-Strand (1 km außerhalb der Stadt) und eine am Elía-Strand, 5 km außerhalb der Stadt gelegen. Zahlreiche Wassersportausrüstungen, Wasserskiboote, Jet Ski, Fallschirme u. a., sind vorhanden.

Sportschiffahrt

Allgemeines

Jachten, die aus dem Ausland kommen und in den griechischen Gewässern bzw. vor den Kykladen kreuzen möchten, müssen als erstes einen mit Zollabfertigung ausgestatteten und als Ein- und Ausreisehafen ('Port of Entry') klassifizierten Haupthafen anlaufen. Passagiere und Besatzung, die an Bord einer Jacht reisen, werden offiziell als 'Durchreisende' betrachtet. Durch das von einer griechischen Zolldienststelle ausgestellte Transit-Log (Transitbescheinigung) ist die Jacht bis zu sechs Monate zum freien Verkehr in griechischen Gewässern berechtigt.

Informationen

Detaillierte Informationen über Sportschiffahrt sind bei den Griechischen Zentralen für Fremdenverkehr (→ Auskunft) sowie u. a. in Deutschland beim ADAC erhältlich; spezielle Auskünfte über Sportschiffahrt vor den Kykladen erteilen ferner die nachfolgend aufgelisteten Reiseveranstalter: Yachtagentur Nikos Papadakis, Hiltensperger Str. 32, D-80796 München, Tel. (0 89) 2 71 04 26, 2 71 04 99; Yacht- & Charterzentrum Heiligenhafen, Am Yachthafen 1, D-23774 Heiligenhafen, Tel. (0 43 26) 73 23.

Seewetterbericht

Das Abhören des Seewetterberichts ist unbedingt ratsam. Radio Athen "ERA 1" sendet mehrmals täglich in griechischer und englischer Sprache Wetter- und Seewetterberichte für die Schiffahrt auf MW und UkW.

Windstärken im August und September

Da im August und September der aus Nord und Nordost auftretende Meltemi mit Windstärken bis 8 Beaufort weht, sollten ungeübte Segler während dieser Monate Fahrten um die Kykladen vermeiden.

Ein- und Ausreisehäfen

Mýkonos (Hafenamt: 02 89/2 39 22), Adámas auf Mílos (Hafenamt: Tel. 02 86/2 21 00) und Ermoúpolis auf Sýros (Hafenamt: Tel. 02 81/2 26 33) sind Ein- und Auslaufhäfen und verfügen neben dem Hafenamt auch über eine Zollstation, ein Gesundheitsamt sowie eine Paß- und Devisenkontrolle. Häfen mit Versorgungseinrichtungen für Treibstoff, Wasser u. a. existieren auch auf den meisten anderen Kykladen. Auskünfte erteilen die entsprechenden Hafenämter.

Segelclub, Reparaturwerkstatt

Auf Sýros befindet sich sowohl ein Segelclub (Tel. 02 81/8 86 66 und 8 40 81) als auch eine Reparaturwerkstatt für Segeljachten.

Bootscharter

Innerhalb der griechischen Hoheitszone dürfen nur solche Schiffe verchartert werden, die unter griechischer Flagge laufen und für den Charter amt-

Sportschiffahrt Bootscharter (Fortsetzung)

lich zugelassen sind. Eine Kopie des Mietvertrags ist beim Hafenamt des Ausgangshafens zu hinterlegen, eine zweite muß der Schiffsführer stets mit sich führen. Gleiches gilt für die Mannschafts- und Passagierliste. Voraussetzung für das Chartern eines Bootes ohne Besatzung ist, daß der Mieter und eine zweite Person an Bord den entsprechenden Bootsführerschein besitzen oder die notwendige Befähigung nachweisen können.

Mietpreise

Zwischen Juni und September sind die Mietpreise für Yachtcharter am höchsten, in Vor- und Nachsaison können günstigere Preise ausgehandelt werden.

Charterfirmen auf den Kykladen

Segeljachten vermieten auf den Kykladen beispielsweise:
Triple S Travel & Tourism, 6, Melpo Axioti (Xenias), Niohori
GR-846 00 Mykonos, Tel./Fax (02 89) 2 66 08
Kamari Tours, Kamari, GR-847 00 Santorin,
Tel. (02 86) 3 13 90, 3 14 55, 3 21 35/8
Lemonaki Argyro – Cyclades Sailing, Parou 6
GR-841 00 Syros
Tel. (02 81) 2 25 01, Fax 2 25 26

Segelregatten

Über kürzere Segelregatten zwischen den Kykladen und längeren Segelregatten informiert u. a. der Griechische Jachtverband Hellenic Yachting Federation (H. Y. F.), Akti Navarchou Kountourioti 7, GR-185 34 Piräus, Tel. (01) 4 13 73 51/2, Fax 4 13 11 91.

Sprache

Verständigung

Im allgemeinen trifft der Fremde auf einen Einheimischen, mit dem er sich in einer der europäischen Verkehrssprachen – in erster Linie Englisch – verständigen kann. Deutschkenntnisse haben in den letzten Jahren durch heimgekehrte Gastarbeiter zugenommen. Aber auf dem Land ist es gut, wenigstens über einige Grundkenntnisse der neugriechischen Sprache zu verfügen.

Neugriechisch

Das Neugriechische unterscheidet sich wesentlich vom Altgriechischen, wenngleich die Zahl jener Wörter, die seit Homers Zeiten unverändert geschrieben werden, erstaunlich groß ist. Doch auch bei diesen sind die Abweichungen der Aussprache von der deutschen Schulaussprache des Altgriechischen zu berücksichtigen. Die veränderte Aussprache gilt für beide Sprachformen des Neugriechischen, die sowohl in der Grammatik als auch im Wortbestand beträchtliche Unterschiede aufweisen: Dhimotiki (Volks- oder Umgangssprache) und die Katharevussa ('gereinigte' Amts- oder Schriftsprache).
Alle amtlichen Bekanntmachungen, Hinweisschilder, Fahrpläne u. ä., auch die politischen Artikel der Zeitungen, waren früher in der Katharevussa geschrieben. Diese Sprachform ist durch Annäherung an das als klassisch vorbildlich geltende Altgriechisch gewonnen worden, so daß, wer auf der Schule Altgriechisch gelernt hat, sie ohne allzu große Mühe lesen kann.
Gesprochen und seit 1975 offizielle Sprachversion ist aber die Dhimotiki. Sie ist das Ergebnis einer langen Sprachentwicklung und hat sich auch in der neugriechischen Literatur wie auch im Unterhaltungsteil der Zeitungen längst durchgesetzt.

Neugriechisch-Kurse

Über Neugriechisch-Kurse auf der Insel Sífnos informiert: Dr. Anna Kyritsi, Hadikgasse 72/17, A-1140 Wien, Tel. (00 43/1) 8 94 28 10.

Wörterbücher, Sprachführer

Für die eingehende Beschäftigung mit der griechischen Sprache sei auf den in Mairs Geographischem Verlag (Ostfildern) erschienenen Band "Marco Polo Griechisch" sowie auf die im Verlag Langenscheidt (München) erschienenen Wörterbücher und Sprachführer hingewiesen.

Griechisches Alphabet

		Altgriechisch	Neugriechisch	Aussprache
Α	α	alpha	alfa	a
Β	β	beta	wita	w
Γ	γ	gamma	ghamma	gh, vor e und i: j
Δ	δ	delta	dhelta	dh
Ε	ε	epsilon	epsilon	kurzes e
Ζ	ζ	zeta	sita	stimmhaftes s
Η	η	eta	ita	i
Θ	θ	theta	thita	th
Ι	ι	iota	iota	i
Κ	κ	kappa	kappa	k
Λ	λ	lambda	lamvda	l
Μ	μ	my	mi	m
Ν	ν	ny	ni	n
Ξ	ξ	xi	xi	ks
Ο	ο	omikron	omikron	o
Π	π	pi	pi	p, nach m: b
Ρ	ρ	rho	rho	r
Σ	σ	sigma	sigma	stimmloses s
Τ	τ	tau	tav	t, nach d: d
Υ	υ	ypsilon	ipsilon	i
Φ	φ	phi	fi	f
Χ	χ	chi	chi	ch: vor a, o, u: wie in 'Bach' vor e, i: wie in 'ich'
Ψ	ψ	psi	psi	ps
Ω	ω	omega	omega	o

Sonderzeichen

Die Betonung ist zwar stark schwankend, jedoch dank der auf allen mehrsilbigen Wörtern gesetzten Akzente (Akut: ´; Gravis: `; Zirkumflex: ˆ, neuerdings vereinheitlicht nur noch Akut) leicht zu erkennen.
Die am Wortanfang über Vokalen bzw. Diphthongen erscheinenden 'Spiritus' (lenis: '; asper: ') werden nicht gesprochen und kaum noch geschrieben. Das Trema (¨) über einem Vokal bedeutet, daß dieser als solcher für sich einzeln gesprochen wird und keine Verbindung mit einem benachbarten Vokal zum Diphthong eingeht.

Von den Satzzeichen unterscheidet sich lediglich das griechische Fragezeichen, das dem deutschen Strichpunkt oder Semikolon gleicht (? = ;), während dem Strichpunkt im Griechischen ein Punkt über der Zeile (Hochpunkt: ˙) entspricht.

Zahlen

Grundzahlen

0	midhén
1	énas, mjá, éna
2	dhjóo, dhío
3	tris, trí
4	tésseris, téssera
5	pende
6	éksi
7	eftá
8	ochtó
9	ennjá
10	dhéka
11	éndheka
12	dhódheka
13	dhekatrís, dhekatría
14	dhekatésseris, dhekatéssera
15	dhekapénde
16	dhekaéksi, dhekaąsi
17	dhekaëftá dhekaëptáptá
18	dhékaochtó,
18	dhekaoktó

Grundzahlen (Fortsetzung)

19	dhekaénjá, dhekeänné	100	ekató(n)
20	íkossi	101	ekatón énas, mjá, éna
21	íkossi énas, íkossi íkossi éna	153	ekatón penínda tris, tria
22	íkossi dhjó (dhío)	200	dhiakóssi, dhiakóssjes, dhiakóssja
30	triánda	300	triakóssi, -jes, -ja
31	triánda énas, mjá, éna	400	tetrakóssi, -jes, -ja
40	paránda	500	pendakóssi, -jes, -ja
50	penínda	600	eksakóssi, -jes, -ja
60	eksínda	700	eftakóssi, -jes, -ja
70	ewdhomínda	800	ochtakóssi, -jes, -ja
80	oghdhónda, oghdhoínda	900	ennjakóssi, -jes, -ja
90	enenínda	1000	chíliçhíljesçhílja
		5000	pende chíljadhes
		1 Mio.	éna ekatommírjo

Ordnungszahlen

1.	prótos, próti, próto(n)	10.	dhékatos, dhekáti
2.	dhéfteros, -i, -o(n)	11.	endhékatos, endhekáti
3.	tritos, -i, -o(n)	20.	ikostós, -í, -ó(n)
4.	tétartos, tétarti, tétarto(n)	30.	triakostós, -í, ó(n)
5.	pémptos	100.	ekatostós, -í, ó(n)
6.	éktos	101.	ekatostós prótos
7.	éwdhomos, ewdhómi	124.	ekatostós, ujistís tétartis
8.	óghdhoos	1000.	chiljostós
9.	énatos, enáti		

Bruchzahlen

$^1/_2$ missós, -í, ó(v), ímissis
$^1/_4$ tétarton
$^1/_3$ tríton
$^1/_{10}$ dhékaton

Griechische Speisekarte

Ausdrücke der griechischen Speisekarte → Essen und Trinken

Wichtige Redewendungen

Allgemeines

Deutsch	**Neugriechisch**
Guten Morgen!	Kaliméra!
Guten Tag!	Kaliméra!
Guten Abend!	Kalispéra!
Gute Nacht!	Kalí níchta!
Auf Wiedersehen!	Kalín andámossi(n)!
Sprechen Sie deutsch?	Omilité jermaniká?
englisch?	angliká?
französisch?	ghalliká?
Ich verstehe nicht	Then katalamwáno
Entschuldigen Sie	Me ßinchoríte
Ja	Nä, málista (Kopf zur Seite drehen)
Nein	Óchi (Kopf hochziehen)
Bitte	Parakaló
Danke	Efcharistó
Gestern	Chthes
Heute	Ssímera, ßímeron
Morgen	Áwrjo(n)
Hilfe!	Woíthja!
Geöffnet	Aniktó
Wann?	Póte?

	Deutsch	Neugriechisch
Allgemeines (Fortsetzung)	Einzelzimmer	Dhomátjo mä éna krewáti
	Doppelzimmer mit Bad	... mä dhío krewátja mä lutró
	Wieviel kostet das?	Pósso káni?
	Wecken Sie mich um 6 Uhr!	Ksipníste me stiß éksi!
	Wo ist die Toilette?	Pu íne to apochoritírjon?
	eine Apotheke	éna farmakíon
	ein Arzt	énas jatrós
	ein Zahnarzt	énas odhontojatrós
	die ...-Straße	o odhós ... (Genitiv)
	der ...-Platz	i platía ... (Genitiv)
Auf der Reise	Abfahrt (Zug)	Anachóribis
	Abfahrt (Schiff)	Apóplus
	Abflug	Apoljíoßis
	Ankunft	Erchomós
	Aufenthalt	Arghoporí
	Auskunft	Pliroforí
	Autobus	Leoforíon, búsi
	Bahnhof	Stathmós
	Bank	Trápesa
	Boot	Wárka, káikj
	Eisenbahn	Ssidhiródhromos
	Fähre	Férri-bóut, porthmíon
	Fahrkarte	Biljétto
	Fahrplan	Dhromolójon
	Flug	Ptíßis
	Flughafen	Aërolimín, Aërodhrómjon
	Flugzeug	Aëroplno(n)
	Geldwechsel	Ssaráfiko
	Gepäck	Aposkewé
	Gepäckschein	Apódhikisis ton aposkewón
	Gepäckträger	Achthofóros
	Gleis	Ghrammí
	Haltestelle	Stáßis
	Hotel	Ksenodhochíon
	Nichtraucher	Dhja mi kapnistás
	Raucher	Dhja kapnistás
	Restaurant	Estjatórjo(n)
	Schaffner	Ispráktor
	Schalter	Thíris
	Schiff	Karáwi, plíon
	Schlafwagen	Wagón-lí, klinámaksa
	Speisewagen	Wagón-restorán
	Station	Stathmós
	Umsteigen	Alláso
	Zug	Träno
Auf der Post	Adresse	Dhiéfthinßis
	Brief	Epistolí
	Briefkasten	Ghrammatokiwótjo(n)
	Briefmarke	Ghrammatóssimo(n)
	Eilboten	Epíghussa
	Einschreiben	Ssistiméni
	Luftpost	Aëroporikós
	Päckchen	Dhematáki
	Paket	Dhéma, pakétto
	Postamt	Tachidhromíon
	Postkarte	Tachidhromikí kárta

Deutsch	Neugriechisch	
Postlagernd	Post réstant	Sprache Auf der Post (Fortsetzung)
Telefon	Tiléfono(n)	
Telegramm	Tileghráfima	
Montag	Dheftéra	Wochentage
Dienstag	Tríti	
Mittwoch	Tetárti	
Donnerstag	Pémpti	
Freitag	Paraskeví	
Samstag	Ssáwwato(n)	
Sonntag	Kiriaki	
Tag	(I)méra	
Wochentag	Kathimeriní	
Feiertag	Skolí	
Woche	Ewdhomádha	
Januar	Januárjos, Jennáris	Monate
Februar	Fewruárjos, Flewáris	
März	Mártjos, Mártis	
April	Apríljos	
Mai	Májos, Máis	
Juni	Júnjos	
Juli	Júljos	
August	Áwghustos	
September	Sseptémwrjos	
Oktober	Októwrjos, Okówris	
November	Noémwrjos, Noémwris	
Dezember	Dhekémwrjos	
Monat	Min, Mínas	

Festtage

→ Feiertage

Straßenverkehr

Straßennetz

Auf den Inseln sind viele Straßen unbefestigt, oft eng und kurvenreich, so daß in jedem Fall besonders vorsichtige Fahrweise empfehlenswert ist.

Verkehrsvorschriften

Es gelten weitgehend die internationalen Verkehrsregeln. Verkehrssündern drohen drastische Geldbußen. Bei Nacht muß man auf den Landstraßen mit Tieren und nicht beleuchteten Fahrzeugen rechnen. In den Orten ist das Hupen untersagt. Sicherheitsgurte sind während der Fahrt anzulegen. In hell erleuchteten Ortschaftn wird nachts lediglich mit Standlicht gefahren; bei Begegnungen außerorts wird das Licht z. T. ganz ausgeschaltet! Das Schild 'Vorfahrtsstraße' bedeutet Parkverbot. Die Alkohol-Promillegrenze beträgt 0,5.

Höchstgeschwindigkeiten

Für Pkws, auch mit Anhänger (und Motorräder über 100 cbm^3) gelten folgende Geschwindigkeitsbegrenzungen: innerorts 50 km/h (40 km/h) und außerorts 90 km/h (80 km/h). Motorräder unter 100 cbm^3 dürfen auf allen Straßen nur 70 km/h fahren. Wer zu schnell fährt, muß mit einer empfindlichen Geldbuße und evtl. mit Führerscheinentzug rechnen; unter Umständen werden die Kennzeichen vom Fahrzeug entfernt.

Kraftstoff

Es gibt bleifreies Eurosuper (95 Oktan), Super Plus (98 Oktan) und Super verbleit (98 Oktan) sowie Dieselkraftstoff, Motorenöl (normal und super),

Straßenverkehr Kraftstoff (Fortsetzung)

selten Autogas. Die Mitnahme von Kraftstoff in Kanistern ist auf Fährschiffen verboten. Auch das Mitführen von Reservekanistern und das Auffüllen von Kanistern an Tankstellen ist untersagt.

Taxi

Taxis stehen v. a. an Häfen und Flughäfen, doch verkehren auf den Kykladen – vor allem während der Abend- und Nachtstunden – nicht so viele Fahrzeuge wie auf dem Festland. Hotelrezeptionen können bei der Taxisuche behilflich sein.

Preise, Sonderzuschläge

Die Preise für Taxifahrten sind günstiger als in Deutschland. Zusätzliche Gebühren (z. B. für größere Gepäckstücke, Nachtfahrten, Fahrten an Ostern und Weihnachten) sind einzukalkulieren.

Sammeltaxis

Meist bereitet es Mühe, ein leeres Taxi zu finden, da es unter den Taxifahrern üblich ist, so lange Fahrgäste, die in die gleiche Richtung fahren, aufzunehmen, wie im Wagen noch Platz ist; der Fahrpreis wird dadurch etwas günstiger.

Ausflüge mit dem Taxi

Vor Antritt von Ausflugsfahrten mit dem Taxi sollte der Fahrpreis ausgehandelt werden.

Telefon

Allgemeines

Die meisten Orte und Inseln Griechenlands, darunter auch die wichtigsten Kykladeninseln, sind an das internationale Fernsprech-Durchwahlnetz angeschlossen.

Telefon- und Telegrafenamt (OTE)

Zuständig für das Telefonieren und die Telegrammaufnahme ist nicht das Postamt, sondern das Telefon- und Telegrafenamt (OTE · OTE) mit OTE-Fernsprechkabinen, die meist an Hauptplätzen oder am Hafen bzw. in Hafennähe zu finden sind. In den OTE-Büros ist an der Kasse zu zahlen. Telefonzellen akzeptieren Münzen zu 10, 20, 50 und 100 Drachmen. Telefonate können aber auch am Kiosk (periptero), in Tavernen und in Hotels, wo es allerdings teuer ist, geführt werden. Kartentelefone sind eingeführt, Telefonkarten ab 1300 Drachmen bei OTE oder an Kiosken erhältlich. Auf dem Land finden sich OTE-Telefonzellen mit Zählern meist im Kafenion oder in Lebensmittelläden.

Hinweis

Insbesondere während der Spitzenzeiten am Vormittag und am Nachmittag ist das griechische Telefonleitungsnetz meist überlastet, so daß man Telefonate vorzugsweise in die Abendstunden verlegen sollte; am günstigsten telefoniert man in der Zeit zwischen 22.00 Uhr und 6.00 Uhr.

Fernsprechauskunft OTE

Inland:	Tel. 1 51
Ausland:	Tel. 1 61
Telegrammaufnahme:	Tel. 1 55
Wetter:	Tel. 1 49

Telefonvorwahlnummern

→ Hotels

Ländernetzkennzahlen

Von Deutschland, Österreich, der Schweiz und Liechtenstein nach Griechenland bzw. auf die Kykladen: 00 30

Von Griechenland nach Deutschland:	00 49
Von Griechenland nach Österreich:	00 43
Von Griechenland in die Schweiz und nach Liechtenstein:	00 41

Von Griechenland bzw. den Kykladen kann unter der Telefonnummer 008 00 49 11 die Vermittlungszentrale der Deutschen Telekom AG (Operator-Service Deutschland-Direkt; 0.00 bis 24.00 Uhr) gebührenfrei angerufen werden, die das Gespräch an den gewünschten Gesprächsteilnehmer in Deutschland weitergibt. Nach dem erklärten Einverständnis des Angerufenen erfolgt die Berechnung der recht hohen Vermittlungs- und der Gesprächsgebühr auf dessen Fernmeldekonto. Ist man im Besitz der T-Card der Deutschen Telekom kann man auch über die zuvor erwähnte Zugangsnummer 008 00 49 mit den Gebühren das eigene Konto belasten. In Griechenland wird die Zugangsnummer nur durch den Einsatz der OTE-Telefonkarte oder durch Einwurf einer Münze freigeschaltet, die man allerdings meist nach Gesprächsende zurückerhält. Detaillierte Informationen sind in Deutschland unter der T-Card-Hotline (01 30) 20 50 erhältlich.

Telefon (Fortsetzung) Bargeldlos nach Deutschland telefonieren

Trinkgeld

In den Hotels werden im allgemeinen Inklusivpreise angegeben und verlangt. Hotelboys erhalten (für Koffertragen o. ä.) 100 Drachmen, Zimmerfrauen 200 bis 300 Drachmen.

Hotels

In Restaurants und Kaffeehäusern sind 15% Bedienungsgeld üblich. Ausserdem rundet man die Summen nach oben auf und läßt vielleicht noch einen kleinen Betrag auf dem Tisch liegen.

Restaurants, Kaffeehäuser

Taxifahrer erhalten 10% Trinkgeld; Fahrgäste runden in der Regel die zu entrichtenden Summen auf.

Taxi

An den griechischen Osterfeiertagen erwarten Taxifahrer, Friseure u. a. ein sog. Ostergeschenk (pascha doro), derzeit in Höhe von 100 Drachmen.

Ostern

Umgangsregeln

Schlicht und herzlich ist die Gastfreundschaft der Bewohner der Kykladen; Fremden gegenüber sind sie höflich und hilfsbereit, ohne aufdringlich zu sein. Als Angehörige einer alten Seefahrernation zeigen sie lebhaftes Interesse an Weltgeschehen und Politik, doch ist es für den Touristen ratsam, bei politischen Themen eine gewisse Zurückhaltung zu bewahren und vor allem die griechischen Verhältnisse nicht leichtfertig zu kritisieren.

Allgemeines

Wie in vielen südlichen Ländern wird auch auf den Kykladen Wert auf korrekte Kleidung gelegt, wenngleich mit der Zunahme des Tourismus eine gewisse Lockerung eingetreten ist. Insbesondere in den Hotels ab der Drei-Sterne-Kategorie ist abends in den Restaurants oder Speisesälen das Tragen von Badekleidung oder Shorts unerwünscht.
Aus Rücksicht auf die traditionellen Moralvorstellungen der Kyklakdenbewohner sollte der Besucher auf allzu freizügige Kleidung verzichten. Das gilt auch und besonders für den Besuch von Kirchen und Klöstern.

Kleidung

Zur Reisevorbereitung empfiehlt sich das Sympathie-Magazin "Griechenland verstehen" vom Studienkreis für Tourismus und Entwicklung, Kapellenweg 3, D-82541 Ammerland/Starnberger See, Tel. (0 81 77) 17 83.

Empfehlung

Veranstaltungen

1. Januar überall

Protochroní: Neujahrstag; Tag des hl. Wassilios, Anschneiden der 'Wassilopitta' (Neujahrskuchen; darin ist oft eine Münze versteckt, was für den,

1. Januar (Fortsetzung)	der sie findet, Glück bedeutet); ferner Kinderumzüge (auch mit Beteiligung Erwachsener) mit Kalanda-(Von-Haus-zu-Haus-)Singen: Als Entgelt dafür gibt es Geld und/oder Gebäck (vgl. 31. Dezember)
Insel Andrós	Volksfest
6. Januar vielerorts	Theofánia: Dreikönigstag (Wasserweihe mit Kreuzversenkung)
Februar vielerorts	Karnevalstreiben, besonders in Náoussa auf Páros
Katharí Deftéra (Reiner Montag) überall	Drachensteigen auf den Hügeln, Einstimmung auf die Fastenzeit am Reinen Montag mit ungesäuerten Broten, Fisch, Meeresfrüchten, Salaten und Wein
25. März überall	Nationalfeiertag: Tag der Unabhängigkeit
23. April vielerorts	Tag des hl. Georg
Griechisches Osterfest überall im ganzen Land	Páscha, das griechisch-orthodoxe Osterfest, das mit Abstand wichtigste Kirchenfest in Griechenland, wird – terminlich abweichend von den katholischen und protestantischen Gepflogenheiten – jeweils am ersten Sonntag nach dem ersten Vollmond nach dem Frühlingsanfang (21. März) gefeiert (→ Religion)
Griechische Ostertermine	1997: 27. April; 1998: 19. April; 1999: 11. April; 2000: 30. April
Mai überall	1. Mai: Ergatikí Protomagía (Tag der Arbeit) mit Umzügen, Blumenfesten und allgemeine Ausflüge ins Grüne. Blumenkränze hängen an den Haustüren
Auf Íos	Omiria: Drei Tage dauernde Veranstaltung zu Ehren des Dichters Homer (Kultur- und Sportveranstaltungen, Kunstausstellungen u. a.)
Mai – Oktober Mýkonos	Ausstellungen (Gemälde, Fotographien)
24. Juni überall	Fest von Johannes dem Täufer mit Johannisfeuer
30. Juni Mýkonos	Fischerfest
20. Juli Santorín	Volksfest im Kloster Agios Ilías auf dem Berg Profítis Ilías
27. Juli Follégandros	Áno Meriá: Volksfest zu Ehren des hl. Panteleimon
Juli – August Sýros	Ermoupolia in Ermoúpolis: Theatervorstellungen, Konzerte, Volksmusik und Kindertheateraufführungen sowie Ausstellungen
Juli – Sept. Náxos	Dionyssia: Musik- und Tanzdarbietungen, Folklore sowie Kunstausstellungen, Literatur und Karagiosi-Vorstellungen, ferner Sportveranstaltungen
15. August überall, besonders auf Páros und auf Tínos	Der 15. August (Mariä Himmelfahrt) ist ein großer Feiertag der orthodoxen Kirche sowie Feiertag der Marine: Alle Orte auf den Kykladen feiern diesen Tag mit Gottesdiensten und Wallfahrten (mit der Ikone der Mutter Gottes) sowie Festessen und Tanz. Besonders feierlich ist es auf Páros (Fisch- und Weinfest) und Tínos, wohin zahllose Gläubige pilgern.
August – Sept. Auf Santorín	Internationales Musikfestival von Santorín: Griechische und ausländische Musikgruppen bieten Konzerte mit klassischer Musik.
September Mýkonos	Erntefest mit Ausstellungen der Arbeitskreise Wein und Getreide im Agrarmuseum von Mýkonos
8. September Kýthnos	Kirchweihfest und Wallfahrt von Pilgern aus ganz Griechenland zu der der Schutzheiligen der Insel geweihten Kirche Panagía Kanála
28. Okt. – überall	Epétios Tou Óchi: Óchi-Tag (Nationalfeiertag)

Heiliger Abend mit Kinderumzug (auch mit Beteiligung Erwachsener) und Kalanda-(Von-Haus-zu-Haus)-Singen (vgl. 1. Januar und 31. Dezember)

Veranstaltungen (Fortsetzung)
24. Dez. überall

Das griechische Volk beendet das alte Jahr, wie es das neue beginnt: mit Kalanda-Singen (vgl. 1. Januar und 24. Dezember)

31. Dezember überall

Wandern

Da die Kykladen dünn besiedelt sind, keine speziell angelegten Wander- bzw. Radwege vorhanden und kaum Wander- bzw. Radwanderkarten verfügbar sind, ist es ratsam, nicht allein zu wandern oder mit dem Rad zu fahren, sondern sich einem Spezialreiseveranstalter anzuschließen.

Hinweis für Wanderer und Radwanderer

Wandern

Wandervorschläge für die einzelnen Kykladeninseln finden sich auch in dem Hauptkapitel Reiseziele von A bis Z.

Hinweis

Ägiáli auf Amorgós kann nicht nur als Ausgangspunkt für eine sehr lohnende Besteigung des Bergs Kríkelos (826 m ü.d.M.) gewählt werden, sondern auch für eine vierstündige Wanderung zu den Windmühlen der Insel oder für eine fünfstündige Wanderung zum Kloster Ágios Theologos. Buchbar sind diese Touren auf Amorgós bei Aegialis Tours, Ormos Aegiali, Tel. (02 85) 7 33 93/4 oder Tel./Fax 7 32 44, 7 33 95.

Tourenvorschläge
Auf Amorgós

Zu den schönsten Touren auf Santorín zählen u. a. Wanderungen mit herrlichem Panoramablick am Kraterrand entlang nach Thíra; zu den Kirchen und Klöstern von Firostefani; zum Kap Kouloúmbo und zum Bergdorf Finikía; zu den Weindörfern, zum Berg Profítis Elías und zu den Ausgrabungen der antiken Stadt Thíra; oder an die Südküste, vorbei an Kapellen, Kirchen, Felsengräbern, zu den Ausgrabungen von Akrotíri.

Auf Santorín

Radwandern

Da das Gelände auf den Kykladen meist hügelig ist, wird eine gewisse Übung und gute Kondition für Fahrten mit dem Rad oder Mountainbike vorausgesetzt. Die Mitnahme entsprechender Ausrüstung, wie Radschuhe, Handschuhe und ein Helm, ist empfehlenswert.

Hinweis

Mountainbikes werden u. a. in Mikri Vigla auf Náxos vermietet.

Mountainbike-verleih

Zeit

Im Winterhalbjahr gilt die Osteuropäische Zeit (OEZ = MEZ + 1 Std.), ab Ende März bis Ende Oktober die Sommerzeit (OEZ + 1 Std. = MESZ + 1 Std.). Der Zeitunterschied zwischen der deutschen und der griechischen Zeit beträgt also ganzjährig + 1 Std.

Osteuropäische Zeit

Zeitungen

Deutschsprachige Zeitungen und Zeitschriften sind normalerweise am Kiosk (periptero) ab mittags - meist mit einem Tag Verspätung - u. a. auf folgenden Inseln erhältlich: Antíparos, Íos, Mílos, Mýkonos, Náxos, Páros, Santorín, Sýros und Tínos.

Deutschsprachige Zeitungen und Zeitschriften

Zeitungen (Fts.) Englischsprachige Tageszeitung

Die englischsprachige Tageszeitung "Athens News" ist ebenfalls überall erhältlich.

Zollbestimmungen

Einfuhrverbot

Verboten ist die Einfuhr von Pflanzen und Funkgeräten sowie Waffen (mit Ausnahme von Jagdwaffen). Reisende unter 18 Jahre dürfen weder Tabakwaren noch Spirituosen, Jugendliche unter 15 Jahre auch keinen Kaffee einführen.

CB-Funkgeräte

CB-Funkgeräte können von EU-Bürgern, die ein im Pkw fest installiertes oder tragbares CB-Funkgerät haben, bei einem Aufenthalt bis zu zwei Monaten mitgeführt werden, wenn sie im Besitz einer vom Herkunftsland erteilten Betriebserlaubnis sind. Das CB-Funkgerät muß mit dem Zertifikat CEPTT/R 20-02 und dem Zeichen CEPT-PR27XFM oder PR 27 X-FM und mit der Bezeichnung "X", die das Herkunftsland kennzeichnet, versehen sein. Andernfalls muß 50 Tage vor der Einreise nach Griechenland ein Antrag auf Einfuhrgenehmigung beim Ypourgio Metaforon kai Epikoinonion (Verkehrsministerium), Odos Xenofontos 13, GR-10557 Athen, Tel. (01) 3 25 12 11, gestellt werden. Informationen erteilt auch der ADAC unter Tel. (0 18 05) 10 11 12.

EU-Binnenmarkt

Seit dem 1. Januar 1993 bilden die Mitgliedsstaaten der Europäischen Union, darunter Griechenland, Deutschland und Österreich, einen gemeinsamen Wirtschaftsraum, den EU-Binnenmarkt. Aus Griechenland dürfen daher Waren für den privaten Gebrauch eigentlich ohne Beschränkung eingeführt werden. Allerdings gibt es gewisse Richtmengen, deren Überschreitung – neben anderen Kriterien – als Indiz für gewerbliche Einfuhr gelten kann; dies sind 800 Zigaretten, 400 Zigarillos, 200 Zigarren, 1 kg Rauchtabak, 10 l Spirituosen, 20 l Zwischenerzeugnisse, 90 l Wein (davon max. 60 l Schaumwein), 110 l Bier. Bei Stichprobenkontrollen durch die Finanzbehörden ist glaubhaft zu machen, daß die Waren wirklich nur privaten Zwecken dienen.
Für Waren, die in den bis Ende 1999 bestehen bleibenden Duty-Free-Shops erworben wurden, gelten die Höchstmengen des Warenverkehrs mit Nicht-EU-Ländern (s. unten).
Auf Flughäfen und Schiffen werden Zollkontrollen vorerst weiterhin vorgenommen. Weitere Informationen erteilen die Griechischen Zentralen für Fremdenverkehr (→ Auskunft).

Fahrzeuge

Für Pkws (auch Anhänger, Krafträder, Beiwagen, Mopeds), kleinere Motor- und Segelboote sowie Jachten sollten die folgenden gültigen Bestimmungen beachtet werden: Pkws (auch Anhänger, Krafträder, Beiwagen, Mopeds) dürfen bis zu 15 Monate zollfrei eingeführt werden, wobei die ersten 6 Monate gebührenfrei sind. Weitere Informationen sind bei den Griechischen Zentralen für Fremdenverkehr (→ Auskunft) erhältlich.
Für Jachten (Boote mit Kajüte, Küche, WC usw.) wird bei der Einreise ein für 6 Monate gültiges Transit-Log ausgestellt, das nach Ablauf auf unbegrenzte Zeit verlängert werden kann. Als Jachtausrüstung können eine Signal- und eine Leuchtpistole eingeführt werden.
Weitere Informationen erteilen die örtlichen Zollämter oder die Zollfahndungs- und Überprüfungsstelle für Autos (Amvrosiou Fratzi Str. 14, Neos Kosmos, GR-Athen, Tel. 01/9 22 73 07, 9 22 73 15).

Einreise nach Griechenland aus Nicht-EU-Ländern

Für Reisende aus Nicht-EU-Ländern, z. B. Schweizer Staatsbürger, liegen die Freimengengrenzen für Personen über 18 Jahre bei 200 Zigaretten oder 100 Zigarillos oder 50 Zigarren oder 250 g Rauchtabak, ferner bei 2 l Wein und 2 l Schaumwein oder 1 l Spirituosen mit mehr als 22 Vol.-% Alkoholgehalt oder 2 l Spirituosen mit weniger als 22 Vol.-% Alkoholgehalt, 50 g Parfüm und ein Viertel Liter Eau de Cologne, 500 g Kaffee oder 200 g Pulverkaffee, 100 g Tee oder 40 g Tee-Extrakt. Abgabenfrei sind ferner Geschenkartikel bis zu einem Wert von 45 Ecu oder Drs. 10 000 (Kinder unter 15 Jahren: 23 Ecu oder Drs. 5500).

Einreise aus Nicht-EU-Ländern (Fortsetzung)

Falls ein ausländisches Kraftfahrzeug in Griechenland einen Totalschaden erleidet, ist die zuständige Zollbehörde zu informieren, ehe das Unfallfahrzeug verschrottet werden kann.

Kfz-Totalschaden

Hinweise für EU-Bürger: s. oben. Ansonsten sind abgabenfrei: Reiseproviant im Wert von bis zu 50 US-Dollar sowie Reiseandenken im Wert von höchstens 150 US-Dollar.

Ausfuhr aus Griechenland

Abgabenfrei sind Reiseproviant sowie gebrauchtes persönliches Reisegut; außerdem für Personen ab 17 Jahre an Tabakwaren 200 Zigaretten oder 50 Zigarren oder 250 g Rauchtabak, an alkoholischen Getränken 2 l mit bis zu 15 Vol.-% Alkoholgehalt und 1 l mit mehr als 15 Vol.-% Alkoholgehalt; ferner Geschenke im Wert bis 100 sfr., für Personen unter 17 Jahren bis 50 sfr. (eine Prüfung der Anpassung dieser Werte an die EU-Beträge ist geplant).

Wiedereinreise in die Schweiz

Glossar

Fachausdrücke aus Architektur und Kunst

Agora	Marktplatz
Amphiprostylos	Tempel mit vorgestellten Säulen an beiden Schmalseiten
Amphore	Zweihenkliges, enghalsiges Gefäß
Ante	Pfeilerartig vorspringender Mauerteil an Tempelenden
Apsis	Meist halbrunder Schlußteil eines Kirchenraums
Architrav	→ Säulenordnungen
Arkade	Von zwei Pfeilern oder Säulen getragener Bogen
Baptisterium	Taufbecken, Taufkapelle
Basilika	Drei- oder fünfschiffige Grundform christlichen Kirchenbaus
Cavea	Zuschauerraum des römischen Theaters
Cella	Hauptraum im antiken Tempel
Chiton	Hemdartiges Untergewand
Dorische Säulenordnung	→ Säulenordnungen
Dromos	Gang, insbesondere der zum Eingang mykenischer Kuppelgräber
Epitaph	Grabinschrift; Gedenktafel mit Inschrift für einen Verstorbenen
Exedra	Meist halbrunder Bauteil mit Sitzbänken
Heroon	Grabmal und Tempel eines Heros, d. h. eines Helden oder Halbgottes
Ikonostase	Den Gemeinderaum vom Altarraum trennende Bilderwand in einer byzantinischen Kirche
Itinerarium	Straßen- und Stationenverzeichnis der römischen Kaiserzeit
Konche	Muschelförmige Hauptkuppel einer → Apsis oder eine halbrunde Apsisgestaltung
Korinthische Säulenordnung	→ Säulenordnungen
Kosmographie	Beschreibung der Entstehung und Entwicklung des Kosmos
Kreuzkuppelkirche	Kirchenbautyp mit einer Zentralkuppel über dem Schnittpunkt von vier gleich langen Kreuzarmen
Kuros	Statue eines nackten Jünglings in der archaischen griechischen Kunst
Kykladenidol	Bronzezeitliche Marmorstatuette der Kykladen
Naiskos	Kleiner Tempel
Narthex	Vorhalle einer byzantinischen Kirche

Raum hinter der → Cella eines griechischen Tempels	**Opisthodomos**
Ursprünglich der Tanzplatz des Chors, runde oder halbrunde Fläche zwischen Bühne und Zuschauerraum	**Orchestra**
Übungsplatz der Ringer	**Palästra**
Palmblattähnliches, symmetrisches Ornament der griechischen Kunst	**Palmette**
Darstellung des thronenden Christus in der christlichen, besonders in der byzantinischen Kirche	**Pantokrator**
'Die Allerheiligste', Beiname Marias in der orthodoxen Kirche	**Panagia**
Tempel mit rings umlaufenden Säulenreihen	**Peripteros**
Von Säulen umgebener Innenhof eines antiken Hauses	**Peristyl**
Großes, faßartiges Vorratsgefäß aus Ton	**Pithos**
Säulenhalle als Vorbau an der Eingangsseite eines Gebäudes	**Portikus**
Vorhalle eines Tempels	**Pronaos**
Torbau bei Tempelanlagen	**Propyläen**
Tempel mit Säulenvorhalle	**Prostylos**
Amtssitz der Prytanen (städtischen Aufsichtsbeamten)	**Prytaneion**
In der griechischen Tempelbaukunst werden drei Säulenordnungen unterschieden:	**Säulenordnungen**
Leicht geschwellte Säulenschäfte mit Kanneluren (rillenrörmige Vertiefungen) ohne Basis (Fuß der ionischen und korinthischen Säule) auf dem Unterbau (Stylobat), wulstförmige Kapitelle (Kopfstück von Säule oder Pfeiler) mit viereckiger Deckplatte (Abakus). Über dem Architrav (auf den Säulen aufliegender waagrechter Steinbalken) ein Fries mit abwechselnd dreischlitzigen Platten (Triglyphen) und Figurenreliefs (Metopen).	Dorisch
Schlanke Säulenschäfte mit durch Stege getrennte Kanneluren auf einer Basis, Kapitell mit Voluten (Spiralelementen), Architrav mit durchgehendem Relieffries.	Ionisch
Ähnelt der ionischen Ordnung bis auf das Kapitell mit zwei Ringen aus Akanthusblättern und kleinen Voluten	Korinthisch
Traufleiste antiker Tempel	**Sima**
Wiederverwendete Bruchstücke älterer Bauten	**Spolien**
Säulenhalle	**Stoa**
Halbrunde gemauerte Bankreihe in der Apsis für Priester	**Sythronon**
Gebrannte Tonerde	**Terrakotta**
Zylinderförmiger Unterbau bei Kuppeln	**Tambour**
Heiliger Bezirk	**Temenos**
→ Säulenordnungen	**Triglyphe**
Baldachinartiger Altarüberfang	**Ziborium**

Register

Verzeichnis der Karten, Pläne und graphischen Darstellungen

Bildnachweis

Archiv für Kunst und Geschichte: 92
Galenschovski: S. 36 (links), 78, 105, 156, 158
HB Verlags- und Vertriebsgesellschaft mbH: S. 5, 21, 23, 51, 55, 57, 60, 82, 97, 100, 133, 136, 139, 146, 149, 195
Ifa Fotoagentur: S. 68
Jung: S. 41
Mauritius Fotoagentur: S. 8/9, 66
Müller, Kai Ulrich: S. 6/7, 13, 19, 26, 72, 77, 84, 91, 93, 116, 130, 134, 142, 143, 145, 151, 154, 169, 185, 190
Schuster Fotoagentur: S. 160/161
Strobel: S. 48, 74
Strüber: S. 1, 3, 6 (unten), 7 (oben rechts, 2 x unten), 15, 24, 28, 34 (2 x), 36 (rechts), 40, 58, 69, 70, 99, 102, 108, 110, 112, 114, 118, 120, 122, 125, 131, 135, 155, 167, 171, 182, 193
Zefa Fotoagentur: S. 44/45

Impressum

Ausstattung:
86 Abbildungen
22 Übersichtskarten, 6 Stadtpläne, 3 Sonderpläne, 1 Grundriß, 1 Tabelle, 1 große Reisekarte

Text: Carmen Galenschovski mit Beiträgen von Vera Beck, Helmut Linde und Reinhard Strüber

Bearbeitung: Baedeker-Redaktion (Carmen Galenschovski)

Kartographie: Franz Huber, München
Christoph Gallus, Hohberg-Niederschopfheim
Mairs Geographischer Verlag GmbH & Co., Ostfildern (große Reisekarte)

Gesamtleitung: Rainer Eisenschmid, Baedeker Stuttgart

1. Auflage 1997

Printed in Germany
ISBN 3- 89525-434-7

Gedruckt auf 100% chlorfreiem Papier